A

Italia Criminale

Ein Krimilesebuch

Ausgewählt von
Lena Emmerich

Atlantik

Atlantik Bücher erscheinen im
Hoffmann und Campe Verlag, Hamburg

1. Auflage 2015

www.hoca.de *www.atlantik-verlag.de*
Umschlaggestaltung: FAVORITBUERO, München
Umschlagabbildung: shutterstock.com/Ensuper, Attitude, Nata-Lia
Satz: Pinkuin Satz und Datentechnik, Berlin
Gesetzt aus der Legacy Serif Book
Druck und Bindung: C. H. Beck, Nördlingen
Printed in Germany
ISBN 978-3-455-65032-7

HOFFMANN
UND CAMPE

Ein Unternehmen der
GANSKE VERLAGSGRUPPE

Inhalt

Andrea Camilleri

Ein paradiesisches Fleckchen Erde

»Was für ein paradiesisches Fleckchen Erde!«, rief Livia, während sie aus dem Boot kletterte und Salvo half, es auf den trockenen Sand zu schieben. Als sie es geschafft hatten, die Tasche mit den Klamotten und die große Kühlbox voller belegter *panini* und Bierflaschen auszuladen, warf sich Commissario Montalbano halb tot in den Sand und fragte sich, wer ihn dazu gebracht hatte, sich auf dieses Unternehmen einzulassen. Denn um ein echtes Unternehmen handelte es sich. Eine Woche vorher hatte dieser Blödmann Mimì Augello, als er mit ihnen beiden in einem Restaurant zu Abend aß, seine Entdeckung gepriesen: den winzigen Strand drei Kilometer hinter dem Leuchtturm von Capo Russello, einsam gelegen, völlig unbekannt und nur über das Wasser zu erreichen. Er sprach so begeistert davon, dass Livia ganz verzaubert war: Mimì beschrieb den Platz als eine Art Robinson-Insel ohne jede Fußspur von Freitag, und von da an hatte Montalbano keine Ruhe mehr:

»Wann bringst du mich zu dem Strand?«, lautete Livias Leier durchschnittlich neunmal pro Tag.

Achtundvierzig Stunden vor Livias Abreise nach Boccadasse, Genua, nach zwei Wochen Sommerferien in Vigàta, hatte Montalbano beschlossen, ihren Wunsch zu erfüllen, wobei er dieses Arschloch von Mimì innerlich verfluchte und ihm ein großes Unglück an den Hals wünschte, weil er ihm das eingebrockt hatte. Um sieben Uhr morgens waren sie mit dem Auto von Vigàta nach Montereale marina gefahren und hatten dort ein Ruderboot von einem Fischer gemietet, der arabisches Blut in sich haben musste: Er nannte einen Preis, und Livia, als knauserige Genuesin ganz in ihrem Element, fing sofort an zu handeln. Der Fischer bekam glitzernde Augen: Er spürte, dass er eine würdige Gegnerin gefunden hatte. Das Duell zog sich, mit wechselndem Verlauf, in die Länge: Am Ende wurde die Einigung mit einem Kaffee in einer Bar besiegelt, wo sie keinen blassen Schimmer von dem Unterschied zwischen Koffein und Zichorienextrakt hatten. Montalbanos schlechte Laune beschleunigte wie eine Trägerrakete. Er reagierte sich mit drei Stunden Rudern ab, während sich Livia im Bikini sonnte und mit geschlossenen Augen vor sich hin summte. Obwohl das Rudern anstrengend war, wäre der Commissario am liebsten nie angekommen: Die Aussicht, belegte *panini* essen zu müssen, war ihm buchstäblich ein Horror, so etwas hatte er bisher nur in der höchsten Not gemacht. Er konnte schon mit der Idee des Picknicks (manchmal sagte er, ohne sich des Fehlers bewusst zu sein, Pnickick) als solcher nichts anfangen, das einzige Mal, als er eines hatte mitmachen müssen, um eine Jugendliebe nicht zu verdrießen, hatte er so viel Brot, Käse und Ameisen in sich hineingestopft, dass er noch immer den Geschmack im Mund hatte.

»Was für ein paradies…«

Livia wurde plötzlich vom Schlaf übermannt und brachte den Satz nicht mehr zu Ende: Bäuchlings und mit ausgestreckten Armen lag sie da, eine Art Kreuzigung von hinten gesehen. Das passierte ihr, wenn sie zufrieden war; im Bett redete Montalbano manchmal noch eine halbe Stunde lang weiter, bevor er merkte, dass Livia schon in »The country sleep« unterwegs war, wie es in einem Gedicht von Dylan Thomas hieß, das sie beide sehr mochten.

Er steckte sich eine Zigarette an und sah sich um. Ein etwa dreißig Meter langer und an die zwanzig Meter breiter Streifen goldener Sand, fein wie Talkum, hinter einer Felsbarriere verborgen, die geschlossen wirkte, wo es jedoch einen gewundenen Zugangskanal gab, den nur kleine Boote an vollkommen windstillen Tagen durchfahren konnten. Der ganze Strand war von fast senkrechten Felswänden umgeben, an denen weit und breit kein Grashalm wuchs. Linker Hand standen, fast an die Felswand gedrängt, ein paar von der Sonne verbrannte dornige Büsche; rechts schwappte das Wasser an einen großen Haufen alter Fischernetze, die man liegen gelassen hatte, weil sie nicht mehr zu verwenden waren. Paradiesisch oder nicht, der Ort hatte gewiss eine eigene Schönheit, Montalbano kam es vor, als seien er und Livia die einzigen Bewohner der Erde, so still war es. Die Sonne brannte vom Himmel, der Commissario stand langsam, um seine Freundin nicht zu stören, auf und ging ans Wasser. Da sah er, genau an der Wasserlinie, dass der Sand von winzigen Kuppeln übersät war. Er staunte. Versteckten sich da etwa Krabben? Seit seiner Kindheit hatte er keine mehr gesehen. Er bückte sich und steckte zwei Finger in den Sand, direkt neben einer kleinen Kuppel. Er pulte etwas Sand heraus und legte eine winzig kleine Krabbe frei, die sofort seitwärts losrannte, um sich ein neues Versteck zu buddeln.

Das Wasser war nicht so warm, wie er befürchtet hatte, das Spiel der Strömungen machte es belebend frisch. Er schwamm lange, gemächlich und genoss das Schwimmen Zug um Zug, bis er an dem Felsgürtel ankam, dann kletterte er auf einen der Felsen, mühsam, denn er war vom Moos ganz glitschig. Der Felsen bot Platz, um sich auszustrecken. Das tat Montalbano, und eine Weile blieb er so liegen, in eine Eidechse verwandelt, und das Geräusch des Meeres, das zwischen den Felsen schwappte, hinderte die Gedanken auf angenehme Weise daran, in seinen Kopf zu gelangen. Es ärgerte ihn nur, dass er Mimì Augello würde recht geben müssen, wenn der sie bei ihrer Rückkehr nach Vigàta fragen würde, ob ihnen der Platz gefallen habe. Das heißt, nein: Mimì würde Livia fragen, für die er eine, übrigens erwiderte, Schwäche hatte. Und Livia würde zwitschern:

»Was für ein paradiesisches Fleckchen Erde!«

Und er wäre doppelt sauer: *in prìmisi* wegen des unvermeidlichen Anfalls von Eifersucht, wenn er sah, wie sich die beiden anlächelten; *in secùndisi*, weil er Gemeinplätze hasste, und Livia machte gern und häufig von ihnen Gebrauch. Er erinnerte sich, wie er in jungen Jahren während eines Aufenthalts in Turin einmal ein großes Schild gesehen hatte, das am Eingang eines stattlichen Mietshauses hing: KEIN MISSBRAUCH VON GEMEINPLÄTZEN! Er war in die Portiersloge gerannt und hatte den Portier seiner Solidarität versichert und erklärt, das sei ganz in seinem Sinne. Irritiert hatte ihm der Portier geantwortet, er habe das Schild anbringen müssen, weil die Mieter Kinderwagen, Fahrräder, Mofas an Gemeinschaftsplätzen wie Hausflur und Treppenhaus stehen ließen und niemand mehr durchkam. Montalbano war damals sehr enttäuscht gewesen.

Der Commissario öffnete die Augen und merkte am Stand der Sonne, dass er ein halbes Stündchen geschlummert haben musste. Er richtete sich halb auf: Von seinem Platz aus überblickte er den ganzen Strand. Livia schlief immer noch in derselben Position. Doch als er seinen Blick nur ein klein wenig weiter wandern ließ, spürte er einen richtigen elektrischen Schlag. Auch wenn er die veränderte Perspektive berücksichtigte, gab es keinen Zweifel, dass der Haufen mit den alten Netzen, der sich vorher etwa fünfzehn Meter von Livia entfernt befunden hatte, sichtbar näher zur Mitte des Strandes gerückt war. Das konnte nicht das Wasser gewesen sein. Aber was dann? Es gab keinen Zweifel: Unter den Netzen musste jemand sein, der möglicherweise hergeschwommen war und sich jetzt tarnte, damit der Commissario ihn nicht sah, und Livia ausrauben wollte oder noch Schlimmeres mit ihr vorhatte. Als Robinson Crusoe Freitags Fußstapfen im Sand sah, hatte sich die Landschaft um ihn herum in seinen Augen bestimmt verändert. Auch für Montalbano änderte sie sich, aber zum Schlechteren. Er sprang auf der Stelle ins Wasser, schwamm, so schnell er konnte, Richtung Strand und rannte, als er am Ufer ankam, sofort los, obwohl er ganz außer Atem war. Der Haufen alter Netze hatte sich in der rätselhaften Bewegung etwas gelichtet, jetzt zeichnete sich darunter deutlich eine menschliche Gestalt ab, von der ein kaum hörbares Wimmern kam. Der Commissario kniete sich in den Sand und befreite den schlaffen Körper mühsam aus den verhedderten Netzen. Es war ein etwa fünfzehnjähriges nacktes Mädchen mit von Natur aus dunkler, nicht von der Sonne gebräunter Haut, das sich nicht auf den Beinen halten konnte. Der geschundene Körper wies blaue Flecken und Wunden auf, das Gesicht war von geronnenem Blut bedeckt. Und die Kleine stank entsetzlich: Als es dem Commissario gelang, ihr aufzuhelfen, rutschten Exkremente an ihr herab und fielen in den Sand. Montalbano bezwang seinen Ekel, nahm sie auf den Arm, sie war klein und zart, trug sie ans Wasser, legte sie hin und säuberte sie sorgfältig. Dann stützte er sie und half ihr ins Wasser, zum Nachspülen. Doch ein dünnes Rinnsal Blut floss immer noch zwischen ihren Beinen. Er half ihr, ins Boot zu klettern, und holte schnell ein großes Tuch, ein Handtuch und einen Kaftan, den Livia nach dem Baden manchmal anzog. Mehr mit Gesten als mit Worten, da das Mädchen kaum Italienisch sprach, gab er ihm zu verstehen, es solle den Kaftan anziehen, sich das nasse Tuch auf den Kopf legen und das Handtuch zwischen die Beine stecken. Er schob das Boot ins Wasser und ruderte los zu einem großen Strand, von dem er wusste, dass er hinter dem Strand lag, an dem er die immer noch schlafende Livia zurückgelassen hatte. Während der Fahrt sagte das Mädchen, dem es ein wenig besser ging, dem Commissario, es komme von den Kapverden, heiße Libania, sei sechzehn Jahre alt und bei der Familie Burruano aus Fiacca angestellt, anständigen Leuten, die es gut behandelten. An diesem Morgen war

Libania – es war ihr freier Tag – früh aufgestanden, hatte den Bus genommen, weil sie baden gehen wollte, und war in Seccagrande ausgestiegen, wo sie jetzt hinfuhren. Dort hatten sie nach einer Weile zwei junge Männer angesprochen, Schweizer, wie sie sagten, und sie wirkten tatsächlich wie zwei nette Jungs, die mit dem Wohnmobil unterwegs waren. Sie hatten sie zu einem Eis eingeladen, dann hatten sie ihr vorgeschlagen, zum Baden hinauszufahren. Sie hatte geantwortet, sie könne nicht schwimmen, aber trotzdem eingewilligt, weil sie gern Boot fuhr. Sie hatten eines gemietet und waren losgefahren. Dann hatten die beiden jungen Männer die Felsbarriere gesehen, hinter welcher der kleine Strand verborgen war, an dem Montalbano das Mädchen gefunden hatte, sie hatten den Durchschlupf entdeckt, waren hineingefahren und hatten Libania mit Gesten erklärt, dass sie dort baden könne. Kaum waren sie an Land, hatte sich das Verhalten der beiden plötzlich geändert: Sie hatten sie gepackt und, während sie vergeblich schrie, hinter das Gebüsch geschleppt, ihr den Badeanzug heruntergerissen und sie abwechselnd vergewaltigt, jeder zweimal. Irgendwann hatte sie, ganz und gar vergebens, versucht zu fliehen, die beiden hatten sie bei dem Haufen mit den Netzen eingeholt, brutal geschlagen und, als sie auf dem Boden lag, ihre Notdurft auf ihr verrichtet. Das Letzte, das sie wahrgenommen hatte, waren die Netze, mit denen die beiden sie bedeckten, denn sie hielten sie wohl für tot. Halt, nein: Sie hatte noch ihr Gelächter gehört, als sie weggingen. Montalbano sagte nichts, die blinde Wut, die in ihm war, konnte er zum Glück mit Rudern abreagieren.

Als sie sich dem Strand so weit genähert hatten, dass man die Leute deutlich sehen konnte, unterdrückte Libania einen Schrei und zeigte in eine bestimmte Richtung:

»*Dio mio!* Da!«

Der Commissario bat sie, den Arm zu senken, er wollte nicht, dass die beiden, die ein schlechtes Gewissen haben mussten, argwöhnisch wurden. Ein Wohnmobil stand an der Provinciale, die am Strand entlangführte; die beiden hochgewachsenen blonden jungen Männer lagen in der Sonne, dunkle Brillen vor den Augen. Der Commissario war zwar sicher, dass die beiden das Mädchen in Livias Kaftan und mit dem halb von dem Tuch bedeckten Gesicht nicht erkennen konnten, bedeutete Libania aber trotzdem, sich auf den Boden des Ruderbootes zu legen. Stöhnend tat sie es: Jede Bewegung bereitete ihr Schmerzen.

Am Strand stand ein großer Campingwagen, der für den Verkauf von Getränken und Eis eingerichtet war. Montalbano ging hin und bestellte ein eisgekühltes Bier. Der Verkäufer lächelte, als er es servierte.

»Was machen Sie denn in dieser Gegend?«

»Kennen Sie mich?«

»Natürlich kenne ich Sie. Ich bin aus Vigàta. Und Sie sind Commissario Montalbano.«

Der Commissario seufzte erleichtert, allein hätte er es nicht geschafft, die beiden athletisch gebauten Schweizer festzunehmen.

»Ich muss Sie um einen Gefallen bitten«, sagte Montalbano und machte dem Verkäufer ein Zeichen, er solle hinter seinem Tresen hervorkommen.

»Bitte, zu Diensten.«

Der Mann überließ das Geschäft seiner Frau, die gerade Gläser spülte, und ging mit dem Commissario ein paar Schritte auf die Seite.

»Sehen Sie die beiden blonden jungen Männer, die da in der Sonne liegen?«

»*Sissi.* Sie sind mit dem Wohnmobil dort gekommen. Heute Morgen haben sie bei mir Eis gekauft. Sie waren mit einem Mädchen von den Kapverden zusammen, das habe ich mitbekommen.«

»Diese beiden netten Jungs haben das Mädchen erst vergewaltigt und dann versucht umzubringen.«

Der Mann fuhr auf, er hätte sich bestimmt auf die beiden gestürzt, wenn Montalbano ihn nicht zurückgehalten hätte. »Ganz ruhig. Wir dürfen sie nicht entkommen lassen. Wissen Sie, ob hier am Strand jemand ein Handy hat?«

»So viele Sie wollen.«

Genau in diesem Augenblick legte ein Mann sein Handy auf die Theke und bestellte eine Eistüte mit *crema* und Schokolade.

»Darf ich mal?«, fragte Montalbano und nahm das Gerät an sich.

»Was erlauben Sie sich da?!«

Der Eisverkäufer griff sofort ein.

»Der Signore ist Kommissar. Es ist dringend.«

Der andere änderte gleich den Ton.

»Aber selbstverständlich! Lassen Sie sich nur Zeit!«

Montalbano rief Fazio im Kommissariat an, erklärte ihm, wo er gerade war, und befahl ihm, spätestens in einer

Viertelstunde da zu sein, Chauffeur Gallo habe die Erlaubnis, sich wie in Indianapolis aufzuführen, und einen Krankenwagen solle er auch schicken.

Dann überlegte er mit dem Eisverkäufer, wie sie vorgehen sollten, denn die Sache musste diskret ablaufen und sicher gelingen. Der Eisverkäufer schnitt eine feste Schnur in vier Teile, zwei gab er dem Commissario, zwei behielt er selbst. Dann ging er zu dem Bootsvermieter und ließ sich zwei Ruder geben.

Beide näherten sich, jeder mit einem Ruder auf der Schulter, lässig den Schweizern. Als Montalbano bei einem der beiden auf Höhe der Füße angekommen war, drehte er sich in einer schnellen Bewegung zu ihm hin und ließ das Ruder senkrecht zwischen seine Beine sausen. Genau parallel dazu tat der Eisverkäufer das Gleiche. Im Handumdrehen lagen die beiden jungen Männer, die gar nicht hatten Atem holen können, um aufzuheulen, mit dem Gesicht im Sand, Hände und Füße gefesselt. Und das Beste war, dass von den Badenden keiner etwas gemerkt hatte.

»Bleiben Sie hier«, sagte der Commissario zu dem Eisverkäufer, der in die Runde blickte und einen Fuß auf seinen gefangenen Schweizer gestellt hatte, wie ein Löwenjäger, der sich mit seiner Beute fotografieren lässt.

Montalbano ließ sich einen Pappbecher und eine Flasche Mineralwasser geben und lief schnell zum Boot. Die kleine Libania zitterte, ihre Stirn glühte, sie hatte hohes Fieber und stöhnte. Der Commissario gab ihr ein Glas Wasser, aber Libania klammerte sich gleich an die Flasche, sie war ganz ausgetrocknet.

»Bald kommt die Ambulanz und bringt dich ins Krankenhaus.«

Libania nahm seine Hand und küsste sie.

Für den Rückweg brauchte der Commissario viel länger als für den Hinweg, seine Arme waren wie zerschlagen. Vor dem kleinen Strand begegnete er Livia, die außerhalb der Felsen schwamm.

»Wo warst du denn?«

»Unterwegs«, sagte Montalbano finster.

Livia kletterte gewandt ins Boot.

»*Dio*, wie friedlich es hier ist! Wie ruhig! Mimì hätte uns schon früher von diesem Platz erzählen sollen.«

Sie zogen das Boot aufs Trockene, Livia hatte anscheinend gar nicht gemerkt, dass das Handtuch, der Kaftan und das große Tuch fehlten. Vor sich hin trällernd, nahm sie die Kühlbox und öffnete sie. Das Pnickick! Montalbano schloss die Augen, um sich diesen grauenvollen Anblick zu ersparen.

»Fertig!«

Alles war da: die kleine karierte Tischdecke, die Plastikbecher, die Bierflaschen, die Papierservietten, die vier fertig belegten *panini*.

Montalbano setzte sich müde hin, der bittere Kelch musste bis zur Neige geleert werden. Und in diesem Augenblick beschloss der große und barmherzige Gott, voller Mitleid einzuschreiten. Ohne die geringste Vorwarnung, aus heiterem Himmel, kam ein heftiger Windstoß daher, ein einziger nur, der Tischdecke und Proviant in einem Sandwirbel fortfliegen ließ. Im Wegrollen lösten sich die

Brötchenhälften voneinander, der Inhalt fiel heraus; Rührei, Käse, Schinken wurden von einer dünnen Sandschicht überzogen. Drei *panini* landeten sogar am Wasser und weichten völlig durch.

»Jetzt müssen wir zurück«, sagte Livia betrübt.

»*Dio*, das tut mir aber leid«, sagte Montalbano.

Claretta Cerio

Favoloso!

Durch den Ausgang für das Personal verließ Giusy mit den anderen 51 Verkäuferinnen das Kaufhaus auf der Via del Tritone. Auf die meisten wartete draußen der Freund, und die Übrigen verstreuten sich schnell. Giusy blieb allein zurück und ging langsam zur Haltestelle. Sie konnte die Via del Tritone bis zur Piazza Barberini überblicken, ihr Bus war nirgends in Sicht. Er kam nie pünktlich. Ein Glück, dass sie wenigstens heute Nachmittag nicht zu arbeiten brauchte, weil die Warenhäuser im Hochsommer sonnabends schon um ein Uhr Ladenschluss hatten.

Die lange Straße lag wie ausgestorben in der Sonne, im August gab es in Rom fast nur Touristen, und auch die ließen sich bei der Hitze zu dieser Tageszeit nicht blicken. Giusy trat aus dem grellen Licht einige Schritte weiter unter die Markise einer Buchhandlung. Ihr Blick glitt zerstreut über die Auslage, mit Büchern konnte sie nichts anfangen.

»Interessieren Sie sich für Literatur, Signorina?«

Sie drehte sich zu dem Herrn um, der in den Schatten der Markise getreten war. »Nein, eigentlich nicht, das heißt …«, sagte sie verwirrt.

»Ich hätte Sie eher für eine Studentin gehalten als für eine Verkäuferin.«

»Woher wissen Sie denn ...«

Er lächelte und zeigte dabei seine schönen Zähne. »Ich beobachte Sie schon eine Weile. Als Sie mit den anderen Angestellten herauskamen, sind Sie mir sofort aufgefallen. Sie haben etwas ganz Besonderes, Apartes ... Aber das wird man Ihnen schon oft gesagt haben.«

Sie wusste nichts darauf zu antworten und merkte, dass sie errötete und noch stärker schwitzte. Verlegen strich sie sich die feuchten Haare aus der Stirn. *Favoloso*, dachte sie, er war *favoloso*, so selbstsicher, fein, *un vero signore*. Wie höflich dezent er sie angesprochen hatte, nichts von der anzüglichen Dreistigkeit der Jungen, wenn sie ein Mädchen aufreißen wollten.

»Würden Sie mir erlauben, Sie zu einem Drink einzuladen? Ah, Verzeihung, ich habe mich noch nicht vorgestellt; Diego Altomonte.«

»Oh, Diego – das ist ein schöner Name.«

»Finden Sie? Lieb von Ihnen. Wie darf ich Sie nennen?«

»Ich heiße Giuseppina, aber man ruft mich Giusy. Das hört sich nicht so gewöhnlich an.«

»Gut, Giusy, kommen Sie, entfliehen wir dieser fürchterlichen Hitze. Ich weiß ein ruhiges Lokal in der Nähe.«

»Ja, aber ...«

»Was ist, Giusy? Sie werden hoffentlich meine Bitte nicht abschlagen!«

Er klang so besorgt, dass sie schnell zustimmte. »Ich werde zu Hause anrufen und sagen, dass ich bei einer Freundin bin.«

»*Grazie.*« Nur das eine Wort, von einem leichten Nicken begleitet, wie eine angedeutete Verbeugung, und sie bewunderte wieder seinen Stil.

Als sie in die Sonne traten, konnte sie ihn besser sehen. Sein tadelloser Anzug, das gewellte schwarze Haar, kaum ergraut an den Schläfen, die blendend weißen Zähne und diese elegante Sicherheit, mit der er sie am Ellbogen fasste, um sie beschützend über den Fahrdamm zu führen. *Favoloso*, einfach *favoloso*, das Modewort ihrer Generation passte auf ihn wie kein anderes. Seine Augen konnte sie nicht erkennen, denn er trug goldverspiegelte Sonnenbrillen, und wenn er sich ihr zuwandte, gaben die undurchsichtigen Gläser nur ihr eigenes Bild wieder. Ihre strähnigen Haare sahen heute furchtbar aus.

Das Halbdunkel der intimen kleinen Snackbar wirkte wohltuend nach dem grellen Licht, und ein Ventilator surrte erfrischend unter der Decke. Der Kellner brachte eine Platte belegter, winziger Schnitten und zwei Gin-Fizz. Sie hätte lieber eine einfache Brause gewollt, doch das gehörte sich hier vielleicht nicht.

»So, jetzt müssen Sie mir von sich erzählen«, forderte Diego mit reizender Anteilnahme.

»Von mir? Das ist ganz uninteressant«, stammelte sie befangen. »Ich komme aus Kalabrien. In Rom bin ich erst seit Ostern und wohne bei einer Tante ... Oh, fast hätte ich es vergessen: Ich muss sie anrufen.«

»Aber natürlich! Das Telefon ist dort neben der Kasse, und eine Münze habe ich zur Hand. Sagen Sie Ihrer Tante, dass Sie bis nach dem Abendessen bei der Freundin bleiben müssen. Bitte, bitte, Giusy!« Er hob die gefalteten Hände mit einem so komisch flehenden Ausdruck, dass sie lachen musste. »Ich bringe Sie dann nach Hause«, versprach er.

Als sie zurückkam, lächelte er ihr entgegen: »Alles okay? *Bellissimo*!« Erlegte ihr noch ein paar Schnittchen auf den Teller. »In Ihrem Alter hat man immer Appetit. Lassen Sie mich mal raten: zwanzig?«

»Neunzehn.«

»Neunzehn! Ach, da muss ich Ihnen wie ein Greis vorkommen mit meinen einundvierzig Jahren ...«

»Nein, nein!«, widersprach sie mit heftiger Überzeugung. »Sie sehen viel jünger aus und überhaupt, Sie sind *favoloso*!«

Er lächelte und streichelte ohne Zudringlichkeit flüchtig ihre Hand: »Du bist entzückend, Giusy! Ich darf dich duzen, nicht wahr?«

»Ja, gewiss.«

»Wenn du wüsstest, was es mir bedeutet, heute mit dir zusammen sein zu dürfen, mit einem Mädchen, wie du es bist, jung, attraktiv und sauber. Vor allem sauber, unverdorben. Die Menschen, mit denen ich verkehren muss ...« Er schüttelte seufzend den Kopf: »Warum spreche ich davon? Mein Leben ist so fern von deiner kleinen, durchsichtigen, sauberen Welt. Es kann dich nicht interessieren.«

»Doch, bitte, erzählen Sie mir etwas von sich, Signor Altomonte! Alles ...«

Er unterbrach sie bekümmert vorwurfsvoll: »Siehst du, nicht mal duzen und Diego nennen willst du mich, weil ich dir zu alt vorkomme.«

»Nein, gar nicht, ich muss mich nur erst daran gewöhnen ... Diego. Mich interessiert alles an dir, dein Beruf, wo du lebst.«

»Mein Beruf? Marketing, Management, Leasing, Public Relations ...« Er strich sich mit müder Geste über die Haare. »Verstehst du, *Bambina mia*?«

Sie nickte eifrig und hing an seinen Lippen.

»Und wo ich lebe? Überall und nirgends. Ich bin immer auf Reisen, immer in fremden Räumen, *capisci*?«

Sein kleines trauriges Lachen tat ihr weh. »Ja«, flüsterte sie gebannt.

»Ich habe kein Zuhause und keinen Menschen, dem ich wirklich vertrauen kann. Doch ich will dich nicht betrüben, kleine Giusy.« Er sah auf seine Uhr. »Komm, gehen wir.«

Auf der Straße schob er seinen Arm unter den ihren. »Wir haben die gleiche Schrittlänge, hast du gemerkt?«

Es kam ihr vor, als ob er wieder etwas froher aussah, und nichts erschien ihr wünschenswerter, als solch einen Mann glücklich zu machen.

Sie erreichten die Piazza Barberini, und Diego blieb an dem Brunnen mit dem blasenden Triton stehen. Unter der Sonne blitzten in den Rinnsteinen und Pflasterritzen noch Glassplitter der Fenster und Schaukästen, die die letzte Bombe vor wenigen Tagen zersprengt hatte.

»Drei Attentate von arabischen Terroristen in einer Woche und alle nah an dieser Piazza«, erklärte Giusy sofort. Wenn Diego ständig auf Reisen war, hatte er vielleicht nicht davon gehört.

Er sagte auch: »Tatsächlich?«

Sie ergriff die Gelegenheit, endlich etwas Interessantes erzählen zu können: »Ja, eine Bombe haben sie Freitag ins *Café de Paris* geworfen, dort auf der Via Veneto. Montag dann eine ins Büro der TWA, an der Ecke drüben. Und vorgestern ist die größte geplatzt, hier vorne im israelischen Reisebüro. Es ist noch verrammelt, sieh mal! Zwei Tote und ein Haufen Verletzter. Denk dir, keine zehn Minuten vorher war ich da vorbeigekommen. Was wollen die bloß, diese Terroristen? Ich mache mir gar nichts aus Politik. Und du?«

Sie bemerkte jetzt, dass er nicht zugehört hatte. Seine unsichtbaren Augen waren auf den Verkehr gerichtet. Er winkte einem Mann zu, der durch das offene Wagenfenster kurz zurückwinkte und in die Via Bissolati einbog.

»Ich habe eine geschäftliche Besprechung, die ich nicht aufschieben kann. Aber so schnell wie möglich bin ich wieder bei dir, Kleines. Weißt du was, damit dir die Zeit nicht zu lang wird, gehst du inzwischen zum Friseur und machst dich schön für mich.« Er wies zu den eleganten Schaufenstern eines Friseursalons am Anfang der breiten Straße.

»Zu Rouff auf der Via Veneto?«, stieß sie verdattert hervor.

»Warum denn nicht, Kind?« Er tätschelte väterlich ihre Wange und schob einige Geldscheine in ihre Handtasche. »Das dürfte reichen. Wir treffen uns hier …« Er besann sich kurz: »Um fünf, okay?«

Dreihunderttausend, ein halbes Monatsgehalt hielt sie überwältigt in den Händen.

In dem hochfeinen Schönheitssalon zeigten ihr die glänzenden Spiegel ein linkisches, schmächtiges Mädchen in einem zerknitterten Kleidchen und mit zottelig herabhängenden Haaren, aber als sie wieder auf die Straße trat, fühlte sie sich auch innerlich verändert. Seidig weich wippten die Locken um ihr Gesicht, in einer Parfümwolke schwebend, trug sie den Kopf jetzt höher und konnte es kaum erwarten, was Diego zu ihrer neuen Erscheinung sagen würde.

Er war auf die Minute pünktlich. *»Bellissima!«*, sagte er. »Und nun gehört zur neuen Frisur auch ein neues Kleid, meinst du nicht?« Mit sanftem Druck auf ihren Arm führte er sie vor die Auslage eines Modegeschäfts: »Wie findest du das Hellgrüne mit den gestickten Rosen am Dekolleté?«

»Favoloso!«, flüsterte sie. »Aber ...«

»Aber was?«

»Es ist schrecklich teuer ...«

»Dummchen! Du ahnst nicht, wie glücklich ich bin, wenn ich dir eine kleine Freude machen darf.« Er steckte ihr noch ein paar Geldscheine zu. »Während du im Laden bist, hole ich meinen Wagen – nur den Fiat Panda, die beiden großen lasse ich bei diesem Verkehr in Rom immer in der Tiefgarage. Eine halbe Stunde, und ich bin zurück, an dieser Stelle. Du, Giusy, behalt das neue Kleid gleich an, ich will doch sehen, wie hübsch du darin aussiehst.«

Auch diesmal kam er pünktlich wieder. »*Presto*, steig ein, ich darf hier nicht halten.« Er drehte sich nur kurz zu ihr um: »Steht dir entzückend, das Kleidchen.«

In seiner Sonnenbrille sah sie ihr doppeltes Spiegelbild – die tolle Frisur und die rosenbestickte Rüsche am Halsausschnitt – so sieht er mich auch, dachte sie beglückt.

»Wo fahren wir hin, Diego?«

Er musste die Frage überhört haben und wirkte unruhig. Mehrmals warf er einen Blick auf seine Uhr. Bei Porta Pinciana stoppte er an der alten Stadtmauer, jemand trat aus dem Schatten, reichte ihm ein würfelförmiges Köfferchen ins Auto und verschwand. Der Geschäftspartner von vorhin, dachte Giusy.

Diego bog in die Via Veneto ein und sah schon wieder auf die Uhr. »Ich fahre dich zum *Excelsior*. Du gehst hinein und wartest auf mich.«

»Im *Excelsior*?«, fragte sie ungläubig.

»Klar. Ich übernachte immer dort, wenn ich in Rom bin«, entgegnete er mit deutlicher Ungeduld in der Stimme. Warum frage ich so dumm, ein Herr wie Diego übernachtet natürlich im *Excelsior*.

»Du setzt dich in die Hotelhalle. Ich parke den Wagen in einer Seitenstraße, weil es hier nicht erlaubt ist. In ein paar Minuten bin ich bei dir. Und lass deine Handtasche da, sie passt nicht zu dem grünen Kleid«, befahl er und hielt an.

»Ja«, antwortete sie gehorsam und schlüpfte aus dem Auto. Er reichte ihr den kleinen Koffer hinaus. »Den nimmst du mit«, zischte er eindringlich. »Es sind wichtige Geschäftspapiere drin, gib ihn auf keinen Fall aus der Hand, *capito*?« Er schlug die Wagentür zu, und schon hatte der rege Verkehr auf der Prominentenstraße den grauen Fiat verschluckt.

Das Köfferchen krampfhaft in der Hand haltend, ging sie steif durch das imposante Portal des *Excelsior* in die Halle. Die vielen Leute, elegante Gäste und Personal in dunklen Livreen, schüchterten sie ein. Gut, dass sie gerade vom Friseur kam und ein echtes Modellkleid anhatte, sonst hätte sie sich hier nie reingewagt.

Der weiche Flausch der Teppiche streichelte ihre nackten Füße in den Sandalen; sie entdeckte einen leeren Sessel und ließ sich hineinsinken.

Um die wichtigen, ihr anvertrauten Papiere besorgt, erschrak sie zutiefst, als auf einmal zwei Herren entschlossen auf sie zusteuerten. Der eine herrschte sie an: »Halt! Keine Bewegung!«, und der andere streckte die Hände nach dem Köfferchen aus.

»Nein! Nein!« Sie war schon aufgesprungen und rannte durch die Halle.

Der Knall, das Gesprassel der Scherben, das entsetzte Aufbrüllen der Leute drangen nicht mehr in ihr Bewusstsein.

Die Explosion setzte einen Vorhang in Brand. Das Feuer wurde von dem Portier sofort gelöscht, aber die Rauchschwaden vernebelten die Halle und trugen noch zu der allgemeinen Panik bei. Kopflos liefen Gäste und Personal umher, sie stießen zusammen, gegen Tischchen und Sessel, obwohl der Mann an der Rezeption durch den Lautsprecher rief: *»Calma signori! Tutto sotto controllo!«* Von draußen drängten Neugierige herein und die zahlreichen Reporter, die in der Via Veneto immer auf eine Sensationsmeldung lauern.

Der Hoteldirektor fühlte, wie seine Beine schlotterten, noch saß ihm der Schreck in den Gliedern. Er hörte, dass die Sirenen der Polizeiwagen heranheulten.

»Direttore, was ist passiert?«, sprach ihn jemand an. Der Ispettore capo des Polizeireviers persönlich, er erkannte ihn durch den rauchigen Dunst.

»Ein Attentat ... Gott sei Dank ohne schwere Folgen.« Er lehnte sich Halt suchend an einen Pilaster. »Wir sind kurz vorher gewarnt worden.«

»Von wem?«

»Ein Unbekannter hat angerufen: ›In der Halle ist eine palästinensische Terroristin. Sie trägt ein hellgrünes Kleid und hat eine Zeitbombe bei sich.‹«

»Die Selbstmordaktion einer PLO-Fanatikerin, vermutlich.«

»Ja. Sie ist die einzige Verletzte. Kleid und Haare völlig versengt. Brandwunden überall. Sie liegt jetzt bewusstlos in der Direktion, von unseren beiden Hausdetektiven bewacht.«

»Das Attentat war höchstwahrscheinlich auf einen bestimmten Gast gerichtet. Wer käme da in Frage, Direttore?«

»Wir haben zur Zeit einen amerikanischen Botschafter, den israelischen Delegierten der UNO, zwei saudische Prinzen ...«

»Aha. Ich werde nachher das Gästebuch kontrollieren.« Der Kommissar blickte um sich. Seine Polizisten waren eifrig dabei, den angebrannten Vorhang zu prüfen und Spuren des Sprengkörpers zu suchen. Noch hatte sich die Aufregung nicht gelegt. Einige ohnmächtige Damen kamen allmählich zu sich, das Personal hatte alle Hände voll zu tun, die Geschockten mit starkem Likör zu beleben, während die Journalisten die prominenten Herrschaften interviewten.

Auch der Direktor wünschte sich jetzt einen doppelten Cognac; mit dem Kommissar ging er in die Hotelbar. »Man konnte Schlimmeres erwarten. Wir haben noch Glück gehabt«, er atmete auf.

»Ja«, lachte der Ispettore capo, »die Bombe war nicht viel mehr als eine Knallerbse. Wir hatten einen Raubüberfall befürchtet, als die Zentrale euren Alarm aus dem Tresorraum bekam.«

»Aus dem Tresorraum …« Der Direktor brach zusammen.

Ohne ihn stieg der Kommissar mit seinen Leuten in das gepanzerte Gewölbe hinunter, wo er feststellen musste, dass das Scheinmanöver bestens geglückt war.

Dem Aufseher wurde der Knebel aus dem Mund genommen, aber er konnte nicht mehr viel aussagen: Die beiden Männer hätten mit seinen Schlüsseln mühelos den Geldschrank und alle Schließfächer der Kunden geleert. Sie wären ihm ruhig und fachmännisch vorgekommen. *»Favoloso«*, hätte der eine gesagt. Nur *»Favoloso«*.

Carlo Lucarelli

Ist nicht persönlich gemeint

Das sage ich jedes Mal, wenn ich jemanden umbringe. Und wenn ich es nicht sagen kann, denke ich es wenigstens, und zwar jedes Mal.

Ist nicht persönlich gemeint.

Und es stimmt ja auch, denn ich töte nicht aus Ressentiment, Eifersucht, Hass oder Leidenschaft; ich töte Leute, die ich kaum kenne und die mir in den meisten Fällen völlig gleichgültig, ja manchmal sogar sympathisch sind.

Altro?, sagt der Bäcker, und ich antworte: *Altro.*

Ich habe mich immer gefragt, wer diese dumme Redensart erfunden hat. *Altro? Altro.* Das Erste ist eine sinnvolle Frage: Darf's sonst noch etwas sein? Das Zweite ist eine wörtliche Wiederholung, die so viel wie *nein* bedeutet. Dasselbe Wort, nur anders betont, eigentlich Unsinn. Doch hier sagt man so, und ich passe mich an. Ich lächle dem Bäcker zu, der zurücklächelt. Auch der Dame, die an mir vorbei zur Kasse geht, ohne es zu registrieren, weil sie mich gar nicht wahrgenommen hat, schenke ich ein Lächeln, und als sie mich schließlich wahrnimmt, ist sie so verwirrt, dass sie zu stottern anfängt, gerührt und zerknirscht. Aber ich schüttle verneinend den Kopf und gehe zurück zum Regal mit den Keksen.

So etwas passiert mir andauernd, ich kenne das.

Ich nenne es den »Plüschteddy-Effekt«. Denn genauso sehe ich aus: wie ein weicher, knuddeliger, süßer Plüschbär. Nicht nur, weil ich klein und rundlich bin, nein, ich glaube, es ist wegen meiner Kulleraugen, die in die Welt blicken wie die eines Teddybären. Ich merke es daran, wie mich die Frauen anschauen, wenn sie endlich auf mich aufmerksam geworden sind – denn zunächst werde ich grundsätzlich übersehen –: mit mütterlicher Zärtlichkeit, beseelt von dem körperlichen Bedürfnis, mich an sich zu drücken und zu herzen. Und ich merke es auch daran, wie mich die Männer anschauen: mit sanftem, arglosem Wohlwollen und aufrichtiger Dankbarkeit dafür, dass ihr Alltag durch mich mit etwas so ... so Drolligem aufgeheitert wurde.

Das ist der Grund, warum ich den Beruf gewählt habe, den ich ausübe.

Es war eine rein rationale Entscheidung, und ich weiß noch genau, wann ich sie gefällt habe. Eines Tages, im Urlaub, besuche ich eine Kirche und sehe einen Pulk Männer in Jackett und Krawatte mit Knopf im Ohr. Irgendein wichtiger Mensch muss gekommen sein. Und tatsächlich entdecke ich Bill Clinton, der in Begleitung von Leibwächtern ist, obwohl er damals schon nicht mehr Präsident der Vereinigten Staaten war. Wahrscheinlich macht auch er Urlaub und besichtigt die Kirche. Na gut, jedenfalls strebt Clinton dem Ausgang zu, und die Männer mit Knopf im Ohr räumen den Mittelgang und drängen die Touristen beiseite, um ihm den Weg freizumachen. Mich haben sie glatt übersehen. Sie bemerken mich nicht und lassen mich da, wo ich bin, mitten auf dem Weg, den der Präsident, inzwischen Expräsident, nimmt. Schließlich entdeckt mich doch einer, er packt mich am Arm und will mich wegziehen, ein wenig unsanft, nur ein ganz klein wenig. Als Clinton das mitbekommt, geht er dazwischen. Er gibt mir die Hand und entschuldigt sich, und ich frage ihn, ob ich ein Foto mit uns beiden machen darf, und drücke einem seiner Sicherheitsleute meinen Fotoapparat in die Hand. Auf die Weise kam ich zu einem Foto, das mich Arm in Arm mit Expräsident Clinton zeigt, als wären wir die besten Freunde. Ein Foto, geschossen von dem, dessen Aufgabe es eigentlich gewesen wäre, mich von ihm fernzuhalten.

So einer bin ich. Ich bin jemand, den die Leute am Flughafen bitten, auf ihren Koffer aufzupassen. Mir drücken die Leute ihr Kind in den Arm, damit sie die Hände frei haben, um die Autotür zu öffnen. Es stört sie nicht, dass ich neben ihnen stehe, wenn sie am Bankautomaten die Geheimzahl eintippen, in den Computer das Passwort und ins Handy die PIN eingeben. Ich wirke beruhigend, angenehm, vertrauenswürdig und absolut harmlos. Ich bin ein Plüschteddy.

Natürlich bin ich mit diesen Qualitäten auch für viele andere Berufe geeignet. Ich könnte Versicherungsvertreter, Anlageberater, Kindergärtner oder Kaufmann sein, oder auch Dieb.

Aber ich habe mich entschieden, Berufskiller zu werden. Und dafür gibt es einen Grund. Einen ganz bestimmten Grund.

Ich bin böse.

Soll ich das Auto holen gehen?, sagt der Junge an der Kasse. Der Bäcker schaut mich an, der Laden ist leer, die Kundin ist gegangen, nur ich bin noch da, das Brot und eine Kekspackung in der Hand. *Ja, sagt er, geh nur, ich mach das hier fertig.*

Er lächelt mich an, ich lächle ihn an, und als er sich zur Kasse umdreht, ziehe ich die Pistole unter meiner Jacke hervor und schieße ihm ins Ohr. Dann halte ich mich am Ladentisch fest, um mich besser vorbeugen zu können, und verpasse ihm sicherheitshalber einen weiteren Schuss in den Kopf.

Ist nicht persönlich gemeint, murmle ich, als ich den Abzug drücke.

Der nackte Fuß ist verschwitzt und rutschig. Mariangela spreizt die Finger, um ihn auf den Boden zu drücken, und beugt sich dabei nach vorn, die Arme ausgebreitet. Ihre Hände greifen ins Leere. Sie spürt, dass sie aus dem Gleichgewicht ist, ihr zurückgestelltes Bein steht zu weit innen, sie fällt vornüber, noch während sie sich dessen bewusst wird. Der Griff an ihrem Kragen aber ist so fest, dass er auch ihre Haare einklemmt, und während sie an die schwarzen Locken denkt, die sie im Nacken schmerzhaft spürt, wird sie mit einem Hüftwurf durch die Luft geschleudert. Ihre Fersen beschreiben einen perfekten Halbkreis, bevor der Rücken mit einem atemberaubend dumpfen Schlag auf den Boden aufprallt.

Mariangela rollt sich seitlich ab und versucht aufzustehen, aber sie ist zu langsam. Sie reißt den Mund auf, packt den Arm, der ihren Hals umschließt, bekommt den Ärmel zu fassen, zieht am Ellbogen, aber eine Hand liegt auf ihrem Kopf und presst ihr Kinn auf den Bizeps, dass ihr die Luft wegbleibt. Jetzt gerät sie in Panik, sie schlägt um sich und zerkratzt alles, was ihr in die Quere kommt, Tränen in den Augen und ein ersticktes Röcheln in der Kehle.

Der Trainer schlägt mit der flachen Hand auf die Matte, die Blondine lockert den Griff, und Mariangela fällt geräuschvoll nach Luft ringend vornüber.

»Bist du wahnsinnig?«, brüllt der Trainer nah an ihrem Ohr. »Schlag mit der Hand auf den Boden, wenn du aufgeben willst.«

Mariangela nickt und unterdrückt einen letzten Japser. Auf den Arm des Trainers gestützt steht sie auf und bringt ihren Judoanzug in Ordnung, indem sie die Falten unterm Gürtel zurechtzieht. Ihr Gegenüber steht schon da, tadellos, als hätte sie sich gerade erst umgezogen. Sie verneigt sich zum Gruß, und als ihre Köpfe sich fast berühren, lächelt ihre Gegnerin ihr zu, ein Lächeln unverhohlenen Triumphs.

Nach dem Duschen kommt es vor den Schließfächern erneut zu einer Begegnung. Die Blondine hat kurzes Haar und ist schon fertig, sie dagegen ist noch dabei, sich mit der Kapuze ihres Bademantels die Haare trocken zu rubbeln. Ihre schwarzen Locken kringeln sich unter dem Frottee. Die Haare sind viel zu lang für eine schnelle Dusche, für das Judo und auch für ihren Beruf.

»Entschuldige, wenn ich dir wehgetan habe«, sagt die Blondine. Aber auch jetzt wirkt ihr Lächeln falsch.

»Schon gut, ist meine Schuld. Ich bin einfach unbegabt.«

»Warum kommst du dann? Ist doch auch bei euch keine

Pflicht, oder?« Sie senkt den Tonfall ihrer Stimme am Satzende, sie muss aus der Gegend hier sein, denkt Mariangela: Ancona, Pesaro, höchstens Fano.

»Keine Ahnung. Gewohnheit. Ich will's mir beweisen.«

»Das nächste Mal bringst du mich zu Fall.«

Die Blondine streift sich ein weißes T-Shirt über, ihre kleinen Brustwarzen zeichnen sich kaum darunter ab. Der Ton ihrer Stimme ist merkwürdig, und merkwürdig ist jetzt auch ihr Blick und ihr Mund, der sich zu einem hämischen Grinsen verzieht. Komm, übertreib nicht, denkt Mariangela, das hast du bestimmt falsch aufgefasst.

Die Blondine zieht den Reißverschluss ihrer Jacke fast bis zur Nase hoch. Sie hebt die Hand zum Gruß und greift nach ihrer schwarzen Tasche mit der Flamme, dem Wappen der Carabinieri. Mariangela trocknet sich zu Ende ab, zieht sich an, rasch, aber vorsichtig wegen des Blutergusses am Hals, denn es ist nicht wahr, dass ihre Gegnerin ihr nichts getan hat. Sie hat ihr ganz schön wehgetan, und der bläulich verfärbte Streifen sieht aus wie ein Knutschfleck, der nur schwer erklärbar wäre, wenn Marco nicht Marco und sie nicht Mariangela wäre.

Sie stopft ihren Bademantel in die Tasche. Ihre ist grün und trägt das Logo Esercito Italia. Dann geht auch sie.

Auf der Stufe vor der Haustür muss sie noch einmal ihre Tasche öffnen, um nach den Schlüsseln zu kramen. So ist das immer bei ihr. Vor dem Training wirft sie die Schlüssel in ihre Tasche, nach dem Training vergisst sie jedes Mal, sie herauszunehmen. Und in dem Moment bemerkt sie ihn, er kniet auf dem Fußabstreifer, das Licht geht aus, und er streckt den Arm und drückt den Schalter, damit es wieder angeht, und dann verharrt er in seiner Haltung und starrt sie an. Aber sie fühlt sich nicht belästigt. Er sieht sympathisch aus, dieser Typ, so drollig, dass auch sie lächelt.

»Verzeihung«, sagt er, »ich wollte Sie nicht anstarren ... Ich schaue nur wegen der Tasche« – auch Mariangela schaut jetzt auf die Tasche. »Es gibt ja schon seit einiger Zeit Frauen bei der Armee, aber weiß der Himmel warum, es ist trotzdem immer wieder beeindruckend. Welchen Rang haben Sie?«

»Leutnant. Militärisches Kommando des Heeres. Registrierungsstelle.«

»Ich bin Buchhalter. Bereich Elektronik, Verkaufsstelle.«

Mariangela lächelt. Sie streckt ihm die Hand hin, nach unten, denn er kniet immer noch auf dem Fußabstreifer. Mariangela Riva. Angelo Ferri. Freut mich.

»Verzeihen Sie nochmals. Ich habe Sie schon so oft nach Hause kommen sehen, aber ich hätte nie geglaubt, dass Sie Soldatin sind. Ist sehr chauvinistisch gedacht, ich weiß ...«

Er hat sie oft gesehen ... »Wieso, wohnen Sie schon lange hier?«

»Seit etwa einem Monat.«

Sie ist drauf und dran zu sagen, dass sie ihn noch nie gesehen hat, verkneift es sich aber. Er merkt es, doch es scheint ihm nichts auszumachen, im Gegenteil, er lächelt.

Kaum hat sie die Wohnungstür hinter sich geschlossen, ist der drollige kleine Mann auch schon vergessen. Marcos Krawatte ist im Flur über einen Stuhl geworfen, seine Jacke hängt an der Türklinke, sein Hemd liegt im Wohnzimmer am Boden, auf den Schuhen. Es könnte das Szenario eines

Ehebruchs sein. Aber sie weiß, dass sie ihn nicht mit einer Frau überraschen wird. Wenn es bloß so wäre ... Dann würde wenigstens etwas passieren.

Er liegt im Unterhemd auf dem Sofa, das Handy am Ohr, und so wird er liegen bleiben bis zum Abendessen.

Der Fleck an ihrem Hals, rund und blau wie ein Knutschfleck, entgeht ihm völlig.

Denn ich weiß, wie man jemanden tötet.

Ich meine das nicht im technischen Sinn - wohin man am besten schießt und wie -, sondern im strategischen: wie man seinem Opfer nahe kommt, wie man es observiert und kennenlernt. Die Terroristen sprachen seinerzeit von »Ermittlungen«, und ich nenne es auch so. Augenblicklich bin ich dabei, solche Ermittlungen durchzuführen.

Sie liegt auf einem Strandtuch auf dem Bauch, die Beine angewinkelt, die Unterschenkel in die Luft gereckt, und reibt die nackten Füße aneinander, um den Sand abzustreifen. Auf die Ellbogen gestützt liest sie ein Buch. Was für eins? Von meinem Platz aus kann ich es nicht erkennen. Ich könnte zwar den Steg verlassen, zum Strand hinunterlaufen und an ihr vorbeigehen, aber ich möchte nicht, dass sie mich sieht. Sie kennt mich, sie hat mich schon einmal bewusst wahrgenommen und würde sich bestimmt an mich erinnern. Leutnant Mariangela Riva. Ich hätte nicht gedacht, dass sie so schnell braun wird. Es sind die ersten Tage, die man am Strand verbringen kann, und trotz der schwachen Spätfrühlingssonne hat sie schon Farbe bekommen.

Er dagegen ist fast noch komplett angezogen. Zwar trägt

er Bermudashorts, aber sein Hemd ist bis oben zugeknöpft, und die Krawatte hat er anscheinend gerade erst abgelegt. Ein gut aussehender junger Mann, auch er braungebrannt, aber er ist eher ein Sonnenstudio-Typ und hat die Statur eines leicht übergewichtigen Squashspielers. Er spricht in sein Mobiltelefon. Zerstreut streckt er eine Hand aus und legt sie auf ihren Po, dass sie zusammenzuckt. Jetzt steht er auf und kommt auf mich zu.

Er kennt mich nicht, und er bemerkt mich auch nicht. Er geht dicht an mir vorbei, und ich höre ihn *Scheiße, scheiße, scheiße!* knurren, als wollte er das Motorola zwischen den Zähnen zermalmen.

Auch die beiden anderen bemerken mich nicht.

Ich dagegen habe sie sofort gesehen: groß, Sonnenbrille, kurzes, mit Gel geglättetes Haar. Sie schwitzen, behalten aber ihre Jacke an, der eine ist auf dem Steg nicht weit von mir entfernt, der andere sitzt auf einer Liege am fast menschenleeren Strand. Das muss der Brigadiere sein, falls sie Carabinieri sind, oder der Ispettore, falls sie Polizisten sind, aber ich würde eher sagen, Carabinieri. Als sie ihm zur Bar an der Strandpromenade folgen, gehen auch sie an mir vorbei, während er bereits zwischen den Tischen hin und her läuft und die Gäste stört. Manche Leute können nicht stillstehen, während sie mit dem Handy telefonieren – er ist so ein Typ.

Als ich mich dann wieder ihr zuwende, entdecke ich etwas.

Sie muss sich auf den Rücken gedreht haben und dann wieder auf den Bauch, weil sie jetzt zwei sandige Fingerabdrücke an der Stelle hat, wo vorher seine verschwitzte

Hand lag, auf dem Po. Mein Blick verweilt kurz bei ihr – ich muss zugeben, dass sie mir gefällt –, aber dann läuft mir das Eis die Finger runter. Ich lege den Kopf schräg, um es abzulecken, und da sehe ich ihn.

Er hat das Handy auf mich gerichtet. Ein bulliger Lockenkopf in einem gelben Polohemd. Er hat mich fotografiert. Er hat nicht einfach in meine Richtung geknipst, sondern ganz gezielt mich fotografiert, denn als er mitbekommt, dass ich ihn anschaue, steckt er das Nokia ein.

Wenn er mich gesehen hat, dann weil er mich bemerkt hat.

Wenn er mich bemerkt hat, dann weil er mich bereits beobachtet hat.

Wenn er mich beobachtet, dann weil er sich für mich interessiert.

Und deshalb verschwinde ich. Das ist nicht schwer, denn er schlägt die Augen nieder, damit unsere Blicke sich nicht treffen, und in dem Moment schlüpfe ich zwischen zwei Kabinen durch und verlasse den Strand. Ich beobachte, wie er mich sucht, ein Dilettant, und dann dieses auffällige gelbe Polohemd: ein Dilettant und ein Dummkopf obendrein. Ich beobachte, wie ihm dämmert, dass er mich aus den Augen verloren hat, und ich beobachte, wie er zur Strandpromenade geht, zu dem wartenden Auto. Da bleibe ich stehen, um mein Eis aufzuessen.

Ich brauche keine freie Hand, um mir die Autonummer zu notieren.

Ich kenne den Wagen.

Ich arbeite für die 'Ndrangheta.

Es ist nicht wie in den amerikanischen Filmen, wo die Berufskiller praktisch eine Annonce in die Zeitung setzen. Hier kann man diesen Beruf nur dann ausüben, wenn man sich einer großen Organisation anschließt, sei sie staatlich oder privat.

Ich bin bei der 'Ndrangheta.

Allerdings nicht, weil ich aus Kalabrien wäre, nein, ich stamme aus Rimini, genauer gesagt aus Igea Marina. Bei der 'Ndrangheta bin ich per Zufall gelandet, als ich einem Freund einen Gefallen getan habe, und jetzt arbeite ich etwa zu gleichen Teilen für zwei kalabresische Clans im Norden, die miteinander Geschäfte machen. Die Stranome aus San Luca und die Arangara aus Platí, beide mit Stützpunkten in den Marken. Ab und zu erledige ich auch etwas für die Casalesen oben in der Provinz Parma, freilich nur mit Erlaubnis dieser beiden Clans. Das geht nur, weil ich nicht aus Kalabrien stamme. Ich habe größere Freiheit, ich bin ein Söldner.

Mein Kontakt zu den 'Ndrangheta-Clans ist Zu'[1] Pasquale.

Zu' Pasquale wohnt gleich hinter der Kathedrale, auf einer kleinen Piazza voller Katzen, die unablässig miauen, Tag und Nacht. Ich habe mich immer gefragt, wie er das aushält, denn er lebt ja praktisch auf der Terrasse, auch wenn es regnet. Von da hat man einen Blick auf die Bucht von Ancona und den Hügel dahinter, und man sieht die Turmspitze der Kathedrale. Aber er wohnt nicht wegen der

1 »Zu'« im Dialekt für »zio«, »Onkel«

Aussicht dort, denn er ist blind. Er sagt, der Geruch des Hafens habe es ihm angetan. Nicht der des Meeres, sondern der Geruch der Fischkutter mit ihren Fischen, der Frachtschiffe mit ihrem Dieselöl, der Tanker mit ihrem Rohöl. Er sagt, er vermisse die Hafenstadt Gioia Tauro. Seit 1972, als er zwangsweise hierhergeschickt wurde und dann blieb.

»Angelino beddu[1], komm rauf, komm!«

Er hat mich kommen hören, noch bevor ich ihn gerufen habe, nur weil ich mit einem Pfiff versucht habe, eine Katze zu verscheuchen. Zu' Pasquale macht seine Sache gut, er ist ganz Nase und Ohr. Wir werden uns blendend verstehen. Denn kaum habe ich auf dem Liegestuhl ihm gegenüber Platz genommen, merke ich an seinem Gesicht, dass irgendetwas nicht stimmt, und er merkt es an meiner Stimme. Ja, wir werden uns blendend verstehen.

»Nimm dir von Concettinas *'nduja*, sie schickt mir jeden Monat welche, aber ich kann sie nicht essen mit meinem Magengeschwür; diese scharfe Streichwurst zu essen ist schlimmer, als wenn mir jemand ein Messer in den Bauch sticht. Aber das sage ich ihr natürlich nicht. Ich bewahre die *'nduja* in Gläsern auf, in durchsichtigen Einmachgläsern. Wenn du wüsstest, wie viele ich davon habe ... Tu mir den Gefallen und hol dir eins.«

Sie stehen in der Küche, ich kann sie von meinem Platz aus sehen, eine feuerrote Reihe im Regal an der Wand.

»All die kalabresischen Köstlichkeiten, die *'nduja*, die Pfefferschoten, typische Spezialitäten ... Lebt deine Schwester eigentlich immer noch in Rimini?«

1 »beddu« im Dialekt für »bello«, »schön«

»Ja.«

»Und schickt sie dir immer noch die *piadina romagnola*[1]?«

»Ja.«

»Tatsächlich? Die Welt ist ein Dorf.«

»Zu' Pasquale, hat irgendjemand etwas gegen mich?«

Er kann ausgezeichnet Stimmen deuten, und ich kann ausgezeichnet in Gesichtern lesen. Er zuckt unmerklich mit dem rechten Mundwinkel und hebt eine Augenbraue, nur ganz leicht. Kaum wahrnehmbar bläht er die Nasenflügel.

Ja, irgendjemand hat etwas gegen mich.

»Angelino beddu, aber was redest du da? Alle haben dich gern und schätzen dich.«

»Das stimmt nicht, denn ich habe Michele Arangaras Auto gesehen. Ich glaube, es ist mir gefolgt.«

»Da hast du dich sicher getäuscht. Was hat Michelino überhaupt für ein Auto? Davon gibt es doch viele ... Und außerdem, die Arangara haben dich gern, du bist doch einer von ihnen. Du glaubst doch nicht etwa, dass dir jemand etwas antun will? Dir? Unserem Angelino beddu?«

Ja, sie wollen mich beseitigen.

»Ich habe mir gedacht, dass es vielleicht etwas mit dem Auftrag zu tun hat, den ich zu erledigen habe.«

Mundwinkel, Augenbraue und Nasenflügel.

Ja, da liegt das Problem. Auch wenn ich nicht weiß, warum.

»Angelino beddu, hat dir Peppino Stranome nicht gesagt, dass du den Mord ausführen sollst?«

1 dünne Teigfladen aus der Emilia Romagna

»Zu' Pasquale ...«

»Nur keine Panik, Angelì, eine Ortung ist wegen der Antennen im Hafen hier nicht möglich. Und Wanzen gibt es auch keine, das kontrolliere ich jeden Tag.«

»Kann ich mit Peppino sprechen? Dann wäre ich beruhigter.«

Er bewegt keinen Muskel. Zu' Pasquales sympathisches Lächeln mit halb geschlossenen Augen, bei denen nur das Weiße der Hornhaut zwischen den Lidern aufblitzt. Diese Regungslosigkeit dauert eine Winzigkeit länger als normal.

Ich fange an zu begreifen.

»Peppino ist nicht in der Stadt. Er macht Urlaub, und nicht einmal ich weiß, wo. Er war so gestresst, der Ärmste, und ich habe ihm dazu geraten. Geh nur, ruh dich aus, habe ich ihm gesagt.«

Aha, jetzt habe ich verstanden.

»Angelino, du wirst doch den Auftrag ausführen, den wir dir anvertraut haben?«

»Ja.«

»Du weißt auch, dass es einen großen Knall geben muss?«

»Ja, ich weiß.«

»Dann beeil dich damit. Du hast bis morgen Zeit.«

Gut. Jetzt weiß ich zumindest ein bisschen was. Ich weiß, dass sie es auf mich abgesehen haben und mich umbringen wollen wegen des Auftrags, den ich zu erledigen habe. Und ich weiß auch, wie viel Zeit mir noch bleibt. Bis morgen. Ich habe noch vierundzwanzig Stunden zu leben.

Die darf ich nicht vergeuden.

Ich ziehe die Pistole raus. Zu' Pasquale merkt es. Wohl wegen des Schmierölgeruchs.

»Was ist, Angelino, was hast du vor?«

Ich antworte nicht, das überlasse ich den Katzen. Jetzt verstehe ich, wie Zu' Pasquale es bei diesem Höllenlärm hier draußen aushält. Wenn man andere Dinge im Kopf hat, gewöhnt man sich an den Krach und hört ihn bald nicht mehr. Mir geht es genauso.

»Angelino, was ist? Wohin gehst du?«

Ich war kurz in der Küche, um mir ein Gläschen *'nduja* zu holen, das mit dem kräftigsten Rot. Ich stelle es Zu' Pasquale vor die Nase, und er riecht es durch das Glas hindurch, er atmet die feurige Schärfe mit geblähten Nasenflügeln und flatternden Lidern über den weißen Augen.

»Ich hätte dich so gern noch einiges gefragt, Zu' Pasquale«, sage ich. »Ist nicht persönlich gemeint.«

Ab und zu jedoch scheint er sie plötzlich wieder wahrzunehmen. Er schaut sie an wie beim ersten Mal, und in seinem Blick liegt jenes Erstaunen, über das sie schmunzeln musste, als er sich bei der Parade am 4. Juni auf der Tribüne umdrehte und ihre Blicke sich kreuzten.

Jetzt liegt in seinen Augen dasselbe sanfte Leuchten. Erstaunen und Bewunderung, Erstaunen und Begehren, und auch jetzt geht ihr der Gedanke durch den Kopf, dass sie ihn liebt. Damals war es ihr klar geworden, jetzt erinnert sie sich wieder.

Marco.

Auch wenn er im Unterhemd auf dem Sofa liegt und überall seine Klamotten verstreut sind, die sie aufsammeln muss; auch wenn das Telefon in seiner Hand bald wieder klingeln wird; auch wenn trotz der Klimaanlage das Fenster offen steht und auf dem Couchtisch eine halb leer gegessene Packung Schinken liegt, obwohl es gleich Abendessen gibt, das sie auf dem Heimweg vom Büro schnell noch in der Rosticceria geholt hat.

Aber sie liebt ihn, sie erinnert sich wieder, sie weiß es, und als er zu ihr sagt, *Los, komm her* und mit der flachen Hand auf das Sofakissen klopft, stellt sie die Tüte aus der Rosticceria auf den Tisch, nimmt ihr Barett ab und geht zu ihm. Folgsam wie ein Hündchen, denkt sie kurz, dann streckt er eine Hand aus, krault ihr das Haar, und schon denkt sie nicht mehr daran.

Erzähl, was hast du heute in der Kaserne gemacht?

Es ist keine Kaserne, sondern ein Revier. Was soll ich schon gemacht haben? Personalbögen, Versetzungen, Pensionsbescheinigungen.

Interessant.

Öde. Erzähl du lieber. Gibt es Probleme bei deiner Arbeit? In letzter Zeit bist du ganz schön nervös.

Ich bin immer nervös, das weißt du doch.

Und dann diese bescheuerte Zeitung, die dich ständig angreift ...

Alles nur Politik ...

Aber dieser Unternehmer, von dem es heißt ... Stimmt es, dass er ein Mafioso ist?

Seine Finger in ihren Haaren. Er krault sie hinter dem Ohr, am Hals, und sie spürt einen wohligen Schauder und senkt den Kopf wie damals, an jenem 4. Juni vor drei Jahren, allerdings nicht bei der Parade, Gott, nein, später, am Abend, beim Essen.

Hör zu, murmelt er, *ich bin Referent für Stadtentwicklung, und wenn ein Unternehmer eine Hotelkette aufbauen will, kann mir das nur recht sein. Wenn er mir die Antimafiabescheinigung vorlegt und die gebotene Transparenz walten lässt, lasse ich ihn machen, wenn nicht, Pech gehabt. Und wenn die Zeitungen der Opposition Zeter und Mordio schreien, scheiß ich drauf. Erst kritisieren sie mich, weil ich zu viele Genehmigungen erteile, und wenn ich streng bin, kritisieren sie mich trotzdem, also scheiß drauf.*

Damals hatte er nicht so mit ihr gesprochen, aber sein Atem dicht an ihrem Ohr ist derselbe, und auch die Hand, die sich unter ihre Bluse schiebt, die Finger, die sich um ihre Brust schließen, die Lippen auf ihrem Mund, die Zunge und auch die Wärme, die sie zwischen den Beinen spürt, und wie er sich jetzt, steif unter den Boxershorts, an sie presst. Und als Marco sie aufs Sofa hinunterdrückt und sie sich windet, um sich aus ihrer Uniformhose zu schälen, und als sie seine nackte Haut spürt, vergisst sie schlagartig alles, und ihr ist alles egal, wirklich alles.

Aber danach ist es anders. Er hält sie in seinen Armen, wie immer, wenn es vorbei ist, aber dann fängt das Handy am Boden an zu vibrieren. Sie denkt, nein, bitte nicht, und er geht nicht ran, und auch das erinnert sie daran, wie sehr sie ihn liebt. Aber dann kann er doch nicht widerstehen und streckt den Arm aus. *Mist! Zwei unbeantwortete Anrufe!*, und schon ist er ihr wieder entglitten.

Als der Wecker klingelt, ist sie bereits wach. Sie hat es verinnerlicht wie einen Reflex, um halb sieben schlägt sie die Augen auf. Das ist so, seitdem sie in Rom den Offiziersanwärterkurs gemacht hat, die Trompetenstöße ertönten jeden Tag pünktlich um halb sieben aus dem Lautsprecher. Und in der Kaserne wurde man eine Sekunde früher geweckt, gerade rechtzeitig, um das Knistern des Tonbands zu hören.

Jetzt könnte sie länger liegen bleiben, im Büro gibt es keinen Fahnenappell, und Marco schläft um diese Uhrzeit noch, aber das macht nichts, Augen auf um sechs Uhr dreißig und raus aus den Federn. Im Sommer verbringt sie die Zeit, bis Marcos Wecker klingelt, auf der Terrasse und atmet die Meeresluft ein, die ihr den Vorhang in den Rücken weht. Hier hat sie den kleinen Frühstückstisch aufgestellt und kann beim morgendlichen Kaffeetrinken aufs Meer schauen. Die Sonne scheint heute so grell, dass man die Augen zusammenkneifen muss.

Als es an der Tür klingelt, ist sie noch im Morgenmantel, denn heute geht sie noch später als sonst ins Büro. Es sind immer diese beiden, ein Dicker und ein Dünner, einer mit Gel im Haar, der andere ohne Gel, ein Jüngerer und ein Älterer. Zur Begrüßung legen sie die Hand an die Schläfe, denn auch sie sind Soldaten. Es ist allerdings nur eine flüchtige Geste, denn sie sind Soldaten anderer Art.

»Mein Mann ist schon fertig, er kommt gleich. Möchten Sie einen Kaffee?«

»Danke, wir hatten schon einen.«

Aus dem Bad hört man das Rauschen der Spülung, und einen Augenblick später kommt Marco heraus, in Hemd und Krawatte, das Telefon in der Hand. Er streift sich das Jackett über und geht auf Mariangela zu, um sie zu küssen. Sie lächelt. In den letzten Tagen hat er das immer vergessen, und sie musste ihm hinterherlaufen.

»Hör zu«, sagt Marco, »macht es dir was aus, wenn ich dein Auto nehme und dir den SUV lasse?«

»Nein, warum?«

»Assessore«, schaltet sich der Ältere der beiden ein, aber Marco unterbricht ihn mit einer Handbewegung.

»Die Leute sollen nicht denken, ich hätte Angst. Diese ganze Bewacherei halte ich sowieso für einen großen Quatsch …«

»Assessore …«

»Es ist besser, ich nehme deinen Panda, denn wenn sie mir folgen, merken sie wirklich, dass ich darauf pfeife.«

»Assessore, mit dem SUV wären Sie besser …«

»Ach Unsinn, nur wegen des Briefumschlags mit dem Projektil drin vor einer Woche! Ich bin schließlich nicht der Erste. Der Präfekt meinte auch, es sei bloß eine Vorsichtsmaßnahme, reine Pedanterie. Ich weiß, dass die Eskorte ein Statussymbol ist, aber ich sehe das nicht so.«

»Man sollte besser von Personenschutz als von Eskorte sprechen …«, murmelt der Jüngere.

Marco nimmt die Schlüssel des Panda aus dem Körbchen neben der Tür. Die Schlüssel des SUV lässt er hineinfallen. Mariangela würde gern etwas sagen, aber er verschließt ihr den Mund mit einem zweiten Kuss.

»Sei unbesorgt«, sagt er, »und dass der Wagen bloß keine Kratzer bekommt.«

»Aber ich fahr doch besser als du!«

Es stimmt, sie hat ein Fahrsicherheitstraining und alle möglichen Kurse absolviert, auch Fallschirmspringen, Judo und instinktives Bogenschießen. Das Einzige, was sie gut kann, ist Autofahren, bei allem anderen baut sie Mist. Beim Fallschirmspringen hat sie sich den Knöchel verstaucht, und von der Blondine mit dem kurzen Haar lässt sie sich jede Woche fast erwürgen. Ich muss wohl einen Hang zum Masochismus haben, denkt sie, als sie Marco im Aufzug verschwinden sieht, gefolgt von seinen beiden Bewachern. Marco hebt die Hand zum Gruß, ohne sie anzuschauen, sein Blick ist auf das Display seines Handys gerichtet.

Der Unterschied zwischen einer gut und einer schlecht durchgeführten Ermittlung besteht darin, dass man die zeitlichen Abläufe auf die Minute genau kennt. Und tatsächlich, um acht plus/minus eine Minute öffnet sich der Zugang zur Tiefgarage, und heraus kommt der erste Carabiniere, der Jüngere der beiden, die Hand unter der Jacke – reine Routine –, dann der Assessore und hinter ihm der Brigadiere.

Sind Sie sicher?, fragt der Brigadiere, aber der Assessore antwortet nicht einmal, er öffnet mit der Fernbedienung die Zentralverriegelung des gelben Panda neben dem SUV und steigt ein, während er eine Nummer ins Handy tippt.

Was für ein Arschloch, der schnallt sich nicht mal an, sagt der Jüngere, *man sollte ihn verhaften statt beschützen*, und der andere schüttelt den Kopf, denn wenn sie den Punto, ihren Dienstwagen, nicht hinter dem Panda geparkt hätten, würde der Assessore losbrausen und sie hier stehen lassen.

Als die quietschenden Reifen auf dem schmierigen Asphalt des Parkhauses nicht mehr zu hören sind, komme ich aus meinem Versteck hervor. Ich schiebe das Fahrrad neben den SUV, zücke mein Taschenmesser und zersteche den vorderen Fahrradreifen, dabei drücke ich die Lenkstange fest nach unten, damit die Luft schneller entweicht. Dann warte ich.

Wenn meine Ermittlungen etwas taugen, müsste auch sie in spätestens einer halben Stunde hier sein.

Und tatsächlich, da ist sie.

Siebenundzwanzig Minuten.

Sie trägt ihre Tarnuniform, und ich muss schmunzeln, weil ich sie noch nie so militärisch, so soldatisch gesehen habe. Sonst ist sie immer in Dienstuniform mit Bluse, Bügelfaltenhose und flachen Schuhen, wie eine Beamtin, oder in Zivil, also feminin gekleidet, jetzt aber graugrüner Stoff mit dunklen Flecken, Namensschild auf der Brust, Sterne auf den Schultern und Springerstiefel. In der Hand trägt sie das um die Handschuhe gewickelte Barett und am kleinen Finger den Schlüsselring mit den Schlüsseln für den SUV mit der Fernbedienung für die Zentralverriegelung. Daran habe ich nicht gedacht, und deshalb schiebe ich mein Fahrrad heraus, sobald sie ihren Aktenkoffer abgestellt hat. Ich wollte mich erst wie zufällig am Eingang der Garage zeigen, aber es ist besser, wenn sie die Fernbedienung nicht benutzt.

»Entschuldigen Sie!«

Sie zuckt zusammen, ich habe regelrecht gebrüllt, damit sie innehält. Sie sieht mich an, nicht furchtsam – ich flöße niemandem Angst ein –, sondern eher verdutzt, denn sie erkennt mich nicht.

»Ferri«, sage ich, »Ihr Nachbar ... Wir sind uns schon mal vor dem Haus begegnet.«

»Ach ja«, aber ich weiß nicht, ob sie sich wirklich erinnert.

Ich schiebe das Fahrrad ein Stück vor, damit sie den Reifen sieht.

»Pech, was? Irgendein Idiot hat mir den Reifen zerstochen … Hören Sie, wo ich Sie gerade sehe, könnte ich Sie gleich fragen … ob Sie mich nicht ein Stück mitnehmen würden. Am Ende der Straße ist die Bushaltestelle, aber meine Tasche ist so wahnsinnig schwer …« Die Tasche hängt an der Lenkstange, und ich deute darauf, sie sieht tatsächlich schwer aus, wie von ihrem Gewicht ausgebeult, der Schultergurt zum Zerreißen gespannt. »Mit meinem Rücken … Sie würden mir einen großen Gefallen erweisen, wirklich …«

Sie schaut mich an. Sie ist viel zu höflich, um nein zu sagen, aber ich merke, dass sie diese Bitte eines Unbekannten eigenartig findet. Ich hätte sie darauf vorbereiten sollen, hätte von dem Fahrrad sprechen, mich bemitleiden lassen und sie dazu bringen müssen, dass sie selbst mir anbietet, mich mitzunehmen, aber dafür ist keine Zeit. Diese Fernbedienung gefällt mir ganz und gar nicht. Meine Hand ist bereits in der Tasche.

»Na gut«, sagt sie, »ein so kurzes Stück, das ist kein Problem.«

Sie hebt die Hand, um per Fernbedienung die Zentralverriegelung zu öffnen, aber ich hindere sie daran.

»Bitte«, sage ich. »Das würde ich nicht tun.«

Ich weiß, wenn einem jemand in einer solchen Situation eine Pistole vor die Nase hält, kann man es erst einmal gar nicht glauben. Nicht nur, wenn ich das tue, sondern generell, denn wer rechnet schon damit, dass er an einem ganz normalen Morgen an einem ganz normalen Tag mit einer Pistole bedroht wird. Ich nutze diese Schrecksekunde, um ihr die Fernbedienung aus der Hand zu nehmen und die Pistole gegen den Bauch zu drücken, damit sie begreift, dass es ernst ist.

»Besser, Sie benutzen das hier nicht.« Ich öffne die Tür des SUV mit dem Schlüssel, darauf bedacht, nicht an die Tasten zu kommen. »Unter dem Wagen sind dreißig Kilo TNT versteckt, mit Fernzündung. Und man kann nie wissen, die Interferenzen ...«

Ich lasse sie vorn einsteigen, auf dem Fahrersitz, ich springe hinten rein und hebe die Tasche hoch, die wirklich sehr schwer ist und mich fast runterzieht. Ich reiche ihr die Schlüssel.

»Starten Sie den Wagen und fahren Sie los.«

Sie rührt sich nicht, genau wie ich es erwartet habe. Aber das macht nichts, jetzt haben wir alle Zeit der Welt.

»Mariangela«, flüstere ich ihr ins Ohr. »Ich bin bewaffnet, Sie haben die Pistole gesehen. Sie werden jetzt tun, was ich Ihnen sage. Sie starten den Wagen, fahren aus der Garage raus und dann ganz langsam weiter. Schlaglöchern weichen Sie möglichst aus. Die Bombe wird zwar per Fernbedienung gezündet, aber bei Sprengstoff weiß man nie so genau.«

Ich berühre ihren Hals mit dem Lauf der Pistole, und sie erschaudert wie nach einem Kuss. Sie startet den Wagen.

»Woher wissen Sie das?«, fragt sie mich. »Das mit der Bombe ... Woher wissen Sie das?«

Wenn der Verstand wieder anfängt zu arbeiten und die Realität allmählich wieder erfasst, geistert immer irgendwo im Kopf eine aberwitzige Frage herum. Wieso interessiert es sie, woher ich das weiß? Sie sitzt in einem Auto voller Sprengstoff, auf dem Rücksitz ein Unbekannter, der ihr eine Pistole an den Kopf hält … Wieso ist es ihr wichtig zu wissen, woher ich das weiß?

»Ich weiß es eben«, gebe ich zurück. »Ich habe ihn selbst angebracht.«

Eine Zeit lang zittert sie nur. Sie umklammert das Lenkrad so fest, dass ihre Knöchel ganz weiß sind und ihr die Finger wehtun. Ihre Nackenmuskeln brennen von der Anstrengung, geradeaus zu schauen, wie er es ihr gesagt hat: geradeaus schauen, nicht in den Rückspiegel blicken. Mit steifem Rücken sitzt sie da, ganz schief, um möglichst weit von der Mündung der Pistole entfernt zu sein, die hinter ihrem Sitz auf sie gerichtet ist. Eine Dummheit, sie weiß, dass es nichts nützt, aber noch kann sie keinen klaren Gedanken fassen. Es ist, als passiere all das gar nicht ihr, sie spürt nur dieses unablässige, heftige Zittern, das ihr in Erinnerung ruft, was los ist.

Langsam, hat er zu ihr gesagt, *niemand ist uns auf den Fersen, an der Ampel bleiben Sie stehen, gut, Vorsicht am Kreisverkehr.* Er hat sie auf die Flaminia gelotst, bis Torrette, dann am Meer entlang bis Falconara Marittima und anschließend weiter, die Bahnlinie auf der einen und den Sandstrand auf der anderen Seite, noch weiter, langsam, die Pistole auf den Knien, die Stimme sanft und beruhigend wie die eines Navigationssystems.

Sie befinden sich auf der Autobahn nach Senigallia, er hat ihr die Richtung angegeben, der sie gefolgt ist, auch wenn sie inzwischen nicht mehr hätte sagen können, welche, weil sie inzwischen wieder zu konkretem Denken fähig ist. Sie hat drei Fragen im Kopf, und sie platzt mit allen dreien heraus, als hätte sie einen Hustenanfall.

Wer bist du? Warum ich? Was willst du von mir?

»Das ist jetzt noch zu kompliziert für Sie. Sie sind so durcheinander, dass Sie es gar nicht verstehen könnten.«

»Werden Sie mich umbringen?«

»Nein, wenn Sie mich nicht dazu zwingen.«

»Wollen Sie ...«

»Sie missbrauchen? Vergewaltigen? Nein. Ich möchte nur am Leben bleiben.«

»Sie haben unter dem Wagen eine Bombe versteckt. Warum?«

»Das ist mein Job. Ich bin Berufskiller. Ich arbeite für die 'Ndrangheta.«

Marco, denkt sie. Dann waren die Drohungen also doch ernst gemeint. Dann will die Mafia Marco also tatsächlich umbringen.

»Es ist wegen der Genehmigungen für die Supermärkte.«

»Ja.«

»Die ... Die 'Ndrangheta will ...« – sie bringt den Satz nicht zu Ende, sie hat das Bild einer Stichflamme vor Augen, den Knall, Marco, der in den Flammen verbrennt, aber sie sagt es schließlich doch, sie zwingt sich dazu, weil sie allmählich die Selbstkontrolle wiedergewinnt und es sagen muss. »Sie wollen meinen Mann wegen der Genehmigungen töten ... Weil er Ihnen keine mehr erteilen will.«

»Es ist ein bisschen komplizierter, aber egal. Vorerst genügt das so. Bei der nächsten Ausfahrt fahren wir raus und nehmen die Autobahn zurück nach Ancona.«

»Warum?«

»Weil ich wissen will, ob uns jemand gefolgt ist. Sehen Sie das Auto dort hinten?«

Es ist im Rückspiegel, das Auto vom Strand, das Auto des Arangara-Clans.

Mariangela ist wie gelähmt, nicht wegen des Autos, das ihnen folgt, sondern weil er sich bewegt hat. Er ist nach vorn geklettert und sitzt jetzt neben ihr auf dem Beifahrersitz.

»Ich weiß, dass Sie ein Fahrsicherheitstraining absolviert haben. Sobald wir auf der Autobahn sind, hängen Sie unsere Freunde dort hinten ab. Ich bin mir sicher, dass Sie das hinkriegen.«

Immer wenn ich eine Anhöhe hinauffahre, bekomme ich Appetit. Nicht etwa weil ich Hunger hätte, das passiert mir auch, wenn ich gerade erst gegessen habe – abgesehen davon würde ich ohnehin am liebsten ständig essen –, ich bekomme dann nicht Appetit auf irgendetwas, sondern auf ein Panino mit dicker Kruste, aber innen schön weich, oder auch auf ein Rosetta-Brötchen, jedenfalls ein Vesperbrot. Wenn ich dann auch noch in Corciano bin, Wikipedia zufolge eines der schönsten Dörfer Italiens, ist es mir ein geradezu körperliches Bedürfnis, zur Burg hinaufzusteigen und mich mit einem Salamibrötchen unter einen Baum zu setzen.

»Umbrien ist wirklich schön, nicht wahr?«, sage ich, aber sie antwortet nicht, im Gegenteil, sie beißt die Zähne zusammen. Langsam wird sie gefährlich. Wir sitzen seit zweieinhalb Stunden im Auto, sie hat die Situation erfasst und passt sich an. Zuerst ist sie bei jedem Klingeln ihres Handys zusammengezuckt – *Was ist das für eine Nummer? Das Büro, sie suchen mich. Und das? Marco, man wird ihn benachrichtigt haben* –, dann hat die Klingelei aufgehört und sie hat sich beruhigt, aber das ist noch schlimmer. Sie denkt nach; ich habe es gemerkt, als uns die Carabinieri entgegengekommen sind, die sie nicht einmal angeschaut hat. Sie weiß, das ist nicht der richtige Moment, und wartet ab. Macht nichts, ich halte sie mit meiner Waffe in Schach, und was ich demnächst tun werde, zeigt ihr wieder, wer hier das Sagen hat.

Wir kommen an eine Kreuzung, und ich sage ihr, wo wir abbiegen, nein, nicht hinunter zum See, hinauf auf den Hügel. Wir fahren auf einem weißen Sträßchen, links und rechts Gemüsegärten, vorbei an einer Villa mit einer Schaukel im Hof, einer weiteren mit aberwitzigem Farbanstrich, ja, weiter, noch weiter. So weit oben hatte ich es gar nicht in Erinnerung, aber es war auch Nacht, als ich hier war.

Vor der Kurve steht ein Haus, mehr Landhaus als Villa. Ein alter Mann recht einen Kiesweg, ganz langsam, als würde er ihn kämmen.

»Halten Sie an«, sage ich und lasse die Scheibe herunter. »Verzeihung, nur eine kurze Frage ...«

Der Alte schaut mich an. Er wirkt unentschlossen, ob er weiterarbeiten oder sich mir zuwenden soll, dann klemmt er seinen Rechen unter den Arm und kommt auf den Wagen zu. Als er eineinhalb Meter entfernt ist, strecke ich den Arm aus den Fenster, denke: ist nicht persönlich gemeint, und schieße ihm eine Kugel in die Stirn.

Sie sieht es, aber das Plopp des Schalldämpfers, ein dumpfes, unwirkliches Geräusch, hat eine Verzögerung ihrer Wahrnehmung zur Folge. Ich öffne die Tür, packe sie an den Haaren und zerre sie aus dem Wagen. Sie schreit und stürzt auf den Kies. Der Alte liegt am Boden, die Arme ausgebreitet, ich fasse ihn am Handgelenk und herrsche sie an, sein anderes Handgelenk zu nehmen. Ich weiß, ich habe keine Befehlsstimme, aber ich wiederhole es so oft, bis sie wie in Trance gehorcht. Vom Kiesweg bis zum Haus sind es etwa hundert Meter. Wir zerren den Alten hinein und lassen ihn liegen. Niemand hat uns gesehen oder gehört, alles ist sehr schnell gegangen, und der SUV hat die Sicht von der Straße her verstellt. Der Motor läuft noch.

»Du hast ihn getötet«, sagt sie.

»Gehen wir das Auto holen.«

»Du hast ihn getötet!« Sie schreit.

Falsche Reaktion. Ich hatte gehofft, ihre Angst würde wiederkehren, wenn sie sieht, wie ich töte, aber nun ist ihre Angst in Hass umgeschlagen. Wie zur Verteidigung duckt sie sich, die Finger gespreizt. Sie ist bereit, auf mich loszugehen.

Wenn sie das tut, muss ich sie erschießen.

Wenn sie mich angreift, muss ich sie töten, aber das will ich gar nicht.

»Auf den Boden«, sage ich zu ihr, »auf den Boden!« Ich fuchtle mit der Pistole herum, und das lähmt sie derart, dass ich sie an der Schulter nehmen und umdrehen kann. Dann packe ich sie an den Haaren und drücke sie hinunter, bis sie am Boden hockt. Hinter ihr stehend schlage ich ihr mit dem Pistolengriff ins Gesicht. »Zieh einen Schuh aus«, zische ich ihr ins Ohr.

»Was?«

»Du sollst einen Stiefel ausziehen!« Ich verpasse ihr einen leichten, aber gezielten Fußtritt, damit sie weiß, dass ich den rechten Stiefel meine. »Zieh ihn aus!«, herrsche ich sie an, und sie tut es. Sie schnürt ihren Stiefel auf und streift ihn ab. Sie ist so verwirrt, dass sie ihn sich einfach aus der Hand nehmen lässt. Ich werfe ihn weit weg, dann fasse ich nach ihrem Kniestrumpf und ziehe ihn ihr vom Fuß, indem ich einen Schritt zurückmache. Mit einem bloßen Fuß wirkt sie noch verwirrter, sie setzt ihn ab und schaut mich verständnislos an. Jetzt schiebe ich meinen Schuh auf ihren Fuß zu und ziele mit der Spitze direkt auf ihren kleinen Zeh.

Ihr Aufschrei ist lauter als das Knacken des gebrochenen Zehenknochens. Ich lasse sie brüllen, am Boden zusammengekrümmt, den Fuß mit den Händen umklammernd, und gehe aus dem Haus, um das Auto zu holen.

Der Zeh unter der vor Kälte brennenden Haut pocht. Das Eis wirkt betäubend, und schon allein beim Gedanken an das plötzliche Brechen ihres Knochens wird ihr übel. Sie sitzt im Wohnzimmer auf dem Sofa, das verletzte Bein angewinkelt, das Knie an die Brust gepresst, und hält sich einen Eisbeutel an den Fuß. Er hat ihr die Eiswürfel gebracht, eingewickelt in einen Lappen. Irgendwo hat er sogar ein Paar Flipflops gefunden und hält sie ihr jetzt mit einem freundlichen Lächeln hin.

»Warum haben Sie das getan?«

»Was sollte ich machen? Sie ins Bein schießen? So etwas gibt's nur im Film, in der Wirklichkeit verblutet man.«

»Aber ich habe doch gar nichts getan!«

»Das stimmt nicht. Sie wollten sich auf mich stürzen, und ich bin im Zweikampf nicht besonders gut, obwohl ich alle Übungsbücher gelesen habe. Sie wollten, glaube ich, einen Koshi-Guruma anwenden, jedenfalls einen Hüftwurf, aber, wenn Sie mir die Bemerkung erlauben, Ihr zurückgestelltes Bein war viel zu weit innen.«

Wenn sie die verletzte Stelle mit Eis kühlt, dreht sich ihr der Kopf, wenn sie das Eis wegnimmt, auch. Ganz langsam streckt sie das Bein, den Rücken an der Sofalehne, eine Hand auf den Augen, im Versuch, der Schmerzen besser Herr zu werden. Er geht aus dem Zimmer und kommt mit einem Glas Wasser und einem Tablettenröhrchen zurück. Er legt ihr drei Tabletten auf die Hand und hilft ihr zu trinken, schüttelt aber verneinend den Kopf, als sie das Glas selbst nehmen will. Dann setzt er sich in die andere Sofaecke, nimmt ihren Fußknöchel und hebt ihr Bein an – er macht *pscht*, als sie versucht aufzustehen –, legt es auf sein Knie und drückt den Eisbeutel auf ihren Fuß, so behutsam, dass sie es kaum spürt. Er wirkt so liebenswürdig, so fürsorglich und rührend mit seinen weit aufgerissenen blauen Augen, dass sie für einen Moment vergisst, wer er ist. Sie denkt an Marco, der sich nie so verhält, jedenfalls schon lange nicht mehr. Aber das dauert nur einen kurzen Moment.

»Sie haben diesen alten Mann getötet.«

»Er war kein alter Mann.«

»Er war ein alter Mann!«

»Er war kein alter Mann. Er war der Waffenmeister der 'Ndrangheta. Nachher zeige ich Ihnen, was sich unter dem Fußboden befindet.«

Das Schmerzmittel fängt an zu wirken, es macht vor allem benommen. Sie weiß, wie schlecht sie Schmerzen erträgt.

»Warum haben Sie ihn getötet?«

»Zu' Tommaso bewacht hier das Waffenlager. Hätte ich zu ihm sagen sollen: ›Zu' Masino, wir möchten hier gern übernachten, und außerdem bräuchte ich einige von den Sachen da unten‹?«

»Aber Sie haben ihn einfach so getötet!«

»Gab es eine Alternative?«

»Ja! Ich meine, nein ... Trotzdem bringt man auch solche Leute nicht einfach um!«

Er schaut sie an. In manchen Momenten wirken seine hellen Plüschteddy-Augen gar nicht mehr so rührend, jetzt zum Beispiel. Sie blicken nicht böse, das nicht, aber sie sind kälter. Grausam, das ist es, grausamer.

»Sie sind doch Soldatin«, sagt er.

»Ja. Und? Was hat das damit zu tun?«

»Soldaten töten.«

»Nein.«

»Sie töten nicht?«

»Aber nein!«

»Sie würden es aber tun. Wenn es Krieg gibt zum Beispiel. Soldaten töten, wenn sie im Krieg sind.«

»Krieg ist etwas anderes. Niemand will einen Krieg, auch nicht die Soldaten. Ich will keinen Krieg. Du dagegen bringst einfach so jemanden um, aus einer Laune heraus!«

Sie will ihr Bein zurückziehen, aber er hält es fest, und sie weiß, es würde ihr wehtun, wenn sie es mit Gewalt versuchen würde.

»Meine Mutter«, sagt Angelo, »ist Hausfrau. Meine Schwester hat eine Kurzwarenhandlung. Beide können mit ziemlicher Sicherheit ausschließen, dass sie bei dem Leben, das sie führen, jemals gezwungen sein werden, einen Menschen umzubringen. Sie nicht. Sie haben einen Beruf gewählt, der die Möglichkeit zu töten einschließt, auch wenn Sie das noch so sehr verabscheuen.«

»Ja, aber das ist nicht der Grund ...«

»Sie wurden im Umgang mit Waffen geschult, Sie sind Offizier, könnten also auch an die Front geschickt werden. Können Sie kategorisch ausschließen, dass Sie im Ernstfall auf einen Feind schießen würden?«

»Nein, ich ... Es kommt darauf an. Aber nicht einfach so. Kaltblütig.«

»Wenn es darum gehen würde, ein Hindernis aus dem Weg zu räumen, indem Sie töten, würden Sie es nicht tun?«

»Nein. Ich weiß nicht - kommt darauf an. So gesagt, nicht.«

Er lächelt. Im Gegensatz zu ihr: Sie sieht ihn mit zusammengebissenen Zähnen an, nicht nur, weil ihr Fuß schmerzt. Er lächelt immer noch.

»Unser Beruf ist es zu töten, so oder so, von Fall zu Fall oder immer. Zwischen uns gibt es nur *einen* Unterschied.«

»Welchen?«

»Ich bin böse.«

Die Falltür liegt unter einem Teppich, aber die daraufstehende Kommode ist so schwer, dass ich es nur mit gewaltiger Anstrengung schaffe, sie beiseitezuschieben. Ich ganz allein. Sie kann nur auf einem Bein hüpfen, indem sie sich von Möbelstück zu Möbelstück hangelt. Sie hat auch ihren anderen Stiefel ausgezogen, und jetzt, in Flipflops, das rechte Hosenbein etwas hochgekrempelt, damit der Reißverschluss nicht an dem geschwollenen Zeh scheuert, und im T-Shirt wegen der Hitzewallungen, die das Schmerzmittel verursacht, sieht sie gar nicht mehr aus wie eine Soldatin, und es tut mir fast ein bisschen leid, dass ich ihr vorhin so wehgetan habe. Aber egal, es hat mir Spaß gemacht. Ich bin böse.

Unter der Falltür führt eine Holztreppe nach unten, wie in einen Keller. Und der Raum ist tatsächlich ein Keller, Zu' Tommaso hat hier zwei Salamis und einen Schinken zum Trocknen an einen Balken gehängt.

Ich lasse zuerst sie hinuntersteigen, das dauert unendlich lange, und sie stöhnt leise auf vor Schmerz. Unten setzt sie sich auf eine riesige Holzkiste, aber da kann sie nicht bleiben. Neben einem Kühlschrank steht ein Korbstuhl, ich lasse sie hinhüpfen, aber dann setzt sie sich auf die Treppe, wohl weil sie so den verletzten Fuß höher halten kann. Ich öffne die Holzkiste.

»Donnerwetter«, sagt sie hinter mir. Es ist das erste Mal, dass ich sie so reden höre.

»Ja«, sage ich.

»Das sind ja mehr Waffen als bei uns in der Kaserne.«

»Der Umsatz der Clans entspricht fast dem Bruttosozialprodukt einer ganzen Nation. Die Clans haben genügend Geld für Rüstungsausgaben. Und es gibt bei ihnen keine stänkernden Pazifisten.«

Vorhin habe ich die Tasche ausgeleert, deren Gewicht als Vorwand gedient hatte, sie zu überreden, mich mitzunehmen. Jetzt packe ich alles hinein, was ich benötige. Ich nehme mir eine weitere Pistole, eine Maschinenpistole von Heckler & Koch; ich wusste, dass sie hier unten ist, weil ich sie schon einmal benutzt habe. Dazu drei Handgranaten und ein Karabinergewehr, das in einer anderen Kiste liegt. Es ist zwar ein älteres Modell aus Nylonfaser, aber ich nehme es trotzdem, weil ein gutes Zielfernrohr darauf montiert ist. Allerdings passt es nicht in die Tasche. Doch das macht nichts, oben gibt es Zeitungen, in die ich den Lauf einwickeln kann.

»Was haben Sie vor mit all diesen Sachen?«

Es ist so weit, ich muss ihr alles erklären. Zumindest das Notwendigste. Inzwischen kenne ich sie: Wenn sie wütend oder ängstlich ist oder sich aufregt und sich nicht mehr unter Kontrolle hat, duzt sie mich; wenn sie ruhig ist, siezt sie mich. Im Moment ist sie ruhig.

»Man muss lernen, bis zur dritten Stufe vorauszuplanen«, sage ich.

»Bis zur dritten Stufe?«

»Ja. In den langen Jahren meiner Tätigkeit für die Mafia habe ich das gelernt. Aber wenn ich für den öffentlichen Dienst gearbeitet hätte, wäre es genau dasselbe.« Ich deute auf sie, und sie schaut mich verständnislos an. Ich hatte sagen wollen, für den Staat oder den Geheimdienst, aber ich will es nicht zu kompliziert machen. »Vergessen Sie's. Hören Sie genau zu, denn es ist wichtig.« Ich schließe die Kiste und setze mich darauf. »Stufe eins.« Ich tippe meinen Daumen an. »Letzten Monat war ich in Bologna, um einen Auftrag zu erledigen. Da war ein Typ, der offiziell Bäcker war, in Wirklichkeit aber auf eigene Faust Drogengeschäfte machte. Einem meiner Clans gefiel das ganz und gar nicht, deshalb hat man mich hingeschickt.«

»Und Sie haben ihn getötet.«

Ob ich mich zu weit aus dem Fenster lehne? Ich will

nicht, dass sie wütend wird. Ich will, dass sie begreift, soweit es mir von Nutzen ist. Aber sie hat mich gesiezt. Sie ist immer noch ruhig. Vielleicht gewöhnt sie sich allmählich an mich. Umso besser, vorerst.

»Stufe eins: Es gibt ein Hindernis, das beseitigt wird. Stufe zwei ...« Ich tippe gegen meinen Zeigefinger. »Der Stranome-Clan braucht eine Baugenehmigung, aber der Referent, der die kommunale Kontrollkommission leitet, zögert. Also holt man mich ...«

»Um meinen Mann zu töten.«

»Nein. Um Sie zu töten.«

Sie sitzt auf der Treppe, die Ferse auf die höchstmögliche Stufe gestützt, den geschwollenen Zeh in der Hand, und sieht mich erschrocken an. Sie versteht nicht, sie hat nicht verstanden. Ich muss es ihr erklären.

»Stufe zwei« – ich drücke gegen meinen Zeigefinger – »das Hindernis ist Ihr Mann, aber wenn ich ihn umbringe, wer erteilt mir dann die Genehmigung? Also ist erst mal die Ehefrau dran. Damit mache ich ihm Angst und zeige ihm, dass ich, wenn ich will, auch ihn treffen kann, und dann entschließt er sich, mir die Genehmigung zu erteilen.«

Mir ist nicht entgangen, dass ihr Blick zu der Pistole an meinem Gürtel gewandert ist. Ich lege eine Hand darauf, die flache Hand, zum Zeichen, dass ich die Waffe nicht herausziehen, sondern bedecken will.

»Wenn ich Sie hätte töten wollen, hätte ich es doch längst getan, oder? Ich hätte Sie mit dem Auto in die Luft sprengen oder Ihnen eine Kugel in den Kopf jagen können. Vergessen Sie's. Konzentrieren Sie sich. Da ist noch Stufe drei« – ich fasse meinen Mittelfinger und drehe ihn, als wollte ich ihn herausziehen und ihr geben.

Stufe drei. Ich habe lange nachgedacht, bis ich mir sicher war. In einem solchen Fall, wenn man die Frau des Assessore töten will, also den Sack schlägt, aber den Esel meint, muss man behutsam vorgehen. Ohne viel Getöse, ohne großes Aufsehen. Tatsächlich rief mich Zu' Pasquale zunächst an und sagte: »Angelino, es muss nach einem Unfall aussehen.« Dann rief er wieder an und sagte, sie hätten es sich anders überlegt, sie wollten eine aufsehenerregende Aktion, einen großen Knall. Und da fing ich an, argwöhnisch zu werden. Aber das alles sage ich ihr nicht, ich will sie schließlich nicht mit Einzelheiten verwirren. Es reicht, wenn sie versteht, worauf es mir ankommt.

»Die Arangara wollen nicht, dass die Stranome den Zuschlag bekommen. Der geschäftliche Einfluss der beiden Clans hält sich auf dem Territorium die Waage. Doch wenn einer von beiden zu reich wird, kommt es zur Fehde, also zum Krieg. Aber das können sie dem Stranome-Clan nicht einfach ins Gesicht sagen, denn offiziell sind sie ja befreundet. Was machen sie also? Sie lassen mir durch Zu' Pasquale ausrichten, dass es einen großen Knall geben muss. Zu' Pasquale ist gewissermaßen mein Agent, aber er stand schon immer mehr auf ihrer als auf der anderen Seite. Und warum diese neue Strategie? Weil dann bei dem Riesentheater, das die Zeitungen veranstalten, und all der Aufmerksamkeit, die dadurch auf das Problem gelenkt wird – o Gott, es gibt ja auch bei uns eine Mafia und so weiter –, die Genehmigung futsch ist und das Geschäft platzt. Die Arangara können dann sagen: ›Was für ein Pech, wir hätten es euch gegönnt, noch reicher zu werden, aber ihr seid selber schuld, wenn ihr diesen Trottel Angelino beauftragt.‹ Er hat offensichtlich alles falsch verstanden und diesen Schlamassel angerichtet.«

Ich lasse meinen Finger los. Ich habe zu fest gedrückt, jetzt tut er mir weh. Ich muss mich selber ein wenig beruhigen.

»Ich habe verstanden«, sagt sie. »Widerlich.«

»Augenblick. Nur ganz kurz noch. Denn eigentlich sind es nicht drei Stufen. In diesem Fall sind es dreieinhalb.«

Ich beuge mich vor, denn ich will ihr ins Gesicht sehen. Hier im Keller ist es nicht besonders hell, es brennt nur ein schummriges Licht, und ich will beobachten, welche Wirkung meine Worte haben. »Ich sollte Sie töten, richtig?«

»Ja.«

»Sie, nicht den Assessore. Das hatte ich Ihnen erklärt, erste und zweite Stufe ...«

»Ja, ja!«

»Und warum habe ich dann den Sprengsatz unter dem Auto angebracht, das Ihr Mann benutzt?«

Sie antwortet nicht. Ich glaube, sie begreift allmählich. Ihr Verstand. In ihr Bewusstsein ist es noch nicht eingedrungen.

»Ich habe den Sprengsatz unter dem SUV angebracht. Woher wusste ich, dass Sie damit fahren? Woher wusste ich, dass ausgerechnet heute Ihr Mann es sich anders überlegt und den Panda nimmt, um den Leuten zu zeigen, dass ...«

Endlich, sie hat verstanden. Ich merke es an ihrer Miene, die sich verhärtet. So sieht sie hässlich aus und alt. Sie macht Anstalten aufzustehen, sie nimmt den Fuß herunter und hält sich an der Treppe fest, um nicht zu stürzen. Der Schmerz lässt ihre Gesichtszüge schlaff werden, und jetzt wirkt sie nicht mehr so hässlich.

»Das ist nicht wahr«, sagt sie. Sie will es wiederholen, aber ihre Lippen zittern, und sie bringt nichts heraus.

»Der langen Rede kurzer Sinn: Der Assessore ist kein Opfer mehr. Anfänglich schon, aber dann hat er sich arrangiert.« Ich spreche langsam, flüsternd, dies ist der angemessene Ton, aber sie hat die Hände vors Gesicht geschlagen und weint, und ich weiß nicht, ob sie mir zuhört. »Bei der Sache mit den Supermärkten hat er allerdings aus politischen Gründen gezögert. Aber was kümmert den Clan die politische Karriere eines Assessore. Der große Knall verschafft auch ihm die Chance, sich aus der Affäre zu ziehen, ohne jemandem auf den Schlips zu treten.«

»Das ist nicht wahr.«

»Schauen Sie doch mal auf Ihr Handy. Ich habe es Ihnen absichtlich nicht weggenommen. Wie viele Anrufe sind drauf? Einer von Ihrer Dienststelle, nachdem Sie nicht zur Arbeit erschienen sind, und einer von Ihrem Mann. Mehr nicht. Niemand vermisst Sie. Ihr Mann hat Ihre Dienststelle bestimmt in Sicherheit gewiegt und sofort Michelino Arangara angerufen, nachdem er vergeblich versucht hatte, Sie zu erreichen.«

»Das ist nicht wahr.«

»Ich wette, wenn wir raufgehen und den Fernseher einschalten, kommt nichts über Ihr Verschwinden. Ich wette, dass ...«

»Das ist nicht wahr!«

Trotz ihres gebrochenen Zehs ist sie aufgestanden. Sie

hat drohend die Fäuste geballt, aber ich weiß, dass der Hass, der in ihren Augen aufblitzt, nicht mir gilt. Denn sie hat verstanden, auch wenn sie es immer noch nicht glauben will. Sie dreht sich um und wendet sich zur Rückseite der Treppe, als wollte sie gehen, dabei hält sie sich an einer Stufe fest.

»Ich kann es Ihnen beweisen«, sage ich. »Sie brauchen nur einen Anruf zu machen.«

Das gehört zu dem Plan, den ich mir ausgedacht habe, um meine Haut zu retten. Ich hätte ihr gern alles Weitere erklärt, und es wäre mir sicher gelungen, sie zu beruhigen und ihr das Gefühl zu geben, alles unter Kontrolle zu haben, die Hoffnung, alles werde gut werden. Das hätte sicherlich geklappt, wenn mir nicht ausgerechnet in diesem Moment – verdammt noch mal, Angelino, du blöder Idiot! – klar geworden wäre, dass ich einen Fehler gemacht habe.

Sie haben sie nicht kommen hören. Ins Gespräch vertieft, haben sie nicht gehört, wie Autotüren zugeschlagen wurden und die Haustür aufging, und auch nicht die Schritte über ihren Köpfen. Angelo nimmt sie erst wahr, als sie kurz danach oben an der Treppe auftauchen, zwei Männer mit gezückten Pistolen, aber da ist es bereits zu spät.

»Wer bist du? Was machst du hier unten?«

Angelo schaut hoch, einen kennt er, Carmine Stranome, und obwohl er ihn nur ein einziges Mal gesehen hat, erinnert er sich an das glatte, zu einem Pferdeschwanz zusammengebundene Haar, mit dem er aussieht wie Zanardi[1].

1 eine Figur des Comiczeichners Pazienza

Wie dumm von ihm, nicht daran zu denken, dass das Waffenlager der Clans gerade jetzt, da die Fehde in der Luft lag, häufiger aufgesucht werden würde und alles andere als ein sicherer Unterschlupf war.

Carmine kommt ein Stück die Treppe herunter, die Glock Kaliber 9 auf Angelo gerichtet, in einem schrägen Winkel von der Seite, wie in den Filmen. Hinter ihm, zwei Stufen weiter oben, steht noch einer aus dem Stranome-Clan, auch er mit gezückter Pistole. Mariangela, die reglos hinter der Treppe steht, haben die beiden noch nicht entdeckt. Sie will etwas sagen, aber als sie die Pistole sieht, macht sie keinen Mucks. *Bleib, wo du bist*, denkt Angelo, *bleib, wo du bist.*

»Ich bin Angelino. Angelino Ferri. Ich bin einer von Peppino Stranomes Leuten.«

Carmine steigt noch eine Stufe weiter herunter, die Pistole immer noch auf Angelo gerichtet. Angelo schaut Mariangela an und denkt *Nicht jetzt, nicht jetzt, warte*, aber er weiß nicht, ob Mariangela geistesgegenwärtig und mutig genug ist.

»Er ist der, der für uns und die Arangara Aufträge erledigt«, sagt der andere.

»Angelino, ja«, sagt Carmine. »Aber was machst du hier? Und wo ist Zu' Tommaso? Angeli, solltest du denn nicht diesen anderen Auftrag erledigen, die Geschichte mit der Frau des Assessore?«

Mariangela erstarrt, und Angelo grinst in sich hinein, denn jetzt, wo ihr Name gefallen ist, steckt auch sie mit drin und ist gezwungen zu handeln. *Jetzt!*, denkt Angelo, er gibt es ihr mit einem Blick zu verstehen, und am liebsten würde er sagen: *Den oberen! Den oberen!* Aber das ist zu kompliziert für einen Blick, und er kann nur hoffen, dass sie von allein draufkommt, und zum Glück ist das der Fall.

Mariangela greift zwischen die Stufen und packt den oberen der beiden an den Knöcheln. Er fällt die Treppe runter und reißt Carmine mit sich.

Angelo ist bereit. Er springt zur Seite und weicht dem oberen aus, der stürzt und mit dem Gesicht auf den Boden schlägt. Kaum hat er sich aufgerichtet, hält Angelo ihm die Pistole an den Kopf und schießt.

Carmine ist in die Knie gegangen und hat die Glock verloren. Als er die Pistole am Boden liegen sieht, packt er sie am Lauf und springt mit einem Ruck auf die Beine. Angelo hat sich umgedreht, um auf ihn zu schießen, aber er ist nicht schnell genug, denn Carmine lässt den Arm kreisen und trifft ihn mit dem Knauf der Pistole im Gesicht, dass er gegen die Kiste prallt. Dann dreht sich Carmine um und sieht Mariangela.

Nach vorne gebeugt, die Arme ausgebreitet, die Hände in der Luft, spreizt sie die bloßen Füße auf der gestampften Erde des Kellerbodens, aber der gebrochene Zeh schmerzt, und deshalb knickt sie den Fuß nach innen, und als sie losschnellt und Carmine am Jackenkragen packt, ist sie zum ersten Mal in ihrem Leben hoch konzentriert und vollkommen im Gleichgewicht. Sie hält sich nicht damit auf zu überlegen, was sie tut – dafür ist der Schmerz viel zu stark –, sie tut es einfach.

Carmine wird von Mariangela über die Hüfte geschwungen. Er landet auf dem Hintern, und der Aufprall lässt ihn aufstöhnen. Sie schnellt vor wie die Blondine auf der

Matte, legt einen Arm unter Carmines Kinn, mit der anderen Hand greift sie in seinen Nacken unter den Pferdeschwanz, presst seinen Kopf auf ihren Bizeps und drückt ihm die Kehle zu. Carmine klammert sich an ihren Arm und versucht aufzustehen, aber Mariangela presst ihm die Schultern nach unten, sodass er sich nicht aufrichten kann, und jetzt streckt er eine Hand nach der Glock aus, die vor Angelo am Boden liegt, aber er bekommt sie nicht zu fassen.

Mariangela weiß nicht, was sie machen soll, sie will ihn nur festhalten, damit er nicht nach der Pistole greifen kann, und drückt zu. Angelo schläft wie ein Baby, die Wange am Boden, den Mund beinah zu einem Lächeln verzogen. Als sie spürt, wie Carmine sich dreht und windet, drückt sie noch fester zu und zieht ihn nach hinten, ein Stück von der Pistole weg.

Carmine stemmt die Fersen in den Boden, um aufzustehen, er macht ein Hohlkreuz und fällt nach hinten auf Mariangela, die die Beine spreizt und um seine Taille schlingt. Sie weiß noch nicht, was sie tun will, sie möchte nach Angelo rufen, aber der röchelnde Carmine erdrückt sie fast. Er greift nach ihrem bloßen Fuß und zerrt an ihm. Vor Schmerz bleibt ihr die Luft weg, denn es ist der Fuß mit dem gebrochenen Zeh. Jetzt schreit Mariangela und drückt noch fester zu, damit er aufhört, und als er ihren Fuß loslässt, drückt sie noch fester, denn jetzt weiß sie, was sie tun will: Sie will ihn töten, sie will zudrücken, bis dieses erstickte, zwischen ihren Armen vibrierende Röcheln endlich aufhört. Ihr bleibt keine andere Wahl, sie kann ihn nicht loslassen, sonst würde er nach der Pistole greifen. Sie muss ihn töten, ihn ausschalten.

Carmine fuchtelt herum, seine Hände greifen ins Leere, er will sich befreien, er röchelt und schreit, aber sie hört es nicht, sie schließt die Augen und drückt zu, mit den Armen, mit den Beinen, sie drückt, so fest sie kann, und drückt immer noch, als Carmine sich längst nicht mehr bewegt. Er ist erschlafft auf sie gesunken, als schliefe er in ihren Armen, mit geschlossenen Augen, wie Angelo. Jetzt lässt Mariangela ihn los, sie windet sich unter seinem leblosen Körper hervor und rutscht von ihm weg, mit den bloßen Füßen strampelnd, auch mit dem, dessen kleiner Zeh gebrochen ist. Sie drückt sich an die Wand, umschlingt ihre Beine und fängt an zu zittern.

Als sie aufsieht, fällt ihr Blick auf ihn.

Angelo sitzt mit dem Rücken an die Kiste gelehnt, Carmines Pistole in der Hand, und sieht sie mit seinem liebreizenden Plüschteddy-Lächeln an. Mariangela hört sofort auf zu zittern. »Du warst gar nicht ohnmächtig.«

»Nein«, sage ich.

»Du warst nicht ohnmächtig! Du hättest die Pistole nehmen können, du hättest ... Du hättest ihn töten können!«

»Ja.«

»Und warum hast du es nicht getan?«

»Was macht das für einen Unterschied? Du hast es getan.«

»Aber ich ... ich wollte es nicht!«

»Ja, das habe ich gesehen« – ich sage das natürlich ironisch –, »eine perfekte Kombination aus Hadaka Jime und Sleeper hold, mehr Jiu-Jitsu als Judo, aber absolut effektiv. Gratuliere!«

Wenn sie könnte, würde sie mir an die Gurgel springen. Sie würde auch mich erwürgen, wie sie es mit Carmine gemacht hat, diesmal aber aus reinem Hass. Sie merkt, dass ich es in ihren Augen gelesen habe, und schlägt den Blick nieder. Sie presst die Lippen aufeinander wie ein Kind und fängt an zu weinen.

»Das hast du absichtlich gemacht«, murmelt sie.

Das Aufstehen fällt mir schwer, denn auch wenn ich nicht bewusstlos war, habe ich doch einen kräftigen Schlag auf den Kopf bekommen. Ich nehme meine Pistole und lade mir die Tasche mit den Waffen auf die Schulter. Ich zeige mit dem Pistolenlauf zur Treppe, mehr ist gar nicht nötig. Sie will schnell weg von hier, sie greift nach den Flipflops und humpelt die Treppe hoch.

»Ich bin nicht wie du«, sagt sie unter Tränen.

Ich bohre nicht weiter nach, ich habe gewonnen. Ich habe ihr bewiesen, dass sie töten kann, und wie! Daher grinse ich still in mich hinein und sage nichts.

Und merke gar nicht, dass ich einen weiteren Fehler gemacht habe.

Einen Riesenfehler.

Während der ganzen Fahrt wechseln sie praktisch kein Wort. Als sie ins Auto steigen und es dann beim Anfahren wegen einer Bodenunebenheit einen Ruck gibt, ermahnt er sie zur Vorsicht. *Wir haben immer noch dreißig Kilo TNT unterm Hintern*, und als sie abbremst, sagt er: *Nicht so langsam, ich habe den Sprengstoff entschärft, vorsichtshalber.*

In den folgenden zweieinhalb Stunden spricht keiner mehr ein Wort. Er sieht sie an, und sie blickt geradeaus auf die Straße. Sie kneift die Augen zusammen, wenn sie durch einen Tunnel fahren, und beißt die Zähne zusammen, wenn sie aufs Pedal tritt und ihr Fuß schmerzt, ihre Lippen sind ein gerader Strich wie ein Schnitt mit dem Rasiermesser. Ein paarmal werden ihr die Augen feucht, und sie zwinkert, um nicht weinen zu müssen, aber ihr Kinn zittert.

Als sie die Aurelia erreicht haben, halten sie auf einem Parkplatz an. Er befiehlt ihr, den Motor abzuschalten, nimmt die Schlüssel und steigt aus, und sie beobachtet, wie er auf und ab geht, das Handy am Ohr, und leise lächelt, während er Dinge murmelt, die sie nicht versteht. Dann fahren sie weiter.

Immer wenn ich nach Talamone komme, um die Kurve biege, den höchsten Punkt erreiche und dann plötzlich das Meer in der Mulde zwischen zwei Hügeln auftaucht, erfasst mich ein Glücksgefühl. Vor allem, wenn das azurblaue Wasser in der Sonne glitzert, auch wenn sie so niedrig steht wie jetzt. Ich sehe das hinter seinen Mauern verschanzte Dörfchen, denke an den Geruch des Meeres und kann es gar nicht erwarten, endlich unten zu sein. Dieser unverhoffte Blick aufs Meer nach einer längeren Fahrt durch die ländliche Maremma am Ende einer Straße, die das Bett eines künstlichen Kanals zu sein scheint, beeindruckt jeden, auch Mariangela, deren Gesichtszüge sich kurz entspannen. Sie richtet sogar das Wort an mich.

»Warum sind wir hier?«

»Ich habe ein Haus hier, ein Häuschen am Meer. Niemand weiß es, nur ich. Und jetzt auch Sie.«

»Und was machen wir dort?«

»Wir werden uns mit ein paar Leuten treffen und das Problem lösen.«

Sie wirft mir einen kurzen Blick zu. An der Kreuzung will sie geradeaus fahren, aber ich zeige auf das Schild nach Talamone.

»Wir werden alles zur beiderseitigen Zufriedenheit regeln. Damit jeder von uns seiner Wege gehen kann, ich und Sie. Lebendig.« Ich sollte *hoffentlich* hinzufügen, aber ich tue es nicht, und das ist gut so, denn der Hauch eines Lächelns huscht über ihr Gesicht, und als sie wieder spricht, tut sie es mit dem Eifer der Erwartung und Erleichterung.

»Und wann ... wann wird das alles zu Ende sein? Wann kann ich gehen?«

»Heute Abend« – *hoffentlich* –, »aber vorher müssen wir noch ein paar Dinge erledigen. Das Erste betrifft Sie: Sie müssen jemanden anrufen.«

»Jemanden anrufen?«

»Ja. Sie müssen den Assessore anrufen und ihm sagen, dass er hierherkommen soll.«

Sie ist unwillkürlich auf die Bremse getreten, aber das macht nichts, denn so kann ich ihr zeigen, wo es vom Hafen zur Burg hinaufgeht.

»Und warum soll ich ihm sagen, dass er hierherkommen soll?«

»Achtung, hier müssen Sie nach links abbiegen, und dann fahren Sie rauf bis zu dem kleinen Platz.«

Sie schaltet in den zweiten Gang, und an der Engstelle heult der Motor auf. Gegenüber, auf der anderen Straßenseite, ist eine Bäckerei. Wie immer, wenn ich hier vorbeifahre, bekomme ich Lust anzuhalten, aber jetzt ist dafür nicht der richtige Augenblick.

»Warum soll ich ihm sagen, er soll kommen?«

»Weil es zu meinem Plan gehört. Ich habe mit den Stranome telefoniert, die auch an dieser Geschichte beteiligt sind, und wir sind uns einig geworden. Ich bringe ihnen den Assessore und beweise ihnen, dass ich mit diesem ganzen Zirkus nichts zu tun habe, im Gegenteil. Und deshalb müssen Sie ...«

»Du bist verrückt.«

»Sie müssen anrufen ...«

»Nein, du bist verrückt! Ich rufe niemanden an!«

Sie hat Gas gegeben, und als die Steigung zu Ende ist, schießt der Wagen förmlich auf den Platz. Um ein Haar hätten wir die Büste Garibaldis in der Mitte gerammt. Ich lasse sie direkt vor dem Schild an einer Mauer halten, auf dem steht, in diesem Haus habe der »Held der zwei Welten« gewohnt.

»Sie werden anrufen, und zwar aus zwei Gründen. Erstens, weil ich Sie sonst töten werde, und zwar auf der Stelle.« Ich lasse ihr Zeit, diese Information zu verdauen. »Und zweitens, weil es die einzige Möglichkeit ist zu erfahren, ob Ihr Mann ein gemeiner Dreckskerl ist, der Sie sterben lassen wollte, oder nicht. Schalten Sie den Motor aus, wir sind da.«

Sie gehorcht, wie einst Garibaldi.

»Und wie werde ich das erfahren?«

»Sie rufen ihn an und sagen ihm, ich hätte Sie entführt. Er soll seinen Begleitschutz abschütteln und hierherkommen, weil ich mit ihm sprechen will, und zwar mit ihm ganz allein. Wenn er allein kommt oder mit einem Bataillon Carabinieri, bin ich ein Lügner und Ihr Mann ist ein Heiliger. Kommt er aber mit Michele Arangara und seinem

Killerkommando, dann ist er ein korrupter Schweinehund und ich ein ehrbarer Mörder.«

Sie schaut nicht mich an, sondern ihre Hände, als läge die Antwort in ihren Fingerknöcheln, die ganz weiß sind, so fest hält sie das Lenkrad. Sie umklammert es so heftig, dass ich einen Moment denke, sie wird es kaputt machen; sie wird es von der Lenkradsäule abbrechen und es wird ihr in der Hand bleiben. Dann lässt sie plötzlich los, und der Abdruck ihrer feuchten Hände glänzt auf dem Plastik.

»Gut. Geben Sie mir das Telefon, ich rufe an.«

»Zuerst gehen wir ins Haus und machen uns einen Kaffee. Wir haben seit heute Morgen nichts gegessen. Wenn Sie mir versprechen, brav zu bleiben, hole ich Ihnen eine *spianata* aus der Bäckerei. Sie ist vorzüglich.«

Als ich mit der öldurchtränkten Papiertüte zurückkomme, sitzt sie noch da, wie ich sie zurückgelassen habe, mitten im Zimmer auf dem Stuhl, einen Arm angehoben wegen der Handschellen, mit denen ich sie an der Kommode festgekettet habe. Ich habe ihr auch die Füße zusammengebunden, mit sehr stramm sitzenden Fußfesseln, und als ich hereinkomme, streckt sie mir die Beine entgegen, damit ich sie ihr abnehme. Ich weiß, dass es wehtut, ich habe es absichtlich gemacht, aber das ist nicht der Grund, warum sie Tränen in den Augen hat und schnieft. Sie zieht die Beine hoch und massiert sich die Gelenke, das Kinn auf den Knien.

»Die Aussicht ist wunderbar«, murmelt sie.

Das stimmt. Das Häuschen ist sehr klein. Vom Flur gehen Bad und Schlafzimmer ab, und am Ende des Flurs ist noch ein Zimmer, das Wohnzimmer mit einer Kochnische.

Die Wände sind himmelblau gestrichen wie in Griechenland, und es gibt ein Fischernetz mit Muscheln drin. Das ist alles. Aber dieses letzte Zimmer hat zwei Fenster mit Blick auf die Bucht von Talamone, unten das Meer und oben der Himmel, die förmlich ins Zimmer drängen. Jetzt, im Licht der untergehenden Sonne, herrscht eine anrührende, friedliche Ruhe. Hier ist noch Vorsaison, und in der Vorsaison leben im Dorf nicht mehr als fünfzig Leute. Die Verkäuferinnen in der Bäckerei haben Notiz von mir genommen, was in der Ferienzeit nie der Fall ist.

Mariangela schnieft immer noch. Ich weiß, warum. Ich habe sie während des Gesprächs mit dem Assessore im Auge behalten, um zu sehen, ob sie meine Anweisungen exakt befolgt und wiederholt, was ich ihr aufgetragen habe. Außerdem konnte ich nicht riskieren, sie mit einem Handy allein zu lassen. Der Assessore hat pflichtschuldig reagiert, aber ich weiß, dass er sie nicht überzeugt hat. Das sehe ich daran, dass hinter ihren Wimpern verborgen ihre Augen voll Tränen stehen.

Angst.

Angst, dass ich recht haben könnte.

Ich wickle ein Stück Fladenbrot in Küchenkrepp und reiche es ihr. Eigentlich gehören noch ein paar Scheiben Bergschinken innen rein, aber für den Lebensmittelladen hat mir die Zeit gefehlt. Für ein Stück *spianata* dagegen ist immer Zeit.

Ich hebe die Tasche aufs Sofa und nehme die Waffen heraus. Die Handgranaten lege ich auf ein Kissen, dann hole ich ein Glas aus der Küche, bevor ich es vergesse. Den Lauf des Karabiners wickle ich aus der Zeitung.

»Irgendetwas passt nicht zusammen«, sagt sie.

Sie spricht mit vollem Mund, und ich kann sie nicht richtig verstehen.

»Ihr Plan ... Er kann nicht funktionieren. Nehmen wir einmal an, Sie haben recht ...«

Ich entsichere das Gewehr, ziele aus dem Fenster und ziehe zur Probe den Abzug, der leer zurückschnellt. Ich will mich durchaus nicht wichtig machen. Der Karabiner ist ein uraltes Ding, und ich muss ausprobieren, ob er zuverlässig funktioniert.

»Nehmen wir an, Marco ... Marco steckt mit diesen Leuten tatsächlich unter einer Decke. Dann wird er doch bestimmt nicht allein kommen. Das haben Sie selbst gesagt, er wird diese Leute dabeihaben ... Und wie wollen Sie dann an ihn rankommen?«

Zwischen den Pistolen auf dem Sofa liegt eine kleine Glock. Ich nehme das Magazin und schiebe die Patronen mit der Daumenspitze raus, alle bis auf eine.

»Keine Sorge, daran habe ich gedacht. Wenn Sie einen Augenblick Geduld haben, erkläre ich es Ihnen.«

Das Fadenkreuz des Karabiners senkt sich auf Mariangelas Kopf herunter wie eine unsichtbare Fliege. Es ist reiner Zufall, aber sie kratzt sich ausgerechnet an dieser Stelle, als spürte sie es. Sie streckt die Beine aus und zieht die Füße aus den Flipflops, den Rücken gegen die Lehne des Klappstuhls gedrückt. Sie beißt ein Stück von der *spianata* ab und wischt sich mit dem Handrücken das Öl vom Mund.

Wie sie jetzt so auf der Türschwelle des Hauses sitzt, fühlt sie sich tatsächlich wie im Urlaub. Sie erinnert sich an einen Tag im Gargano, den letzten richtigen Urlaub mit Marco, aber sie schüttelt den Kopf, denn diese Erinnerungen kann sie jetzt nicht gebrauchen, noch nicht. Erst wenn Marco allein kommt.

Oder in Begleitung der Carabinieri.

Er senkt das Fadenkreuz auf ihren geschwollenen kleinen Zeh, und, es ist unglaublich, sie bückt sich und kratzt sich genau an dieser Stelle. Lächelnd lässt Angelo den Gewehrlauf sinken. Theoretisch bräuchte er gar kein Zielfernrohr, denn es ist Vollmond und man sieht auch im Dunkeln gut. Und außerdem ist er gar nicht so weit weg, er hat nur auf dem Dach des gegenüberliegenden Hauses Stellung bezogen, zwischen den Blumen, hinter denen sich eine Terrasse versteckt. Er benutzt das Zielfernrohr, weil es ihm Spaß macht, sie in der Vergrößerung zu betrachten: die fettigen Spianata-Krümel in ihren Mundwinkeln, die Haarsträhnen, die ihr in die Stirn fallen, die nackte Haut, als sie ihr T-Shirt hochschiebt und sich an der Hüfte kratzt, und auch diesen dunklen Fleck am Fußgelenk über dem Knöchel unterhalb des hochgekrempelten Hosenbeins ihrer Tarnkluft.

Er nimmt sich vor, sie zu fragen, warum sie an manchen Tagen die Dienstuniform, dann wieder die Kampfuniform trägt.

Es wäre schön gewesen, sie unter anderen Umständen kennenzulernen, nicht im Rahmen seiner Arbeit.

Aber er hofft, ihr nie mehr wieder zu begegnen.

Egal, wie die Sache ausgeht.

Dort unten hört Mariangela die Geräusche früher als er. Dass ein Auto kommt, kriegt er nur mit, weil sie trotz ihres gebrochenen Zehs aufsteht und dann wie angewurzelt auf der Türschwelle stehen bleibt, obwohl sie am liebsten hinausrennen würde, auf den gelben Panda zu, der auf den Platz gefahren kommt und vorschriftsmäßig hinter der Garibaldi-Büste anhält.

Mariangela hat das Gefühl, das Herz würde ihr zerspringen. Sie ringt nach Luft, vor Beklemmung ist ihre Kehle wie zugeschnürt, und sie schreit auf, als Marco aus dem Auto steigt.

Allein.

Marco, allein.

Sie muss sich am Türpfosten festhalten, um ihm nicht entgegenzurennen, weil sie weiß, dass der da oben auf sie schießen würde. Und so schreit sie *Los! Los!* und fuchtelt mit den Armen, als würde es dann schneller gehen, und als er bei ihr ist, umarmt sie ihn und drückt ihn an sich und zieht ihn ins Haus, den Flur entlang, ihr nackter Fuß tut weh, aber das ist ihr egal, sie packt Marco am Arm, ohne ihn zu Wort kommen zu lassen, und schiebt ihn ins Badezimmer, denn so lautet die Anweisung. Sie sperrt hinter sich mit dem Schlüssel ab, auch dies entspricht der Anweisung, aber als sie ihren Mund auf Marcos Lippen presst, tut sie das, weil sie selbst es will.

»Mariangela …«, sagt er, aber sie lässt ihn nicht zu Wort kommen. Sie drückt ihn an sich, umschlingt ihn, ihre Lippen auf seinen.

Beim Küssen hat sie seit jeher die Augen geschlossen, schon als Kind, und so auch jetzt, in dieser Situation.

Aber als sie die Explosion hört, reißt sie die Augen auf, noch während sie ihn küsst.

Ich wusste, dass sie kommen würden.

Mariangela hofft, sie denkt und fühlt, ich aber weiß. Denn ich kenne mich aus. Als ich die drei von drei verschiedenen Seiten des Platzes kommen sehe, einen Arm senkrecht nach unten, die Hand hinterm Oberschenkel, damit man die Pistole nicht sieht, wundere ich mich kein bisschen, ganz im Gegenteil. Fast bin ich enttäuscht, weil ich Michelino Arangara nicht entdecke, aber dann sehe ich ihn doch, einen kleinen, stämmigen Mann, eine Hand unter der Jacke. Er macht einem der beiden ein Zeichen, auf die Tür zuzugehen, während er mit dem anderen an die Mauer gedrückt stehen bleibt.

Ist nicht persönlich gemeint, denke ich, als ich das Fadenkreuz auf seine Schläfe richte. Die Sache läuft gut, sogar besser als gedacht, weil ich es schaffen werde, einen Schuss auf Michelino abzugeben und mindestens zwei weitere auf die anderen, bevor auch nur einer merkt, woher die Schüsse kommen.

Denn genau das ist mein Plan. Ein einfacher Plan.

Der Assessore kommt mit Verstärkung?

Ich erledige sie alle.

Aber dann sehe ich es.

Und mir wird klar, dass ich einen Fehler gemacht habe. Einen weiteren Fehler. Den ersten habe ich in Corciano gemacht, doch dafür würde ich erst später büßen müssen. Später dann einen zweiten, für den ich sofort büßen muss.

Von der anderen Seite des Platzes nähern sich zwei Autos mit ausgeschalteten Scheinwerfern. Sie parken hinter den anderen Wagen, einer direkt hinter dem SUV, mit dem wir gekommen sind. Aus dem einen Wagen steigen vier Männer, einen von ihnen kenne ich. Ich habe noch den Klang seiner Stimme im Ohr, weil ich erst vorhin an Peppino Stranome denken musste und an das Telefonat, das ich mit ihm geführt habe.

Jetzt weiß ich, dass sich die Stranome und die Arangara wieder einmal einig geworden sind. Weil es vorteilhafter ist, sich den Assessore warmzuhalten, als auf Angelino zu hören, diesen Trottel, der alles vermasselt hat. Eine Fehleinschätzung. Was Vorteile bringt, lässt alles andere in den Hintergrund treten, auch die Kränkung, sogar die Rache.

Also wechsle ich zu jener Variante meines Plans, die ich für den Fall eines gewaltigen Kräfteaufgebots in petto habe.

Ich löse die Fernzündung aus und sprenge den SUV in die Luft.

Marco breitet instinktiv die Arme aus, als das Haus erzittert wie bei einem Erdbeben. Mariangela löst sich von ihm und drückt die Schultern gegen die Wand zwischen Wanne und Waschbecken. Sie sieht ihn mit weit aufgerissenen Augen an.

»Sobald er bei Ihnen ist«, hatte Angelo zu ihr gesagt, »bringen Sie ihn ins Haus und halten sich von Türen und Fenstern fern. Das Bad ist der sicherste Ort, Sie schließen sich darin ein und warten. Wenn Sie nichts hören, heißt das, er ist allein gekommen, aber das wird nicht der Fall sein. Wenn Sie Schüsse hören, ist er in Begleitung.«

»Was zum Teufel ist hier los?«, schreit Marco.

»Wer ist da draußen?«

Marco antwortet nicht, er hört nicht einmal, was sie sagt. Er greift nach dem Türknauf und will die Tür aufreißen, aber Mariangela versetzt ihm mit der Hand einen Schlag auf den Rücken, damit er sich umdreht.

»Wer ist da draußen?«, schreit Mariangela ihn an, und jetzt hört Marco ihr zu, denn sie hat eine Pistole unter ihrem T-Shirt hervorgezogen und richtet die Waffe auf ihn.

»Bist du verrückt geworden?«, sagt er.

»Wer ist da draußen? Sag, dass es die Carabinieri sind.«

»Ja. Ja, es sind die Carabinieri, ja.«

Aber die Antwort kam zu schnell, sie glaubt ihm nicht.

»Lass den Türknauf los und leg dich auf den Boden. Wir warten.«

Und dann legt auch sie sich auf den Boden, wie Angelo es ihr gesagt hatte.

Ich schieße noch nicht. Drei der Stranome-Leute hat es bei der Explosion des SUV erwischt, sie verbrennen in ihrem Wagen. Peppino und die anderen drei befinden sich zwischen den Autos, aber ich bin sicher, dass sie am Leben sind, vielleicht verletzt, aber am Leben. Michele Arangara kniet am Boden, ich habe ihn im Visier, aber ich will warten, bis sich seine Leute in Bewegung setzen. Und tatsächlich deutet einer auf das angelehnte Fenster, reißt es auf und springt hinein. Ich stelle mir sein Gesicht vor, wenn er das Glas mitsamt der Handgranate entdeckt, das vom Rand des Fensterladens herunterfällt, und wenn beim Aufschlag die Granate explodiert.

Die Flamme schießt aus dem Fenster und erfasst einen weiteren Arangara, der gerade hineinspringen will. Im Fallen schlägt er die Hände vors Gesicht, und ich weiß, er ist vorerst außer Gefecht. Ohne hinzuschauen, schieße ich auf

Michele, der gegen die Mauer geschleudert wird; die Hälfte seines Schädels bleibt am Verputz kleben. Als Nächstes nehme ich einen von den Stranome ins Visier, der sich umdreht, den Kopf in meine Richtung hebt, mich entdeckt und schreit – genau in dem Moment schieße ich ihm in den offenen Mund.

Jetzt sind noch drei Männer übrig, die im Laufschritt den Platz überqueren, vorbei an der kopflosen Garibaldi-Büste, und im Haus verschwinden. Einen vierten schnappe ich mir auf der Türschwelle. Mitten in den Rücken getroffen, erstarrt er in der Bewegung, die Arme ausgebreitet wie ein Gekreuzigter, aber dann muss ich mich zurückziehen, weil der halb Verbrannte vor dem Fenster angefangen hat, auf mich zu schießen, er hält die Pistole mit beiden Händen fest und ballert das ganze Magazin leer. Ich lege also den Karabiner beiseite, reiße mir die Heckler & Koch von der Schulter und renne von der Terrasse runter.

»Rühr dich nicht vom Fleck!«, knurrt Mariangela, und damit Marco nicht vom Boden aufstehen kann, legt sie ein Bein quer über seine Beine. Sie liegt neben ihm und merkt nicht, dass sie daliegt, als hätte sie gerade mit ihm geschlafen, genau in dieser Position, neben ihm, nur jetzt mit Pistole. »Es ist nur eine Kugel drin, aber sie ist geladen, beweg dich nicht und bleib unten!«

»Bist du verrückt geworden, Mariangela? Was ist bloß in dich gefahren, hast du den Verstand verloren?«

»Du solltest beten, dass da draußen die Carabinieri sind.«

Im Haus sind nun Peppino Stranome und zwei seiner Leute. Sie rennen den Flur entlang, einer reißt die Schlafzimmertür auf und schaut rein, Peppino und der andere rennen ans Ende des Flurs, zu dem Zimmer mit Meerblick. Der andere hat eine Pumpgun, er schaut sich um, dann entdeckt er die geschlossene Badezimmertür und versetzt ihr mit dem Fuß einen Tritt. Die Tür erzittert in den Angeln, springt aber nicht auf.

»Assessore, bist du hier drin?«, ruft Peppino.

Mariangela packt Marco am Haarschopf und hält ihm die Pistole an die Wange. Nicht den Lauf, sondern die ganze Pistole, denn sie ist kein Killer wie in den billigen Krimis. Mariangela ist nur eine wütende und verängstigte Frau. Sie würde Marco gern die flache Hand aufs Gesicht drücken, damit er keinen Mucks macht, aber in der Hand hat sie die Pistole.

»Assessore, bleib von der Tür weg!«

Der mit der Pumpgun zielt auf das Schloss und schießt. Mit einer Pistole hätte er das nicht getan, denn er weiß, dass das Projektil das Schloss deformiert und hoffnungslos blockiert, wenn der Rückstoß nicht gar jemanden tötet. Aber er hat ein Gewehr Kaliber 12 mit grober Schrotmunition, und das Schloss und ein Teil der Tür werden weggerissen.

Mariangela schreit, man zieht sie an den Haaren hoch, Peppino nimmt ihr die Pistole aus der Hand und steckt sie sich in den Gürtel, sie und der Assessore werden aus dem Bad gezerrt, alle rennen Richtung Haustür, wo einer von Arangaras Leuten, halb verbrannt, ein Zeichen macht, dass sie sich beeilen sollen. Der Verschluss seiner Pistole ist offen, weil sein Magazin leergeschossen ist.

Aber mitten im Flur bleiben sie stehen, weil der Arangara-Mann, von einer Salve getroffen, aufheult.

Talamone habe ich aus mehreren Gründen ausgewählt, nicht nur wegen der *spianata* aus der Bäckerei.

Es ist ein winzig kleines Dorf, das keine Carabinieri-Dienststelle hat. Die nächste befindet sich in Grosseto, und es wird noch ein Weilchen dauern, bis sie hier sind, trotz der Schießerei. Außerdem kenne ich den Ort gut, ich kenne alle Straßen und Gässchen und weiß, wie man auf die andere Seite des Platzes kommt, ohne ihn überqueren zu müssen. Vor allem aber kenne ich das Haus.

Jetzt weiß ich, dass sie es nicht riskieren werden, das Haus zu verlassen, sie stehen mit gezückten Waffen an der Tür. Einer, höchstens zwei befinden sich im Flur, die anderen müssen hinten sein, im Zimmer mit den beiden Fenstern. Ich schätze, dass Mariangela nicht an der Haustür ist, also entferne ich den Sicherungsbügel einer weiteren Handgranate, gebe den Hebel frei, zähle bis drei und lasse sie auf den Boden fallen, direkt vor die Haustür. Gegen die Wand gedrückt, warte ich die Explosion ab und zeige mich dann auf der Schwelle.

Ein Stranome-Mann taumelt wie betäubt heraus, Blut sickert ihm aus dem Mund. Ich gebe eine Salve auf ihn ab, aber dann muss ich mich zurückziehen, denn jetzt schießen sie alle in Richtung Tür.

»Verdammte Kacke, Jungs! Es ist nur ein Einziger! Angelino ist ganz allein, verdammter Mist!«

Sie stürmen heraus und schießen, aber ich bin nicht da. Auf dem Platz bleiben sie stehen, die Waffen im Anschlag, aber ich bin nicht da.

»Los, raus hier«!, brüllt Peppino den Assessore und Mariangela an, die im Flur stehen. Der mit der Pumpgun rennt zum Wagen der Stranome, der nicht in die Luft geflogen ist. Er springt rein und lässt den Motor aufheulen. Dann sieht er die Handgranate durch die Windschutzscheibe fliegen und schreit auf, aber die Explosion kommt ihm zuvor und sein Schrei geht im Getöse unter.

Peppino ist mit ein paar Schritten wieder zurück im Haus und schließt die Tür.

»Ich habe mit alldem nichts zu tun ... ich bin Politiker, Staatsbeamter ...«

»Nein, du bist ein beschissener Dreckskerl.«

»Halt bloß den Mund!« Marco hebt eine Hand, und Mariangela dreht den Kopf, als hätte sie tatsächlich eine Ohrfeige bekommen.

»Ich habe mit eurer ganzen Scheiße nichts zu tun! Kapiert, Peppino? Ich habe nichts damit zu tun!«

Peppino Stranome seufzt.

»Wenn du uns die Genehmigung gleich erteilt hättest, Assessore, wäre es gar nicht erst zu diesem ganzen Schlamassel gekommen. Wenn du dich nicht mit den Arangara abgesprochen hättest. Du hast sehr wohl damit zu tun, und zwar nicht zu knapp, mein lieber Assessore.«

Wieder seufzt Peppino Stranome, dann hebt er die Pistole und schießt dem Assessore ins Gesicht.

Mariangela zuckt zusammen, denn Marcos Blut spritzt ihr auf die Wange und er fällt gegen ihre Knie. Nur deswegen zuckt sie zusammen – und vor Entsetzen und Überraschung natürlich, aber sie empfindet darüber hinaus nichts, als sie ihn jetzt anschaut.

Marco.

Marco ist tot.

Marco ist.

Punkt.

»Ich bleib nicht hier«, sagt Peppino, aber er spricht mit sich selber. »Die Carabinieri werden bald da sein, sehr bald, und ich will ihnen nicht in die Hände fallen. Angelino!«, brüllt er dann. »Angelino beddu! Ich weiß, dass es nicht deine Schuld ist! Lass uns die Sache vergessen. Basta. Du bist klasse, solche wie dich brauchen wir, ich nehme dich in die Familie auf! Du darfst ein Heiligenbildchen anzünden!«

Mariangela hofft, dass Angelo nicht so dumm ist. Die Tür am Ende des Flurs ist geschlossen, Peppino liegt mit der Pistole im Anschlag auf den Knien, einen Ellbogen in den Bauch gebohrt, um das Handgelenk besser abstützen zu können, und sie hofft, dass sich Angelo nicht überreden lässt und nicht mit seinem Plüschteddy-Lächeln auf der Türschwelle erscheint.

Ich könnte jetzt einfach nur auf die Carabinieri warten. Hinter der Hausecke versteckt, die Tür im Visier, könnte ich warten, bis ich die Sirenen höre, und dann verschwinden, während die Carabinieri Peppino abführen, der ohnehin als Flüchtiger gesucht wird.

Aber das reicht mir nicht.

Vom Gefängnis aus wird Peppino die Jagd auf mich eröffnen, und dann muss ich mich für den Rest meines Lebens verstecken. Und dafür habe ich nicht all das getan. Ich will mich frei bewegen. Unbemerkt, mitten unter den Leuten. Ich will weiterarbeiten, weil es mir Spaß macht, weil ich bin, wie ich bin. Weil ich böse bin. Sonst wäre ich sofort zu den Carabinieri gegangen, hätte mich zur Zusammenarbeit bereit erklärt und wäre jetzt ein Kronzeuge der Justiz.

Nein, ich muss Peppino Stranome töten.

Und gleich danach, das weiß ich jetzt, muss ich auch sie töten.

Mariangela.

In dem Moment erinnert sich Peppino an Mariangela. Sie liegt hinter ihm am Boden, auf ihr die Leiche des Assessore, und er dreht sich um, denn er will sie erschießen, weil sie ihm nicht mehr von Nutzen ist. Sie war ihm nie von Nutzen, sie hätte von Anfang an sterben sollen, aber Mariangela ist nicht da.

»Verflucht«, murmelt Peppino.

Er steht auf, und während er die Tür am Ende des Flurs im Auge behält, geht er auf das Bad zu und wirft einen Blick hinein.

Wanne, Waschbecken, Toilette, Bidet.

Er schaut wieder zur Haustür, dann wirft er noch einmal einen Blick ins Bad.

Wanne, Waschbecken, Toilette, Bidet, Duschvorhang zugezogen.

Verflucht, denkt Peppino.

Ein Blick auf die Tür, sie ist immer noch geschlossen, seine Pistole zielt auf den Eingang. Peppino holt ein paarmal Luft, dann schlüpft er ins Bad und zieht den Duschvorhang auf.

Nichts.

Er dreht sich um, und da steht Mariangela mit einer Bratpfanne in der Hand, die sie ihm mit der Wucht eines Baseballschlägers ins Gesicht donnert.

Ich bin durch eines der Fenster mit Meerblick eingestiegen. Kein akrobatischer Akt, im Garten ist eine Leiter, die habe ich an die Mauer gelehnt und bin hochgeklettert.

Ich habe erwartet, im Flur Peppino anzutreffen, den Eingang im Visier, stattdessen steht Mariangela mit einer Pfanne in der Hand in der Badezimmertür.

»Legen Sie sie bitte weg.«

Sie tut, was ich sage, sie lässt die Pfanne mit einem metallischen »Dong« fallen, das mir unangenehm in den Ohren hallt. Das Knattern eines Helikopters der Carabinieri ist zu hören, seine Scheinwerfer gleiten im Dunkeln über die Fenster hinweg aufs Meer. Gleich werden auch die Autosirenen zu hören sein.

Jetzt muss es schnell gehen. Ich laufe zur Badezimmertür, wo Peppino, den Kopf zwischen den Händen, am Boden sitzt.

»Ist nicht persönlich gemeint«, sage ich, feuere zwei Schüsse auf ihn ab und verpasse ihm dann einen weiteren in den Kopf, für alle Fälle.

Die Sirenen der Carabinieri.

Sie sind noch ein Stück entfernt, aber ich muss mich beeilen.

Doch dann bemerke ich etwas, das mir gar nicht gefällt. Peppinos Pistole ist weg. In seinem Gürtel steckt zwar eine kleine Glock, aber das ist die, die ich Mariangela gegeben habe, die mit nur einem Schuss.

Die andere, Peppinos Pistole, hat jetzt Mariangela, und sie zielt damit auf mich. Und nun dämmert mir, was ich in Corciano für einen Fehler gemacht habe.

Einen Riesenfehler.

Den größten meines Lebens.

Nicht wegen der Pistole, die Mariangela mit beiden Händen auf mich gerichtet hält, nein.

Wegen ihres Gesichtsausdrucks.

Sie hasst ihn. Sie hasst ihn für alles, was er getan hat, sie hasst ihn dafür, wie er es getan hat, vor allem aber hasst sie ihn, weil er sie gezwungen hat, einen Menschen zu töten. Mehr noch, ihn mit ihren eigenen Händen zu töten, ihn zu erwürgen, ihm auf diese Weise das Leben zu nehmen. Sie hat es einmal getan, sie hat schon einmal getötet, was kann sie jetzt daran hindern, es noch einmal zu tun?

Das hat er verstanden, denn er lächelt, aber diesmal ist es anders. Es ist ein furchtsames Lächeln. Er lässt die Pistole fallen und hebt die Hände.

»Gut«, sagt er. »Ich gehe jetzt. Ich trete aus dieser Tür, und Sie werden mich nie mehr wiedersehen, nie mehr.«

»Nein«, sagt Mariangela.

»Aber wir waren uns doch einig.«

»Nein.«

»Sie wollen mich doch nicht etwa erschießen?«

»Warum nicht? Glaubst du, ich könnte es nicht?«

»Doch, Sie können. Ich selbst habe es Ihnen beigebracht, und das war der größte Fehler meines Lebens. Sagen wir also, ich hoffe, dass Sie mich nicht erschießen wollen.«

Die Sirenen kommen näher. Sie sind jetzt am Hafen.

»Keine Bewegung.«

»Tut mir leid, aber anders geht es nicht. Ich gebe Ihnen eins zu bedenken: Wenn Sie mich erschießen, sind Sie genau wie ich.«

»Ich bin nicht wie du.«

»Ich bin ein Mörder.«

»Und ich Soldatin.«

»Und deshalb werden Sie mich nicht kaltblütig erschießen. Adieu.«

Angelo lächelt, und diesmal ist es wieder dieses Plüschteddy-Lächeln. Er tritt aus dem Bad, langsam, aber entschlossen, und geht auf das Zimmer mit den beiden Fenstern zu.

Mariangela folgt ihm.

Sie presst die Lippen zusammen.

Sie löst die Finger vom Griff der Waffe, um sie dann wieder umso fester darum zu schließen.

Dann hält sie den Lauf nach unten und schießt Angelo ins Bein.

Der Bruch war in weniger als einem Monat geheilt, aber in der Mitte des Oberschenkels ist mir eine Narbe geblieben. Zum Glück hat sie den Oberschenkelknochen um ein Haar verfehlt, und wenn sie mir nicht ihren Gürtel ums Bein gebunden hätte, wäre ich verblutet, noch bevor man mich nach Fonteblanda gebracht hätte.

Tut mir leid, hat sie gesagt, *aber ich habe keine Schuhe an. Sonst hätte ich dir nur einen Zeh gebrochen*, und ich habe gelächelt, immer weiter gelächelt, auch als die Carabinieri in ihren kugelsicheren Westen gekommen sind. So haben sie uns angetroffen, unter den Fenstern mit Blick aufs Meer, im Licht der Sterne.

Ich war froh, nein: ich *bin* froh, dass ich sie nicht getötet habe.

Nicht dass ich ein anderer geworden wäre!

Ich bleibe der, der ich war, auch hier, auch im Gefängnis, auch im Hochsicherheitstrakt, wo es Clans, Familien, Sippen und Banden gibt.

Ich bin jemand, den die Wachen nach dem Verhör nicht durchsuchen. Ich kenne alle Geheimnisse, weil es niemandem auffällt, wenn ich beim Hofgang neben ihm bin. Und wenn mich mal jemand bemerkt, was selten passiert, lächelt er mir höchstens zu. Das ist der Plüschteddy-Effekt.

Aber ich bin immer noch derselbe. Ich bin tüchtig. Ich funktioniere präzise.

Ich bin böse.

Als ich den Duschraum betrete, wirft mir Raschid nur einen zerstreuten Blick zu und seift sich weiter ein. Er hat mich sofort wieder vergessen, dann dreht er mir den Rücken zu. Er sieht nicht die Zahnbürste in meiner flachen Hand. Zu' Mimmo hat an ihrem Griff drei Rasierklingen angebracht, und jetzt ist die Zahnbürste eine messerscharfe Waffe.

Ich warte, bis er die Dusche aufdreht, damit das Rauschen des Wassers alle anderen Geräusche übertönt, und bevor ich zur Tat schreite, sage ich es.

Ich murmle es leise zwischen den Zähnen.

Ist nicht persönlich gemeint.

Mario Soldati

Die schönen Zähne des Signor Dino

»Welches ist die schlimmste Geschichte, die du erlebt hast?«, fragte ich kürzlich Gigi. Ich stellte ihm die Frage überraschend; wir saßen am Abend vor dem Kamin und warteten darauf, dass Maria die Polenta brachte. Auch sein Besuch war für mich überraschend gekommen. Da ich ihn würdig empfangen wollte, hatte ich ein großes Feuer angezündet und Polenta bestellt. Und nun mussten wir eben warten. Er betäubte den Hunger mit köstlich frischen, weichen Pferdejagdwürsten – einem Meisterwerk von Mainelli aus Oleggio. Ich, der ich nicht Carabiniere gewesen bin und deshalb im selben Alter wie Gigi nicht dieselbe gute Gesundheit habe, tröstete mich mit einer anderen, ebenfalls von Mainelli stammenden Wurst aus ganz feinem gekochtem Gänsefleisch.

»Die schlimmste Geschichte? Was meinst du denn mit schlimm? Da könnte man sie ja nicht einmal erzählen ...«

»Schlimm im moralischen Sinne: die hässlichste, niederträchtigste Straftat, die du hast aufdecken können.«

Gigi hatte die Wurst aufgegessen. Er putzte mit der Serviette sorgfältig das Taschenmesser aus Nickel, das ich ihm vor vielen Jahren einmal geschenkt hatte, klappte es zusammen und legte es auf den Tisch. Dann begann er zu erklären:

»Eine Straftat ist jede Verletzung des Gesetzes. Man unterscheidet zwischen Verbrechen und Zuwiderhandlung, je nach der vom Gesetzbuch vorgesehenen Strafe. Schlimme Verbrechen, elende, erbärmliche, die einem um der ganzen Menschheit willen das Herz beklemmen ... ach, leider gehört der allergrößte Teil derjenigen, die in unserer Gegend verübt werden, zu dieser Sorte. Die edleren – oder sagen wir: die weniger gemeinen – Beweggründe wie Ehre, Leidenschaft, Eifersucht, abgewiesene Liebe trifft man sehr selten. Man könnte sie an den Fingern abzählen. Und wenn du die Verbrechen ausschließt, die aus Verrücktheit oder aufgrund einer plötzlich in Wahnsinn umgeschlagenen Neurose verübt wurden, was immer häufiger vorkommt, dann ist das Ziel der allermeisten Verbrechen nur das eine: Geld, Profit. So sind die Dinge in Wirklichkeit; diese Beobachtungen habe ich während der vierzig Jahre gemacht, die ich nun Carabiniere bei uns auf dem Land, in kleinen Ortschaften und Städtchen bin. Stell dir vor: Seit dem vierten Oktober dieses Jahres leiste ich nun erstmals regelmäßig Dienst in einer großen Provinzhauptstadt. In unseren ländlichen Gegenden, im Piemont wie in der Emilia, an den Seen wie an der Po-Mündung ... ich nenne dir die Orte, wo ich gewesen bin ... habe ich mich – das kann ich wohl sagen – vor allem mit jeglicher Art von Betrügereien und Diebstählen herumgeschlagen, dann mit simpler Erbschleicherei, mit Verleumdungen, die zum Beispiel eine enge Verbindung verhindern wollten, mit Morden, die unglaublich langsam und mit widerlicher Geduld verübt wurden. Aber die schrecklichste Tat, an die ich mich erinnere, ist zweifellos diejenige, die vor etwa fünfzehn Jahren eine Fremde, eine Österreicherin, am Ortasee vollbracht hat.

Ich war soeben zum Maresciallo des Seestädtchens ernannt worden. Die Kaserne war einige Kilometer weit entfernt: im Gebiet von Legro, in der Nähe des Bahnhofs. Ich war für eine Menge kleinerer Dörfer, Ortsteile und Ansammlungen von Häusern und Villen am Seeufer und am Hügel verantwortlich – Kilometer, die ich in den ersten Monaten, als mir noch kein Jeep zur Verfügung stand, seelenruhig mit dem Fahrrad zurücklegte. Bergauf war's allerdings nicht zum Lachen, das muss ich sagen.

Ich hatte mich kaum richtig eingelebt, das heißt, ich war erst vor wenigen Monaten angekommen, als ich eines schönen Morgens von der Post einen seltsamen Brief erhielt. Natürlich weiß ich ihn nicht auswendig, aber er lautete ungefähr so:

›Lieber Maresciallo,
ich schreibe Ihnen im Geheimen und weiß nicht einmal, ob es mir gelingen wird, diesen Brief einzuwerfen. Sie werden sich darüber gewundert haben, dass Sie mich abends nicht mehr beim Tarock sehen. Doch es scheint, meine Krankheit wird schlimmer: Ich kann ausschließlich am Tag ausgehen, und wenn es draußen schön ist, und unter bestimmten Umständen, wie ich Ihnen noch erklären werde. Ich muss Sie sehr dringend sprechen. Ich habe einen Verdacht. Niemand auf der Welt kann mir helfen außer Ihnen. Die Sache steht schlimm. Passen Sie auf, wenn Sie mich besuchen, dass Sie sich nichts anmerken lassen. Wir werden es

schon fertigbringen, zwei Minuten allein zu bleiben. Sprechen Sie auf alle Fälle nur in piemontesischem Dialekt, wie ich, sodass wir nicht verstanden werden. Ich erwarte Sie sehnlichst, denn heute fühle ich mich wirklich schlecht, und ich habe Angst, dass es keine natürliche Krankheit ist.
Ihr ergebener Dino Pasqué‹

Dino Pasqué, das sagt dir nichts? Er war doch ein bedeutender Journalist, ein sehr berühmter Korrespondent.«

»Für welche Zeitung schrieb er?«, fragte ich.

»Jetzt bringst du mich in Verlegenheit. Ich weiß es nicht. Er verwendete ein Pseudonym: Deshalb erinnerst du dich nicht. Aber jedenfalls kannst du sicher sein, er war berühmt. Er war damals schon über siebzig Jahre alt und hatte sich in ein Häuschen, eine kleine Villa am See in der einsamsten Gegend der Stadt, zurückgezogen; die Villa gehörte ihm und lag an jener langen, engen Straße – zwischen alten Palästen und Klöstern –, die zur Punta di Bagnera hinaufführt. Eine Gegend, die trotz der kunstvollen Schönheit traurig und still ist, sogar mitten in der Ferienzeit, und die während der andern Monate des Jahres einen geradezu unbewohnten Eindruck macht.

Ich hatte ihn eines Abends im Café auf der Piazza kennengelernt, und dann trafen wir einander regelmäßig zum Tarockspielen: er, ich und der Apotheker.

Genau um Mitternacht pflegte eine große, ja riesige, sehr junge, braunhaarige Frau mit regelmäßigen Gesichtszügen auf der Schwelle des Cafés zu erscheinen; sie war, das muss ich gestehen, trotz ihres Umfangs sehr hübsch. Sie wechselte oft ihre Kleidung: sportliche Mäntel in lebhaften

Farben, Rot, Grün, Gelb, dann trug sie wieder einen hellen Pelzmantel, wahrscheinlich aus Lammfell. Sie blickte auf eine winzige Uhr, die sie am Handgelenk trug, und sagte streng – aber das schien vielleicht nur so wegen ihres deutschen Akzentes:

›Dino, es ist Zeit, gehen wir. Gute Nacht, Signori.‹

Die außerordentliche, fast unglaubliche Feinheit der mit Handschuhen bekleideten Hand und des Gelenks mit dem Ührchen im Vergleich zu dem massigen Körper und allen andern Gliedern hatte mich in Staunen versetzt. Kurzum, sie war fast eine Riesin, und das Missverhältnis zu jenen Kinderhändchen hatte etwas Erschreckendes an sich. Sie hieß Helga, stammte aus Klagenfurt und war zweiundzwanzig oder dreiundzwanzig Jahre alt.

Dino Pasqué war daran, seine Memoiren zu schreiben; und in den paar Jahren, die er zurückgezogen am See verlebte, hatte er allen die Österreicherin als seine Sekretärin, die ihm bei der Arbeit helfe, vorgestellt. Aber alle wussten, dass sie seine Freundin war. So gut eben ein zwanzigjähriges Mädchen die Freundin eines siebzigjährigen Mannes sein kann. Und niemand wunderte sich; denn Signor Dino, ein hartnäckiger Junggeselle, hatte schon immer eine ausgesprochene Schwäche für schöne junge Mädchen gehabt; und jedes Mal, wenn er für kurze Zeit zur Erholung in sein Haus nach Bagnera kam, brachte er eine Neue mit. Es waren fast immer Fremde und wahrscheinlich Tänzerinnen oder Modelle zweiten oder dritten Ranges. Er brachte sogar einmal – wie mir der Apotheker und andere gesagt hatten – eine Vietnamesin mit.

Diesmal jedoch erweckte die Bindung ganz den Anschein, als sei sie endgültig. Während des Sommers vor zwei Jahren hatte Signor Dino eine Heizung einrichten lassen; im Oktober war er dann mit der österreichischen Riesin erschienen und nicht mehr weggegangen.

Jemand sagte, Signor Dino habe sie im Geheimen geheiratet, die Hochzeit jedoch verschwiegen, weil sein Junggesellenstolz nicht zuließ, dass man von seinem Nachgeben erfuhr, oder ganz einfach, weil er sich schämte, eine Frau zu haben, deren Großvater er hätte sein können.

Jedenfalls war es unwahrscheinlich, dass sie aus Liebe mit ihm zusammenlebte. Aber nicht immer hatte das Mädchen jenen harten, autoritären Blick, mit dem es den Alten jeden Abend vom Spieltisch wegriss. Mir sagten die andern, dass sie manchmal überaus herzlich und sympathisch sein könne, und ich stellte dies bei manchen Gelegenheiten auch selbst fest. Sie saß im Café, trank Bier und Schnaps, lachte laut, indem sie ihre nackte, frische Kehle zurückwarf, legte die üppigen, mit glitzernden, straff anliegenden Strümpfen bekleideten Beine so übereinander, dass der Rock ein gutes Stück weit über das Knie rutschte. Einmal sang sie ein volkstümliches Lied aus ihrer Gegend: ›O Susanna, o Susanna‹.

Während sie sang, stemmte sie die Hände in die Hüften; ihre vollen Brüste wippten ... sie hatte einen solchen Busen ... er schien die Bluse, die ihren Oberkörper umspannte, zu sprengen. Sie sang, und wir bewunderten sie mit offenem Mund; war ja auch natürlich! Männer mittleren oder bereits fortgeschrittenen Alters, ein Herbstabend in einem Provinznest. Und sie blickte uns beim Singen einen nach dem andern mit halb geschlossenen Augen durchdringend an und lachte frech, ich möchte fast sagen, boshaft, so, als wolle sie uns alle auslachen. Kurzum, man konnte Signor Dino verstehen und entschuldigen. Er war ein rüstiger Alter, der die ganze Welt bereist hatte, und es gab Tage, an denen er zwanzig Jahre jünger aussah. Ihn konnte man verstehen und entschuldigen. Aber sie ... sie hatte in ihrem Blick etwas Hinterhältiges, Schlaues, allzu Wissendes; und ganz zuhinterst etwas Trübes, Düsteres, etwas, das ich nicht begriff. Es war mir nie gelungen, ihre Augen zu sehen, ich hätte nicht sagen können, was für eine Farbe sie hatten. Aber nie vergaß ich ihr höhnisches Lächeln, als sie ›O Susanna‹ sang, mit jenen Worten, die wir – des Deutschen nicht mächtig – versucht waren für Obszönitäten oder gar Beleidigungen zu halten.

Man behauptete schließlich – allerdings ohne den geringsten Beweis dafür zu liefern –, dass Signor Dino bereits sein Testament zu ihren Gunsten gemacht habe. Und dass sie nur darauf warte, dass er sterbe, um dann alles verkaufen und nach Paris oder Rom gehen und ein tolles Leben führen zu können. Aber Signor Dino ging es immer glänzend, und es gab keinerlei Anzeichen, dass er bald würde sterben müssen. Er war klein, hager, hatte eine braune, glattrasierte Haut und gewelltes, blondiertes Haar. Man sagte, er onduliere es sich mit der Schere und färbe es, und außer dem Haar färbe er auch die Augenbrauen. In Bezug auf die Zähne jedoch konnte man nicht zweifeln: Mit siebzig Jahren hatte er noch dieselben wie in seiner Jugend, und kein einziger fehlte. Sie waren klein, regelmäßig, weiß schimmernd. Und wenn er abends ins Café kam und sich zufrieden hinsetzte, seinen Whisky bestellte, das Monokel vors Auge klemmte und zufrieden die gewohnten vier Gäste musterte, genauso als hätte er sich bei den Galerien oder auf den Champs-Elysées hingesetzt, dann sagten die beiden Signorine, die Töchter der Besitzerin des Cafés, noch genau dasselbe, was ihre Mutter schon vor dreißig oder vierzig Jahren gesagt hatte: ›Aber was hat doch Signor Dino für schöne Zähne!‹

Er schien von einer leichten Darm- oder Leberstörung befallen worden zu sein. Es war etwa diese Jahreszeit, Februar, auch so kalt wie jetzt, die blödsinnige Kälte wollte gar nicht aufhören. Und niemand wunderte sich, dass man Signor Dino während einiger Abende nicht sah. Und dann dieser Brief; es brauchte nicht viel, um ihn zu verstehen. Der arme Alte befürchtete, von der Österreicherin vergiftet worden zu sein. Aber er wurde bewacht und wusste nicht, wie er mit mir Verbindung aufnehmen konnte. Er ging tagsüber aus – in ihrer Begleitung – und konnte nicht telefonieren. Sehr wahrscheinlich hatte er, um den Brief einwerfen zu können, einen der kurzen Augenblicke abwarten müssen, in denen das Mädchen in ein Geschäft gegangen war, um etwas zu kaufen.

Ich nahm das Fahrrad und war fünf Minuten später auf der Piazza. Ich streckte den Kopf in die Apotheke, um mich rasch zu erkundigen, ob es etwas Neues gebe. Tatsächlich sagte mir der Apotheker ganz aufgeregt, dass vor einer Stunde der Krankenwagen gekommen sei und man Signor Dino nach Novara ins Krankenhaus verbracht habe:

›... Mit ihm sind das Mädchen und der Arzt gefahren. Eine Krise, ein Kollaps: Es scheint keine Hoffnung mehr zu bestehen; in diesem Alter, wissen Sie ... und dabei war er erst gestern Mittag noch hier in der Apotheke. Er ging am Arm des Mädchens. Mir schien, es gehe ihm besser. Sehen wir uns heute Abend, Signor Dino?, habe ich ihn gefragt. Noch nicht, sagte er; es geht mir zwar besser, aber ich bin noch nicht gesund. Und meine Tyrannin lässt mich nicht gehen! Da ist sie losgeplatzt, Sie hätten sie sehen sollen: Wenn du dich unbedingt aufhängen willst, häng dich nur, mir ist es egal, mein Herr und Meister! Wenn ich dir rate, abends nicht auszugehen, dann nur zu deinem Wohl! Da ist er in ein Gelächter ausgebrochen, als ob er nicht daran glaubte: Zu meinem Wohl? Ha, ha! Und auch sie hat zu lachen begonnen. Sie haben die gewohnte Zahnpasta gekauft und sind gegangen. Armer Signor Dino! Wer hätte gedacht, dass wir uns nicht wiedersehen. Ich habe ihm noch seine Zahnpasta verkauft. Er war so stolz auf seine Zähne, der arme Kerl. Einmal, als ich seine Marke gerade nicht auf Lager hatte, zeigte ich ihm eine andere. Aber er, er wollte sie nicht. Er nahm mich zur Seite, als wolle er mir ein großes Geheimnis anvertrauen, und sagte: Nein, sehen Sie – vielleicht ist es ein Aberglaube, aber wissen Sie, wem ich meine gute Gesundheit, meinen verhältnismäßig jugendlichen Zustand zuschreibe? Meinen Zähnen. Nun habe ich eben – von der Kindheit an bis heute – regelmäßig dreimal am Tag diese gleiche Zahnpasta verwendet. Wenn ich als Sonderkorrespondent in der Welt herumreiste und wusste, dass ich monatelang wegbleiben musste, nahm ich einen Vorrat mit: weil man sie leider nur in Italien findet.‹

›Welche ist es?‹, fragte ich instinktiv den Apotheker und ließ mir eine Tube dieses Lebenselixiers zeigen – das übrigens eine alte, ganz gewöhnliche einheimische Zahnpasta ist. Lach nicht, lieber Mario. Du wirst sagen, ich erzähle Märchen. Aber es ist tatsächlich alles so gewesen, und du musst mir glauben: Schlagartig war mir wieder das bösartige und wissende Lächeln des Mädchens in den Sinn gekommen, als sie gesungen hatte; und ich verfolgte dieses Lächeln, wie man eine Spur verfolgt …

Ich verließ die Apotheke und wollte sogleich im Krankenhaus von Novara anrufen. Aber dann schaute ich auf die Uhr und sagte mir, dass der Krankenwagen noch nicht angekommen sein konnte. Ich versicherte mich, dass der Apotheker nicht herausgekommen war, um mir nachzuschauen, und rasch überquerte ich mit dem Fahrrad die Piazza und bog in den Vicolo di Bagnera ein.

Ich wusste, dass tagsüber, von morgens bis abends, eine einheimische Frau namens Caterina zum Putzen und Kochen kam. Ich läutete. Um mir Einlass zu verschaffen und nach Belieben alles zu durchsuchen und zu erforschen, hätte ja die Uniform genügt; doch ich wollte Geschwätz und Verdächtigungen vermeiden. Deshalb erklärte ich Caterina, man habe mich aus dem Krankenhaus in Novara angerufen, ich solle einige Kleidungsstücke und Toilettengegenstände des Signor Dino holen.

Diese Ausrede war eher unglaubhaft. Und tatsächlich schaute mich Caterina, die keineswegs dumm war, einen Augenblick lang erstaunt an. Aber – wie ich dir bereits gesagt habe – bei uns deckt und rechtfertigt die Uniform alles. Caterina bemerkte nur:

›Umso besser. Das heißt ja, dass es nicht so schlimm ist.

Als man ihn wegbrachte, hatte er schon ein Gesicht wie ein Toter. Er konnte nicht einmal mehr sprechen.‹

Es gab zwei Schlafzimmer und zwei Badezimmer. Im Bad des Signor Dino fand ich alle Toilettengegenstände an ihrem Platz. Ganz normal: Niemand denkt in einem solchen Fall daran, sie mitzunehmen. Es war eine plötzliche Abfahrt gewesen – und nicht für eine Vergnügungsreise. Die Zahnbürsten steckten in ihrem Becher. Doch die am Tag zuvor gekaufte Zahnpasta oder eine alte Tube derselben Marke fehlte. Ich öffnete Schubladen und Schränkchen, suchte überall: erfolglos. Doch ich war nicht enttäuscht – im Gegenteil; gerade diese Unauffindbarkeit war das erste Indiz dafür, dass mein Verdacht vielleicht nicht unbegründet war.

Beim Weggehen nahm ich ein kleines Paket mit, die Dinge, die ich – um bei meiner Ausrede zu bleiben – hätte holen sollen. Und als ich auf der Schwelle stand, fragte ich Caterina streng, wohin sie den Abfall zu werfen pflege. Gusseiserne Behälter standen zu diesem Zweck vor jedem Haus. Es gab speziell dafür einen städtischen Abholdienst. Aber trotz des ausdrücklichen Verbots fanden es die Leute, die am See wohnten, manchmal bequemer, den Abfall zum Fenster hinauszuwerfen. Ja, auch in den Herrschaftshäuser. Caterina wurde rot: was jedoch nicht unbedingt bedeutete, dass sie das Verbotene getan hätte.

Der Behälter draußen vor der Tür war leer. Caterina entschuldigte sich: Bei dem, was heute geschehen sei! Der Kehricht war noch in der Küche, im Eimer. Ohne mich noch um eine Rechtfertigung zu kümmern, hieß ich sie den Eimer leeren. Doch ich sah nicht, was ich suchte. Ich sah es, als ich zum Fenster von Signor Dinos Badezimmer hinausschaute: senkrecht in der Tiefe, im unbeweglichen, von der Wintersonne durchleuchteten Wasser; es lag zwischen alten Einmachgläsern und vielfarbigen Scherben auf dem Kies, und ich fischte es mit einem Netz heraus: Es war die am Vortag gekaufte, nur wenig ausgedrückte Tube. Zwei Stunden später ließ ich sie in Novara, im Labor des Krankenhauses, untersuchen. Das Ergebnis der Analyse erklärte die Symptome von Signor Dinos Krankheit, die bis jetzt für alle Ärzte unerklärlich waren, auch weil der Patient nicht imstande war zu sprechen: es waren diejenigen einer Arsenvergiftung. Man behandelte ihn sofort entsprechend. Die Vergiftung hatte seit wer weiß wie langer Zeit gedauert: langsam, Tag für Tag. Die jetzige Portion war nur die letzte Dosis gewesen, die ihn hätte in den Himmel befördern sollen. Doch er ist davongekommen. Und ich …

Du weißt schon, Mario. Nie verhafte ich jemanden gerne. Auch in denjenigen Fällen, wo die Schuld ganz offenkundig und überhaupt nicht zu verzeihen ist, und selbst wenn ich die Untersuchung voll Begeisterung mache oder gar Spaß an ihr finden kann; wenn jener Augenblick gekommen ist, empfinde ich immer eine gewisse Traurigkeit. Vielleicht ist das nicht richtig. Einen guten Carabiniere muss es freuen, dass er der Gesellschaft dient, indem er denjenigen, der sich als gefährlich erwiesen hat, der Justiz übergibt. An jenem Abend im Spital, als ich sie aus Signor Dinos Zimmer rief und ihr dort im Korridor eine Hand auf die Schulter legte … sie war etwa so viel größer als ich … nun, damals empfand ich – das muss ich gestehen – gleichzeitig mit der gewohnten Bitterkeit ein außergewöhnliches Vergnügen:

›Signorina, wollen Sie bitte mitkommen …‹

Sie hatte einen Komplizen, einen bekannten Zuhälter ägyptischer Nationalität. Man konnte auch die Herkunft des Gifts feststellen und alles beweisen. Sie ist verurteilt worden und sitzt jetzt. Aber ich fürchte, für einen Charakter wie sie gibt es keine Rettung. Auch wenn sie das ganze Leben lang im Gefängnis bliebe, würde sie – so befürchte ich – niemals die eigene Niederträchtigkeit ermessen können.«

Maria trat ein, triumphierend, mit zwei Schüsseln: in der einen die dampfende Polenta, in der andern das Spezzatino in umido.

»Und Signor Dino?« Ich versuchte, nicht an die Österreicherin zu denken: Ich hatte eine schlimme Geschichte verlangt und sie nun zu hören bekommen!

»Ich habe ihn nicht mehr gesehen. Nach dem Ereignis siedelte er nach Santa Margherita über. Jedes Jahr schickt er mir zum 17. Februar eine Karte. Es ist der Jahrestag seiner Rettung – wie sagt man? – im letzten Moment. Nun, er verdankt mir das Leben. Weißt du, was er mir auf der diesjährigen Karte schreibt? Er sei jetzt fünfundachtzig geworden, und es fehle ihm nichts. Er klagt nur, die Ligurer seien starrköpfig, sie ließen sich einfach das Tarockspiel nicht beibringen.«

Andrej Longo

Du sollst nicht begehren deines Nächsten Hab und Gut

Panzarotto, Rolex und ich.
Auf der Mauer, ohne was zu tun.

Keinen Bock auf nichts. Keiner, der auf uns wartet. Keiner, auf den wir warten.

»Hey, Alter, holen wir uns noch 'n Sandwich?«

»Panzarò, bist wohl gerade gefickt worden, oder warum haste dauernd Hunger?«, will ich wissen.

»Deine Schwester würd ich sofort ficken«, sagt er.

»Die haben doch alle längst gefickt«, lacht Rolex.

»Lass meine Schwester aus dem Spiel«, sage ich.

»Warum? Willste die selber rannehmen?«, fragt Panzarotto.

»Und wennschon, haste 'n Problem damit?«

»Nee, Reiban, wollt dich nur verarschen.«

»Verarsch doch deine Mutter, die Nutte.«

Panzarotto spielt einen Augenblick schweigend mit der Blechmarke herum. Dann fragt er:

»Ich hol noch 'n Sandwich. Wollt ihr auch was?«

»Bring zwei Bier mit«, sagt Rolex.

Panzarotto geht in den Pub. Rolex und ich bleiben auf der Mauer sitzen.

»Haste 'ne Kippe, Rolex?«

Rolex wirft mir eine Zigarette zu und steckt sich selber eine in den Mund. Er gibt erst mir Feuer und zündet dann seine an.

»Wo geht'n heute Abend was?«, fragt er.

»Wo willst'n hin?«

Er zuckt mit den Schultern.

»Hauptsache, es geht was ab.«

»Dann fahren wir auf den Vomero«, entscheide ich.

»Alles klar, Alter.«

Inzwischen ist Panzarotto mit dem Sandwich und zwei Bier wieder da.

»Hier, das Bier.«

»Panzarò, mach hin mit dem Sandwich, wir wollen auf den Vomero«, sagt Rolex.

Er nickt und schlingt das Sandwich in zwei Bissen runter. Wir trinken unser Bier und werfen die Flaschen auf die Straße. Dann gehen wir zur U-Bahn.

»Aber nicht zu lang, ich muss morgen malochen«, sagt Panzarotto.

»Was, das nennst du malochen?«, frage ich.

»Was denn sonst?«

»Brot backen is was für Loser.«

»Dann bin ich eben 'n Loser.«

»Mach, was du willst, Panzarò, Hauptsache wir verschwinden von hier.«

Es ist fast neun, und in der U-Bahn sind kaum Leute. Der Kontrolleur steht vor einem der Wagen. Als wir vorbeikommen, fragt er: »Jungs, habt ihr Fahrscheine?«

»Klar haben wir die«, sage ich. Ich lege eine Hand auf den Rücken, wo das Messer steckt, und gehe auf ihn zu.

»Willste mal sehen?«

Panzarotto und Rolex sind auch auf ihn zu.

»Willste mal sehen?«, fragen sie.

Der Typ kapiert, was Sache ist.

»Schon gut, steigt ein.«

Wir gehen in den letzten Wagen, der ist halb leer, und es gibt genug Plätze. Ich mache es mir bequem und strecke die Beine neben einem Mädchen aus, das ein Buch liest.

»Was is'n das, 'ne Liebesgeschichte?«

Das Mädchen liest weiter, ohne zu antworten.

»Ey, ich hab dich was gefragt.« Ich werde lauter.

»Ja«, sagt sie erschrocken.

»Wird da auch ordentlich gebumst?«

Panzarotto und Rolex lachen. Das Mädchen ist inzwischen aufgestanden und ganz nach hinten in den Wagen gegangen. Ein Alter, der in der Nähe steht, mischt sich ein:

»Was glaubst du, wo du hier bist? Dass du dich wie zu Hause benehmen kannst?«

Rolex steht auf, um Streit anzufangen. Aber ich hab keinen Bock.

»Vergiss es, Rolex. Der ist uralt. In zwei oder drei Tagen krepiert der sowieso.«

»Haste das kapiert?«, fragt Panzarotto. »Morgen verreckst du.«

Und rülpst ihm ins Gesicht.

Der Alte regt sich auf: »So ein Pack!«

Aber dann haut er auch ab.

An der Piazza Vanvitelli steigen wir aus. Freitagabend, es ist eine Menge los, die Leute gehen Pizza essen oder tanzen, alle sind unterwegs. Wir drehen eine Runde, um die Lage zu checken, dann gehen wir auf ein Bier in diese Bar in der Nähe vom Theater Diana.

»Geht auf deine Rechnung, Panzarò«, sagt Rolex.

»Warum immer ich?«

»Stimmt«, sage ich, »warum immer der Loser?« und werfe einen Hundert-Euro-Schein auf die Theke.

»Hast du kein Kleingeld?«, fragt der Kellner.

»Ist alle.«

Er schnauft ungeduldig und kontrolliert den Geldschein, ob der auch echt ist.

»Was denn, vertraust uns wohl nicht?«

Er sagt nichts und gibt mir raus.

»Ein paar Nüsse haste nich zufällig für uns?«, fragt Panzarotto.

Der Kellner schüttet Nüsse auf einen Teller, aber nur wenige, als ob er sie selber bezahlen müsste.

Während wir unser Bier trinken, kommt ein Fünfzigjähriger mit Jackett und Krawatte rein, mit einer Zeitung unter dem Arm und einer runden Brille, die ihm an einer Kette um den Hals hängt. Neben ihm schwebt in einer Parfümwolke eine Alte mit Lochmuster-Nylons und einem Ausschnitt, in dem man die Knochen sieht, so dürr ist die.

»Die hat ihre Titten zu Hause vergessen«, sagt Rolex.

Panzarotto verschluckt sich vor Lachen an den Nüssen und prustet das Bier durch die Gegend. Auch der Kellner grinst ein bisschen. Die beiden beachten uns nicht und trinken ihren Aperitivo, bis das Handy der Signora klingelt.

»Entschuldige bitte«, sagt sie.

Sie geht in Richtung Tür, um zu telefonieren. Er schlägt seine Zeitung auf.

»Frag ihn, wie spät es ist«, sage ich zu Panzarotto.

»Halb zehn.«

»Weiß ich, du Depp. Du sollst ihn fragen, wie spät es ist.« Mit dem Kopf zeige ich auf den Typen mit der Brille.

Panzarotto ist zu ihm hin.

»Verzeihen Sie, darf ich Sie fragen, wie spät es ist?«

Nicht übel, wirkt beinahe echt.

Der Mann wirft einen Blick auf die Uhr. Während er die Zeit abliest, kippe ich die Nüsse vom Teller ins Glas der Signora, ohne dass einer was merkt.

»Neun Uhr siebenundzwanzig«, sagt der Mann.

»Herzlichen Dank«, antwortet Panzarotto.

Wir trinken unser Bier aus.

Dann kommt die Signora zurück.

»Das war Guglielmo mit seiner Frau«, sagt sie, »die kommen gleich.«

Sie nimmt ihr Glas und trinkt einen Schluck.

»Was ist denn hier drin?«

»Wo, Signora?«, will der Kellner wissen.

»Im Glas. Da sind lauter Nüsse.«

»Die hatten eben auch Durst«, sagt Rolex.

Panzarotto und ich verkneifen uns das Lachen. Der Kellner wirft uns einen Blick zu.

»Sie bekommen natürlich sofort ein neues Glas.«

»Das ist unglaublich«, sagt die Signora aufgebracht. »In was für einer Welt leben wir eigentlich?«

Wir gehen aus der Bar und drehen noch eine Runde. Vor einem Lokal drängen sich die Leute, und wir bleiben stehen. Wir rauchen eine und starren die Weiber an, die rein- und rauskommen.

»Die nehm ich von hinten.«

»Von der lass ich mich ordentlich reiten.«

»Die leg ich auf'm Tisch flach.«

»Die ist gut für Neunundsechzig.«

»Die ist Dreck, die kann Panzarotto haben.«

Als wir genug davon haben, uns die Mädchen anzuschauen, versuchen wir reinzukommen. Aber der Türsteher sagt, es ist eine Privatparty und wir brauchen eine Einladung. Auch Stress machen hilft nichts.

Wir sind noch nicht mal zwanzig Meter weg, da kommt ein Typ mit weißem Hemd und Fliege hinter uns her. Er ist nervös und bewegt sich, als ob er Zuckungen hätte.

»Wollt ihr da rein?«, fragt er.

»Nur mit Einladung«, sage ich.

»Ich lass euch rein.«

»Danke«, sagt Panzarotto.

»Warum, sind dir die Jungs ausgegangen?«, frage ich.

Der Typ schaut uns verwirrt an.

»Vergiss es. Also, warum willst du uns reinlassen?«

Er schaut sich kurz um, dann sagt er: »Da ist einer, der meiner Freundin nachläuft.«

»Aha«, sagt Rolex, »deine Freundin ist 'ne Nutte.«

»Willst du ihr ’ne Lektion erteilen?«

»Ihm, nicht ihr. Ich lasse euch rein, und ihr jagt ihm einen Schreck ein.«

»Okay«, sage ich, »bring uns da rein, und wir kümmern uns drum.«

Drinnen hängen lauter bunte Girlanden von einer Wand zur anderen, außerdem Luftballons und Lampions wie in einem chinesischen Restaurant. Zwei Tische beladen mit Mini-Pizzen, Mozzarella-Häppchen, Salami und so Zeug. Auf einer Art Bühne singen drei oder vier irgendeinen Schlager, der wahnsinnig nervt, ein paar tanzen, andere hängen allein rum.

»Wollt ihr was trinken?«, fragt uns der Typ.

Wir gehen an die Bar und bestellen drei Gin Tonic.

Als das Lied zu Ende ist, klatschen alle. Dann ist einer auf die Bühne und nimmt das Mikro, ein Großer, Spindeldürrer mit Flecken im Gesicht, als ob der die Masern hätte. Weil ihm die Haare dauernd ins Gesicht fallen, streicht er sie alle zwei Sekunden zur Seite.

»Das nächste Lied ist für Silvia«, kündigt er an.

»Das ist er«, sagt unser Typ.

»Wie heißt der?«

»Luca.«

»Und deine Freundin?«

»Silvia.«

»Wir kümmern uns drum.«

»Aber seid vorsichtig.«

»Keine Sorge.«

»Nur einen Schreck einjagen«, sagt er.

»Hast du Stoff da?«, fragt Rolex.

»Wie bitte?«

»Gras, Koks, Ecstasy. Irgendwas?«

»Ach so. Einen Augenblick.«

Er verschwindet durch eine Tür und kommt eine Minute später mit drei Pillen wieder.

»Mehr habe ich nicht«, sagt er.

»Sind die gut?«, frage ich.

»Sehr gut.«

Wir werfen die drei Pillen ein und spülen sie mit Gin Tonic runter.

»Ich geh dann mal«, sagt er.

»Ja, ja, geh nur.«

Der Typ dreht eine Runde, bevor er sich zum Quatschen zu zwei Freundinnen auf ein Sofa setzt. Ab und zu schaut er zu uns rüber, um zu sehen, was wir machen.

Wir bestellen noch eine Runde.

Zwei Minuten später geht Luca aufs Klo. Wir hauen den Rest Gin Tonic weg und gehen hinter ihm her.

Über den drei Klos ist das Gesicht eines zigarrerauchenden Mannes gemalt. Die Wände sind grün gekachelt, die Wasserhähne vergoldet, die Spiegel mit blauen Lichtern gerahmt wie im Film.

»Sieht aus wie so 'n Bad auf der Titanic«, sagt Panzarotto.

»Stimmt«, sagt Rolex.

Ich probiere nacheinander die Türen zu den Klos. Die ersten beiden sind offen, da ist keiner drin. Die dritte ist abgeschlossen.

»Besetzt«, ruft eine Stimme von drinnen.

»Panzarò, lass keinen rein.«

Panzarotto baut sich draußen auf, um den Eingang zu kontrollieren.

Rolex geht in eins der leeren Klos, und ich lasse mir Wasser über die Hände laufen.

Nach zehn Sekunden höre ich, wie einer spült. Die Tür geht auf, und Luca kommt an das Waschbecken neben mir, um sich die Hände zu waschen.

»Ciao«, sagt er.

Ich antworte nicht.

»Warum hast du eigentlich so eine dunkle Sonnenbrille auf?«, fragt er.

»Haste 'n Problem damit?«

»Entschuldige.«

Er geht weg, um sich die Hände unter dem Elektro-Dings abzutrocknen.

»Luca ...« Ich wasche mir weiter die Hände.

»Ach so, kennen wir uns? Wie heißt du denn?«

Ich hab mich zu ihm umgedreht.

»Tu mir 'nen Gefallen, Luca.«

»Wenn ich kann.«

Rolex ist aus dem Klo gekommen.

»Kannst du«, sagt er.

Luca schaut sich nach dem Ausgang um.

»Was wollt ihr?«

Ich mache einen Schritt auf ihn zu. Er ist größer als ich, mein Kopf reicht ihm bis zur Schulter. Mit dem Daumen rücke ich mir die Sonnenbrille zurecht.

»Schlag dir Silvia aus dem Kopf.«

»Lass mich in Ruhe.«

Er schubst mich, um an mir vorbei zum Ausgang zu

kommen. Aber als Rolex ihm ein Bein stellt, stolpert er. Ich packe ihn an der Jacke und ziehe ihn zu mir ran. Dann drücken wir seinen Kopf unter den Wasserhahn. Er rudert mit den Armen, um sich zu befreien, aber der verdammte Schwächling kommt nicht los.

Ich greife nach seinen Haaren und rammle seinen Kopf gegen den Spiegel.

»Hast du verstanden? Schlag dir Silvia aus dem Kopf!«

»Ist ja gut, lasst mich los«, wimmert er.

Ich ziehe mein Messer und lege es ihm an die Kehle.

»Wir sind hier nicht zum Spaß.«

Die Memme zittert wie Sau.

»Lasst mich los, bitte.«

»Haste mich verstanden?«

»Ja, habe ich. Lasst mich los.«

Das ist total öde, der feige Penner pinkelt sich fast in die Hose. Ich packe ihn am Sack und drücke kräftig zu.

»Wenn du noch mal mit Silvia sprichst, schneid ich dir die Eier ab und stopf sie dir ins Maul.«

»Ist ja gut, ich hab schon verstanden, tut mir nichts.«

Als ich ihn zu mir umdrehe, ist sein Gesicht kreidebleich, als würde ihn gleich der Schlag treffen.

»Tut mir nichts«, jammert er noch mal.

Weil ich mir vorstellen kann, dass der rausgeht und alles zusammenschreit, wenn wir ihn jetzt loslassen, schubse ich ihn in eins der Klos. Er fällt hin und krümmt sich auf dem Boden, als würde er jeden Moment mit einem Tritt rechnen.

»Du hast uns nicht gesehen«, sage ich.

»Alles, was ihr wollt, aber lasst mich bitte gehen.«

»Ich schließ dich jetzt im Klo ein, und du holst dir still und leise einen runter.«

»Tut mir bitte nicht weh.«

Ich schließe ab und schmeiße den Schlüssel in den Müll. Dann wasche ich mir noch mal die Hände und trockne sie mir an der Hose ab, rücke die Sonnenbrille zurecht und gehe zusammen mit Rolex raus.

»Alles klar?«, fragt Panzarotto.

»Nix wie weg.«

Als wir durch das Lokal gehen, stopft sich Panzarotto noch eine Handvoll Mozzarella-Häppchen in die Tasche. Der, der uns reingeholt hat, starrt uns an, aber wir beachten ihn nicht und verschwinden.

»Das war ja noch 'ne feigere Sau als du, Panzarò«, sagt Rolex, als wir die Straße langgehen.

»Ich hab vor nichts Angst«, ruft Panzarotto und steckt sich Mozzarella in den Mund.

»Und wohin jetzt, Reiban?«, fragt Rolex.

Mir ist schwindelig von der Pille. Die Lichter auf der Straße flirren, und die Leute haben verzerrte Gesichter wie im Comic.

»Ich geh nach Hause«, meldet Panzarotto. »Mir dreht sich der Kopf, und morgen ...«

»Musst du früh raus, wissen wir«, ergänzt Rolex.

Die Straße bewegt sich nach rechts und nach links.

»Lasst uns doch noch 'ne Pizza essen gehen«, sagt Panzarotto.

»Sag mal, bist du krank?«, will Rolex wissen.

»Leute«, sag ich, »schaut euch das an!«

Wir stehen alle drei mit offenem Mund wie vor einer Erscheinung: Rot, fast schon leuchtend, mit laufendem Motor und blinkenden Rücklichtern, wie im Film steht er da. Als hätte er nur auf uns gewartet.

»Ist der schön«, sagt Panzarotto.

»Ich würd alles geben, um den mal auszuprobieren«, ruft Rolex.

Wir sind vorsichtig näher ran, um den Wagen zu bewundern.

Drinnen sieht man einen telefonieren.

Die Lichter blinken immer noch.

»Jungs, wollen wir 'ne Runde drehen?«, frage ich.

»Das wär's«, sagt Rolex.

Man hört nur diesen Wahnsinnsmotor. Ringsum ist niemand.

»Panzarò«, sage ich, »frag ihn was.«

»Was denn?«

»Was dir einfällt, wo die U-Bahn ist, 'ne Straße, 'ne Bar, scheißegal, Hauptsache, du lenkst ihn ab.«

»Klar, Mann.«

Während er zur Fahrerseite ist, ducken Rolex und ich uns hinter das Auto.

»Entschuldigen Sie«, sagt Panzarotto, »wissen Sie zufällig, wo hier die nächste U-Bahn-Haltestelle ist?«

Ich krieche in Richtung Panzarotto, Rolex auf die andere Seite.

Der im Auto zeigt mit der Hand irgendwohin.

»Entschuldigen Sie«, sagt Panzarotto, »in welche Richtung genau? Ich habe nicht ganz verstanden.«

Ich höre, wie das Fenster heruntergelassen wird, und hole das Messer aus der Tasche.

»Da rechts runter«, sagt der Mann.

Einen Augenblick später springe ich mit dem Messer in der Hand fast zu ihm durchs Fenster. In der Zwischenzeit reißt Rolex die Tür auf und steigt von der anderen Seite ein.

»Steig aus«, sage ich.

Der Typ bleibt ruhig und rührt sich nicht.

Ich halte ihm das Messer an die Kehle.

»Steig aus«, sage ich noch mal.

Rolex richtet von der anderen Seite das Messer auf ihn.

»Jungs, ihr macht einen Fehler«, sagt der Mann.

Ich öffne vorsichtig die Tür und zerre ihn am Arm raus: »Los, beweg deinen Arsch.«

Als ich sehe, wie er mit der Rechten unter das Armaturenbrett greifen will, ramme ich ihm das Knie ins Gesicht. Rolex hat ihm in der Zwischenzeit sein Messer in den Arm gestochen.

Der Mann ist halb benommen, schreit aber nicht.

»Wer seid ihr eigentlich? Wer schickt euch?«, fragt er.

»Keiner. Verpiss dich endlich.«

Der Mann steigt aus.

»Ihr macht einen Fehler«, sagt er noch mal.

Ich schlage ihm mit der Faust ins Gesicht, und Panzarotto tritt ihm zwischen die Beine. Dann drücken wir ihn gegen die Mauer, und ich springe auf den Fahrersitz.

»Los, steig ein«, sage ich zu Panzarotto.

Er ist eingestiegen und hat sich hinten auf Rolex' Seite gesetzt.

»Kannst du so einen fahren?«, fragt Rolex.

»Kein Problem.«

Ich trete die Kupplung, lege den ersten Gang ein und lasse sie langsam kommen. Der Wagen fährt an, erst ruckelnd, aber als ich Gas gebe, legt er richtig los und läuft wie eine Eins.

»Los, Reiban, gib's ihm«, schreit Rolex.

Ich biege in die Via Cilea, weil man da besser Gas geben kann, und plötzlich sind wir bei achtzig.

»Dagegen ist Schumacher ein Scheiß«, ruft Rolex.

Neunzig, hundert, hundertzehn, der fährt wie von selbst.

»Fahr langsamer«, ruft Panzarotto.

»Wie, langsamer, gleich hebt er ab«, schreit Rolex.

Ich überhole drei Autos und gebe noch mehr Gas. Hundertzwanzig. Hundertdreißig.

»Du bist zu schnell, brems ab«, ruft Panzarotto.

»Ich will auf zweihundert kommen«, sage ich.

Das Ding scheint wirklich zu fliegen. Du fühlst das Herz im Hals, als wollte es raus, du fühlst dich unbesiegbar. Nichts kann dich aufhalten.

Wir sind mit hundertfünfzig in die Kurve. Ich spüre, wie der Wagen ins Schleudern kommt.

»Bremsen!«, schreit Panzarotto.

Ich bremse, erwische aber trotzdem mit der rechten Seite ein paar Mülltonnen. Der Wagen dreht sich einmal um sich selbst, rast in ein parkendes Auto und überschlägt sich zweimal. Dann fühle ich nichts mehr.

Ich fahre mir mit der Zunge über die Lippen und schmecke den süßen Geschmack von Blut. Mein linker Arm wiegt Tonnen und lässt sich nicht bewegen. Der rechte Arm ist okay. Meine Beine kann ich auch bewegen. Der Kopf tut weh, aber nicht schlimm.

Ich schlage die Augen auf.

Das Licht ist so hell, dass ich nichts erkenne. Mit der Hand suche ich meine Sonnenbrille, finde sie aber nicht. Auf einmal höre ich eine Stimme: »Der da wacht auch auf.«

Ich kneife die Augen zusammen und zwinge mich hinzuschauen.

Ich bin in einem großen Raum, der wie ein Keller aussieht. Fünf, sechs Meter vor mir sitzt einer in einem Sessel. Ein zweiter Sessel ist leer. Vier Typen mit schwarzen Jacken, rasierten Schädeln und verschränkten Armen stehen rum. Ich versuche, den Kopf zur Seite zu drehen. Der Nacken tut mir weh, aber ich schaffe es. Ich sehe Rolex auf einem Stuhl sitzen. Ein Bein steht komisch ab, der Knochen kommt unter der Jeans vor. Der Kopf ist nach hinten gefallen, als ob er schläft oder tot ist. Auf der anderen Seite sitzt Panzarotto. Seine Stirn ist blutverschmiert, aber es sieht nicht schlimm aus.

»Reiban, wo sind wir?«, fragt er, als er merkt, dass ich wach geworden bin.

Einer von den Schwarzjacken schlägt ihm mit dem Handrücken ins Gesicht.

»Ich hab dir doch gesagt, du machst einen Fehler«, höre ich eine Stimme hinter mir.

Die Stimme kenne ich. Vielleicht ist es besser, den Mund zu halten. Der von hinten geht um meinen Stuhl rum und baut sich vor mir auf. Seine Nase ist geschwollen und sein Arm verbunden.

»Du hast mir die Nase gebrochen und meinen Ferrari zu Schrott gefahren«, sagt er.

»Tut mir leid.«

Er schaut mich einen Augenblick an, bevor er mir mit der Faust ins Gesicht schlägt. Ich höre ein Geräusch, als wenn man eine Nuss knackt, dann spüre ich den Schmerz bis runter in den Magen.

»Was die Nase angeht, sind wir quitt«, sagt er.

Dann setzt er sich in den leeren Sessel. Der andere steht auf. Er hat grau melierte Haare.

»Weißt du, wer das ist?«, fragt er und zeigt auf den mit dem Ferrari.

Ich schüttle den Kopf.

»Und weißt du, wer ich bin?«

Da erst sehe ich die Narbe, die ihm quer übers Gesicht läuft.

Und kapiere, dass wir geliefert sind.

»Wer ist das denn?«, will Panzarotto wissen.

»Schnauze, Panzarotto, es ist besser, wenn du die Schnauze hältst.«

»Brav, du bist ein aufgeweckter Junge«, sagt der mit der Narbe.

»Ich wusste nicht, dass das euer Wagen ist«, sage ich.

Der mit der Narbe nickt, dann fragt er: »Und wie lösen wir jetzt das Problem?«

»Wie ihr es für richtig haltet«, antworte ich. »Wir befolgen eure Befehle.«

Der mit der Narbe denkt eine Weile nach. Dann kommt er näher, zündet sich eine Zigarette an und bläst mir den Rauch ins Gesicht.

»Ich hätte da eine Idee«, sagt er.

»Was ihr wollt.«

»Mal sehen, ob du Eier hast«, sagt er.

»Alles, was ihr wollt.«

Er nickt noch mal.

»Da ist einer, der das Maul zu weit aufgerissen hat, dem müsste mal einer die Ehre erweisen.«

»Gut.«

»Schaffst du das?«, fragt er.

»Kein Problem.«

»Sehr gut.«

Als er mit zwei Fingern ein Zeichen gibt, kommt einer von den Schwarzjacken zu ihm. Der Typ mit der Narbe hält die Hand auf, und der andere gibt ihm eine Pistole.

»Aber erst mal musst du mir zeigen, was du draufhast«, sagt er.

»Was soll ich machen?«

Er legt mir die Pistole in die Hand, wirft die Kippe auf die Erde und tritt sie mit dem Stiefel aus.

»Den da erschießen«, sagt er.

Und zeigt auf Panzarotto.

»Was?«

»Du sollst ihn erschießen. Dann kannst du nach Hause.«

Ich fühle mich wie nach einem Stromschlag. Der Kopf fällt mir wie von selber nach hinten, erst der Kopf und dann die Schultern. Es schüttelt mich.

»Und wenn ich das nicht mache?«

»Dann erschieß ich dich, und der da geht nach Hause«, sagt er.

Das Bier kommt mir hoch und schießt mir in den Mund, aber ich zwinge mich, es wieder runterzuschlucken. Ich kann keinen klaren Gedanken fassen.

»Und?«, sagt er. »Was hast du vor?«

Ich versuche, die Pistole zu umklammern, aber meine Hand ist wie gelähmt, es klappt nicht. Als ich aufstehen will, gehorchen mir meine Beine nicht. Ich probiere es zwei-, dreimal und komme schließlich doch hoch. Panzarotto stößt Klagelaute aus wie ein Käuzchen. Er versucht, was zu sagen, schafft es aber nicht. Ab und zu kaut er auf der Blechmarke, schüttelt den Kopf und heult auf.

Ich nehme die Pistole fest in die Hand. Sie ist tonnenschwer. Ich schaue den mit der Narbe an, der mich mit den Händen in der Tasche anstarrt und sich nicht rührt. Ich drehe mich wieder zu Panzarotto um und versuche, ihm nicht ins Gesicht zu sehen.

»Reiban«, jammert er, »Reiban, was hast du vor?«

Der Schweiß läuft mir die Stirn runter. Mein Herz schlägt wie ein Presslufthammer. Ich schnappe nach Luft. Mir kommt es so vor, als bräuchte ich Stunden für jeden Schritt. Alles um mich dreht sich. Ich höre Panzarottos Stimme, er sagt immer wieder:

»Reiban ... Reiban ...«

Nur das.

»Reiban ... Reiban ...«

Ich schaue ihn einen Moment lang an.

Er fängt an zu weinen und bepisst sich. Das schaffe ich nicht, denke ich, dazu habe ich nicht den Mut. Und fange auch an zu weinen.

Aber er oder ich, es gibt keine andere Lösung.

Während ich ihn anschaue, ist es, als würde er langsam zum Tier, zu einem von diesen Hunden mit offenen Gedärmen, die sich nicht entschließen können zu sterben. Das Mitleid ist weg, ich ekle mich sogar ein bisschen vor ihm.

Mein Herz schlägt wieder langsamer, mein Atem geht regelmäßig. Ich hebe die Pistole.

»Reiban …«

»Jetzt ist es aus, Panzarò«, sage ich. »Jetzt ist alles aus.«

Stendhal

Vittoria Accoramboni

Ebenso wie für den Leser ist es für mich bedauerlich, daß es sich hier um keinen Roman handelt, sondern um eine getreue Übertragung einer sehr ernsten Erzählung, wie sie im Dezember 1585 zu Padua niedergeschrieben wurde.

Ich hielt mich in Mantua auf, es ist schon etliche Jahre her, und suchte, wie mir das meine beschränkten Mittel ja höchstens erlaubten, nach Skizzen und kleinen Gemälden, doch ich wollte die Maler vor dem Jahre 1600; um diese Zeit starb nämlich die italienische Eigenart völlig aus, nachdem sie schon durch die Einnahme von Florenz im Jahre 1530 in große Gefahr gebracht war.

Anstatt Gemälde ließ mir ein greiser, steinreicher, aber äußerst habsüchtiger Patrizier alte, durch die Jahre vergilbte Handschriften zum Kaufe anbieten, und zwar sehr teuer; ich stellte das Verlangen, sie erst einmal durchfliegen zu dürfen; er gab das zu, aber mit der Bemerkung, er verlasse sich auf meine anständige Gesinnung, und ich könnte ja auch nicht verlangen, daß er mir durch diese Erlaubnis pikante Erzählungsstoffe an die Hand gäbe, falls ich die Handschriften nicht kaufen wollte.

Unter dieser Voraussetzung, gegen die ich übrigens nichts einzuwenden hatte, durchflog ich zum großen Schaden meiner Augen drei- oder vierhundert Bände, wo vor zwei oder drei Jahrhunderten Erzählungen von tragischen Abenteuern in Fülle zusammengetragen waren, dazu Herausforderungsbriefe, die sich auf Zweikämpfe bezogen, Verträge zwischen benachbarten Nobili zur Beilegung von Feindseligkeiten, Aufzeichnungen über Anlässe aller Art usw. Der greise Besitzer forderte für diese Handschriften einen unerschwinglichen Preis. Nach langem Unterhandeln erwarb ich für sehr hohe Bezahlung das Recht, bestimmte kleine Geschichten, die mir gefielen und die Lebensgewohnheiten Italiens um 1500 veranschaulichten, abschreiben zu lassen. Ich habe daher zweiundzwanzig Foliobände erhalten, und was der Leser jetzt lesen wird, wenn er überhaupt Geduld dazu hat, ist eine der getreulich übertragenen Geschichten. Ich kenne die italienische Geschichte des sechzehnten Jahrhunderts und glaube, daß das Folgende völlig auf Wahrheit beruht. Ich habe mir Mühe gegeben, daß sich in der Übertragung des ernsten, geraden, völlig glanzlosen altitalienischen Stils, der voll ist von Anspielungen auf Dinge und Vorstellungen, wie sie die Welt unter dem Pontifikat des Sixtus Quintus (im Jahre 1585) beschäftigten, nicht etwa die moderne schöne Literatur widerspiegelt und die Vorstellungswelt unsres Jahrhunderts in ihrer Vorurteilslosigkeit.

Der unbekannte Verfasser der Handschrift ist eine umsichtige Persönlichkeit, er urteilt nie über eine Sache, noch bereitet er jemals darauf vor; seine einzige Aufgabe ist, die Wahrheit zu erzählen. Wenn er dabei bisweilen, ohne daß er's weiß, etwas weit geht, so kommt das daher, daß um 1585 die Eitelkeit noch nicht jegliche Menschentat in einen künstlichen Glorienschein zu hüllen pflegte; man war zum Bei spiel der Anschauung, über den Nachbar nur reden zu können, indem man sich in größtmöglicher Deutlichkeit aussprach. Gegen 1585 dachte außer den an den Höfen gehaltenen Narren oder Poeten niemand daran, durch Redensarten liebenswürdig zu erscheinen. Man sagte keineswegs noch im Augenblicke, als man eben Postpferde zum Fliehen aufbringen ließ: Ich sterbe zu Eurer Majestät Füßen; das wäre wohl die einzige Art Verrat gewesen, der nicht im Schwange war. Man sprach wenig und jeder gab äußerste Obacht auf das, was man ihm sagte.

Also, gütiger Leser! suche hier nicht nach einem pikanten, hinreißenden, von aktuellen Anspielungen in der Art des modernen Empfindens glänzenden Stil, sei überhaupt nicht auf sensationelle Erregungen etwa eines Romans von George Sand gespannt; diese bedeutende Schriftstellerin hätte mit dem Leben und dem Mißgeschicke von Vittoria Accoramboni ein Meisterwerk zustande gebracht. Die anspruchslose Erzählung, die ich dir vorlege, kann nur die ganz bescheidenen Vorteile eines Geschehnisses aufweisen. Sollte aber von ungefähr ein einsamer Reisender in der Extrapost, wenn die Nacht hereinbricht, Neigung haben, über die große Kunst der Ergründung des Menschenherzens nachzudenken, so könnte er als Grundlagen seines Urteils die Verhältnisse und Begebenheiten der vorliegenden Geschichte nehmen. Der Autor sagt alles, entfaltet alles und läßt der Einbildungskraft des Lesers nichts übrig; er schrieb zwölf Tage nach dem Tode der Heldin[1].

*

Vittoria Accoramboni stammte aus einem sehr vornehmen Geschlechte einer kleinen Stadt namens Agubio, die im Herzogtum Urbino liegt. Von Kindheit an fiel sie allen in die Augen wegen ihrer seltenen, außergewöhnlichen Schönheit; doch diese Schönheit war nicht so sehr das Reizende an ihr: ihr fehlte nichts von alledem, was ein Mädchen von hoher Geburt bewundernswert machen kann, aber nichts stach an ihr so hervor, ja man kann sagen, nichts unter so vielen außergewöhnlichen Eigenschaften rührte so stark ans Wunderbare als der ihr eigne Liebreiz, der ihr auf den ersten Blick hin jedermanns Herz und Willen gewinnen mußte. Und die Schlichtheit daran, die eben dem geringsten ihrer Worte siegreiche Macht verlieh, wurde auch nicht durch den mindesten Anflug von Künstelei getrübt; man faßte gleich auf der Stelle Zutrauen zu der Dame, die mit so außerordentlicher Schönheit begabt war. Wenn man sich aufs äußerste zusammennahm, hätte man wohl solchem Einflüsse widerstehen können, falls man nichts weiter tat, als sie anzuschauen; aber wenn man sie reden hörte, vornehmlich, wenn man in eine Unterhaltung mit ihr kam, war es ganz ausgeschlossen, so außerordentlichen Reizen sich zu entziehen.

Viele junge Kavaliere Roms, wo ihr Vater wohnte und wo

1 Das italienische Manuskript ist im Bureau der »Revue des Deux-Mondes« niedergelegt.

man seinen Palast auf der Piazza dei Rusticuci, nahe bei St. Peter, noch findet, wünschten ihre Hand zu erhalten. Es gab eine Unmenge von Eifersüchteleien und sehr viel Nebenbuhlerschaft, doch am Ende gaben die Eltern Vittorias den Vorzug Felix Peretti, dem Neffen des schon seit dem glücklichen Regimente des Papstes Sixtus Quintus gewählten Kardinals Montalto.

Felix war der Sohn Camilla Perettis, der Schwester des Kardinals, und hieß erst Franz Mignucci; er nahm den Namen Felix Peretti erst an, als er von seinem Onkel in aller Form adoptiert war.

Als Vittoria in das Haus Peretti einzog, brachte sie, ohne daß sie darum wußte, jene Vorzüge mit, die man verhängnisvoll nennen möchte und die allerorten mit ihr waren; so daß man sagen kann, man durfte sie nie zu Gesicht bekommen haben, um sie nicht anbeten zu müssen[1]. Die Liebe, die ihr Gatte zu ihr empfand, ging bis zur wahrhaftigen Vernarrung; ihre Schwiegermutter Camilla und Kardinal Montalto selbst schienen keine andere Beschäftigung auf der Welt zu haben, als die stillen Wünsche Vittorias zu erraten, um sie sogleich zu befriedigen. Ganz Rom bewunderte es, als der Kardinal, den man wegen seines geringen Vermögens ebensogut als wegen seiner Abneigung gegen jede Art Luxus kannte, jetzt so ohne Unterlaß sein Vergnügen daran fand, jedem stillen Wunsche Vittorias zuvorzukommen. Bei ihrer Jugendlichkeit, im Glanze ihrer Schönheit und

1 Man findet zu Mailand, wie ich mich erinnere, in der ambrosianischen Bibliothek Sonette voll von Anmut und Geist und andere Verse als Werke Vittoria Accorambonis. Es scheint, als ob sie ebensoviel Geist als Reiz und Schönheit hatte.

indem alle Welt sie anbetete, vermochte sie sich bisweilen über recht kostspielige Einfälle nicht hinwegzusetzen. Von ihrer neuen Verwandtschaft empfing Vittoria Geschenke von höchstem Werte, Perlen, ja schließlich alles, was außerdem bei den Goldschmieden von Rom als Seltenheit galt und zu jener Zeit äußerst fein gearbeitet wurde.

Aus Liebe zu solch liebenswürdiger Nichte behandelte Kardinal Montalto, sonst wegen seiner Strenge so bekannt, die Brüder Vittorias, als wären sie seine leibhaftigen Neffen gewesen. Octavio Accoramboni war kaum dreißig Jahre alt, als er auf Verwendung des Kardinals Montalto hin vom Herzog von Urbino schon zum Bischof von Fossambrone designiert und vom Papste Gregor XIII. dazu erwählt wurde; Marcello Accoramboni, ein junger Mann mit ungestümem Wesen, war schon mehrfach wegen Verbrechens angeklagt und eifrig von der Corte[1] verfolgt, aber mit knapper Not den Nachstellungen entgangen, die leicht zu seinem Tode führen konnten. Durch die Verwendung des Kardinals wurde er wieder rehabilitiert und konnte wieder zu einer gewissen Ruhe kommen.

Ein dritter Bruder von Vittoria, Julio Accoramboni, wurde vom Kardinal Alexandro Sforza zu den ersten Ehrenposten seines Hofes zugelassen, sowie Kardinal Montalto in dieser Richtung Wünsche geäußert hatte.

1 Das war eine bewaffnete Mannschaft, die damit betraut war, über die öffentliche Sicherheit zu wachen, sozusagen die Gendarmen und Polizeiagenten aus der Zeit um das Jahr 1580. Sie wurden von einem Hauptmann befehligt, der den Titel Bargello führte und persönlich für die Vollstreckung der Befehle des Monsignore Statthalters (Polizeipräfekten) verantwortlich war.

Mit einem Worte, wenn die Menschen ihr Glück messen würden – nicht an der Unersättlichkeit ihrer Wünsche, sondern am wirklichen Genusse all der Vorteile, die sie schon haben –, die Ehe von Vittoria mit dem Neffen des Kardinals Montalto hätte den Accoramboni als der Gipfel menschlicher Glückseligkeit vorkommen müssen. Aber die tollen Wünsche nach unermeßlichen und ungewissen Vorteilen treiben nur zu leicht die mit Glück überhäuften Menschen zu den seltsamsten und gefährlichsten Einfällen.

Wohl ist es wahr: wenn irgendeiner der Verwandten Vittorias, so wie ja in Rom von ihnen viele den stillen Wunsch hegten, im Verlangen nach mehr Vermögen nach Kräften dahin gewirkt hätte, sie von ihrem Gemahle loszubringen, so hätte man bald nachher erkennen müssen, wieviel klüger es war, sich mit den mäßigeren Vorteilen eines annehmlichen Vermögens zu bescheiden, indem man ja so bald in der Tat alles das haben sollte, was sich menschlicher Ehrgeiz ausdenken kann.

Indem nun Vittoria sozusagen als Königin in ihrem Hause schaltete, wurde eines Abends Felix Peretti, als er sich eben mit seiner Gemahlin zu Bett gelegt hatte, von einer Kammerfrau Vittorias, namens Katharina, die aus Bologna stammte, ein Brief zugesteckt. Der Brief war von einem Bruder Katharinas gebracht worden, von Domenico von Aquaviva, mit dem Beinamen Mancino (der Linke). Dieser Mensch war aus Rom wegen mehrerer Schandtaten verbannt; doch auf Bitten Katharinas hatte Felix ihm die einflußreiche Fürsprache seines Onkels, des Kardinals, verschafft, und Mancino kam nun oft in Felix' Haus, der ihm viel Vertrauen entgegenbrachte.

Der erwähnte Brief war mit dem Namen Marcello Accorambonis unterschrieben, desjenigen der Brüder Vittorias, der ihrem Gemahle von allen am liebsten war. Er lebte meistens ganz versteckt außerhalb Roms; indessen kam er manchmal in die Stadt und fand dann in Felix' Hause Unterkommen.

In dem zu so ungewöhnlicher Stunde zugesteckten Briefe rief Marcello seinen Schwager Felix Peretti um seinen Beistand an; er beschwor ihn, zu Hilfe zu kommen, und fügte hinzu, daß er ihn wegen einer sehr dringenden Angelegenheit in der Nähe des Palazzo Montecavallo erwarte.

Felix machte seiner Frau Mitteilung von dem sonderbaren Briefe, der ihm zugestellt wurde, dann kleidete er sich an und steckte keine Waffe weiter zu sich als sein Schwert. In Begleitung eines einzigen Dieners, der eine brennende Fackel trug, wollte er eben weggehen, als er seine Mutter Camilla ihm auf den Fersen folgen sah, samt allen Frauen des Hauses, unter denen sich auch Vittoria selbst befand; alle flehten ihn noch einmal inständig an, zu so vorgerückter Stunde nicht auszugehen. Und als er ihren Bitten nicht nachgab, fielen sie auf die Knie und beschworen ihn weinend, er möchte doch auf sie hören.

Die Frauen, und vornehmlich Camilla, waren alle voller Schrecken wegen der Berichte über die sonderbaren Dinge, die man täglich erlebte und die um die Zeit des Pontifikates Gregors XIII., das in der Tat eine Menge von Aufständen und unerhörten Anschlägen aufweist, ungestraft geschehen durften. Außerdem ängstigte sie ein Gedanke: Marcello Accoramboni hatte, wenn er zufällig nach Rom hereinkam, nicht die Gewohnheit, Felix rufen zu lassen, und solcher Schritt zu solcher Nachtzeit mußte ihm auch gegen den Anstand sein.

Aber in Felix loderte noch das Feuer seiner Jugend und gab ängstlichen Erwägungen nicht den geringsten Raum; als er dazu erfuhr, daß der Brief vom Mancino überbracht worden war, einem Menschen, den er sehr schätzte und dem er einmal geholfen hatte, konnte ihn nichts mehr zurückhalten, und er verließ sein Haus.

Ihm ging, wie gesagt, ein einziger Diener mit brennender Fackel voraus, doch der arme junge Mann hatte kaum einige Schritte vom Aufstiege zum Montecavallo hinter sich, da fiel er schon, von drei Flintenschüssen getroffen, zu Boden. Und als die Mörder ihn auf der Erde liegen sahen, warfen sie sich auf ihn und bedeckten ihn um die Wette mit Dolchstichen, bis er ihnen völlig tot schien. Im gleichen Augenblicke ward diese traurige Neuigkeit Felix' Mutter und Frau hinterbracht und durch diese gelangte sie zum Kardinal, seinem Onkel.

Der Kardinal verzog keine Miene und verriet nicht die geringste Erregung, sondern ließ sich sorgfältig die Kleider anlegen und empfahl sich dann selbst als auch jene arme Seele, die so ganz ahnungslos dahingerafft wurde, seinem Gotte. Dann machte er sich auf zu seiner Nichte und wußte auch hier wieder durch seine wunderbare Würde und durch sein den tiefsten Frieden zeigendes Wesen dem Klagen und Weinen der Frauen, wovon das ganze Haus widerzuhallen begann, etwas Einhalt zu tun. Sein Einfluß war bei den Frauen von solcher Nachhaltigkeit, daß man von dem Augenblicke an – selbst zu der Stunde, wo die Leiche aus dem Hause getragen wurde – bei ihnen nicht das geringste weder hörte noch sah, das irgendwie von dem abgewichen wäre, was für die bestens geordneten Familienverhältnisse bei einem aufs sorgfältigste vorbereiteten Todesfalle stattzuhaben pflegt. Was Kardinal Montalto betraf, so konnte niemand bei ihm das geringste Zeichen gewöhnlichen Schmerzes wahrnehmen; nichts war in der Ordnung und dem äußeren Scheine seines Lebens verändert. Rom, das ja bei seiner bekannten Neugier an einem so tief getroffenen Manne die geringsten Bewegungen zu beobachten pflegte, hatte sich davon bald überzeugt.

Durch Zufall kam es, daß gerade am Tage nach Felix' Ermordung das Konsistorium (der Kardinäle) im Vatikan zusammengerufen wurde. Es gab in der ganzen Stadt wohl niemanden, der nicht der Ansicht gewesen wäre, wenigstens an diesem ersten Tage würde sich Kardinal Montalto solcher öffentlicher Funktion entbinden. Und da gerade mußte er unter den Augen so vieler neugieriger Zeugen erscheinen! Man würde die geringsten Regungen solcher Schwäche wahrgenommen haben, die so natürlich ist, aber jedenfalls bei einer Person besser verborgen bleibt, die von einem hervorragenden Posten aus nach einem noch höheren trachtet; denn alle Welt muß zugeben, daß es nicht angeht, wenn der, der den Ehrgeiz hat, sich über alle andern zu erheben, sich als ebensolcher Mensch zeigt, wie die andern sind.

Doch wer so dachte, täuschte sich doppelt, denn erstens erschien Kardinal Montalto gewohnheitsgemäß unter den ersten im Saale des Konsistoriums und zum andern war es auch denen, die am klarsten sahen, unmöglich, bei ihm irgendein Anzeichen menschlicher Empfindsamkeit zu entdecken. Im Gegenteil, wenn er seinen Kollegen, die ihm gelegentlich eines so grausigen Vorfalles Worte des Trostes zu sagen suchten, erwiderte, wußte er jedermann in Staunen zu setzen. Solche Standhaftigkeit und so offenkundige Seelenruhe inmitten eines so schrecklichen Unglücks wurden in der Stadt sofort Gegenstand der Unterhaltung.

Es ist wohl wahr, daß in dem nämlichen Konsistorium einige Leute, die in höfischer Art besser zu Hause waren, solche offenkundige Unempfindlichkeit nicht einem Gefühlsmangel zuschrieben, sondern einer sehr großen Verstellungskunst, und diese Art der Auffassung wurde bald nachher bei der Menge der Höflinge geteilt, denn es war nur ersprießlich, wenn man sich bei einem Vorfalle, dessen Urheber sich ohne Zweifel in hoher Stellung befanden, und der später vielleicht den Weg zur nächsten Würde verlegen konnte, nicht gar zu tief getroffen zeigte.

Mochte die Ursache dieser offenbaren vollständigen Unempfindlichkeit nun sein, welche sie wollte, sie stand als Tatsache fest und versetzte ganz Rom und den Hof Gregors XIII. in ein gewisses Staunen. Doch als, um wieder zum Konsistorium zu kommen, alle Kardinäle beisammen waren und der Papst selbst in den Saal trat, wendete er sich sogleich zum Kardinal Montalto, und man konnte Seine Heiligkeit Tränen vergießen sehen; was den Kardinal betraf, so blieben seine Züge unbeweglich, wie immer.

Das Staunen verdoppelte sich, als im gleichen Konsistorium Kardinal Montalto sich aufmachte, vor dem Throne Seiner Heiligkeit niederzuknien und ihm über die Angelegenheiten vorzutragen, mit denen er betraut war, und der Papst, noch ehe er ihm erlaubt hatte, zu beginnen, sich nicht mehr zurückhalten konnte, in Schluchzen auszubrechen. Als dann Seine Heiligkeit wieder zu reden imstande war, suchte er den Kardinal zu trösten und sicherte ihm dabei zu, es solle solcher unsäglichen Tat sofort und in aller Strenge ihre Sühne werden. Der Kardinal dankte untertänigst Seiner Heiligkeit, bat aber, man möchte keine Nachforschungen über das Geschehene anordnen, und bekannte, daß er für seinen Teil gütigen Herzens dem Urheber verziehen habe, möge es sein, wer es wolle. Und unmittelbar nach dieser kurzen Bitte ging der Kardinal zu den einzelnen Angelegenheiten, mit denen er betraut war, über, als wenn ihm gar nichts Außerordentliches zugestoßen wäre.

Die Blicke aller im Konsistorium anwesenden Kardinäle waren auf den Papst und auf Montalto geheftet; und wenn es auch sicherlich schwer sein mag, das geübte Auge eines Höflings zu täuschen, so wagte doch keiner zu behaupten, daß die Mienen des Kardinals Montalto die geringste Erregung verraten hätten, als er Seine Heiligkeit so gerade vor sich in Schluchzen ausbrechen sah und als dieser wirklich ganz außer sich war. Und diese erstaunliche Unempfindlichkeit verleugnete sich beim Kardinal Montalto auch durchaus nicht während der ganzen Zeit, als er mit Seiner Heiligkeit zu arbeiten hatte. Das führte so weit, daß der Papst selbst auch davon sonderbar berührt wurde und nach Schluß des Konsistoriums nicht umhinkonnte, dem Kardinal von San Sisto, seinem neuen Günstling, zuzuflüstern: »Veramente, costui è un gran frate!« (Wahrlich, das ist ein stolzer Mönch!)[1]

1 Eine Anspielung auf das Heuchlertum, das die übel Gesinnten oft bei den Mönchen suchen zu müssen glauben. Sixtus Quintus war Bettelmönch gewesen, und in seinem Orden wurde ihm hart zugesetzt. Man sehe in seinem Leben nach, das von Gregorio Leti, einem unterhalten-

Das Benehmen des Kardinals Montalto blieb sich während der folgenden Tage völlig gleich. Wie es Sitte war, empfing er die Beileidsbesuche der Kardinäle, Prälaten und römischen Großen, und bei keinem ließ er sich zu irgendwelchen Worten des Schmerzes oder zu Klagen fortreißen, mochte er zu ihm in einem Verhältnisse stehen, in welchem er wollte. Mit jedem wechselte er nach einem kurzen Worte über den Unbestand menschlicher Dinge, das er mit Zitaten aus der Bibel oder den Kirchenvätern belegte, das Gespräch und kam dabei auf die Neuigkeiten der Stadt oder auf persönliche Angelegenheiten dessen, mit dem er sich gerade unterhielt, ganz so, als hätte er seinen Tröster trösten wollen.

Rom war vor allem darauf neugierig, was bei dem Besuche geschehen würde, den der Herzog von Bracciano, Fürst Paolo Giordano Orsini, ihm zu machen hatte, weil das Gerücht diesem den Mord an Felix Peretti zuschrieb. Die Leute meinten, der Kardinal könnte sich dem Fürsten nicht nähern und mit ihm nicht unter vier Augen reden, ohne irgendein Zeichen von Erregung merken zu lassen.

Zur Stunde, als der Fürst zum Kardinal kam, stand eine ungeheure Menschenmenge auf der Straße und am Eingange; eine große Zahl Höflinge drängte sich überall im Hause, so gespannt war man, die Mienen der beiden miteinander Redenden zu beobachten. Doch ebensowenig beim einen als beim andern vermochte jemand irgend etwas Besonde-

den Geschichtsschreiber, aufgezeichnet wurde, der nicht weniger lügt als ein andrer. Felix Peretti wurde 1580 ermordet, sein Onkel wurde 1585 zum Papste erwählt.

res herauszufinden. Kardinal Montalto bewegte sich durchaus in den Grenzen, die der höfische Anstand vorschrieb; er gab seinen Zügen ganz deutlich den bewußten Anflug von Heiterkeit, und die Art, wie er den Fürsten anredete, war die Freundlichkeit selbst.

Schon bald darauf stieg Fürst Paul wieder in seine Karosse, und als er sich hier mit den ihm ergebenen Hofleuten allein sah, konnte er unter Lachen mit den Worten nicht mehr zurückhalten: »In fatto, è vero che costui è un gran frate!« (Es ist in der Tat sehr wahr, dieser Mensch ist ein stolzer Mönch!), als ob er die Wahrheit der dem Papste einige Tage zuvor entschlüpften Bemerkung hätte bestätigen wollen.

Die Klugen meinten, die Haltung des Kardinals Montalto unter solchen Umständen müßte ihm den Weg zum heiligen Stuhle bahnen, denn sehr viele Leute urteilten über ihn in dem Sinne, als wolle er nicht irgendwem zu nahe treten, solange er noch allen Grund hatte, gereizt zu sein, mochte das nun seinem natürlichen Wesen oder seiner Selbstbeherrschung entspringen.

Felix Peretti hatte nichts Schriftliches für seine Frau hinterlassen; sie mußte demzufolge in das Haus ihrer Eltern zurück. Kardinal Montalto ließ ihr vor ihrer Rückkehr all die Gewänder, die Kostbarkeiten und überhaupt alle die Zuwendungen aushändigen, die sie er hielt, solange sie die Frau seines Neffen war.

Am dritten Tage nach dem Tode Felix Perettis machte sich Vittoria mit Hilfe ihrer Mutter daran, sich im Palaste des Fürsten Orsini einzurichten. Die einen sagten dazu, die Frauen würden zu diesem Schritte von der Sorge um ihre persönliche Sicherheit gedrängt, denn die Corte[1] fahndete offenbar nach ihnen, als seien sie als Mittäter an dem begangenen Morde angeschuldigt, oder als hätten sie wenigstens davon vor der Begehung gewußt; andere wieder meinten - und was später eintrat, schien diese Ansicht nur zu bestätigen -, sie seien zu dem Schritte gekommen, um die Ehe zustande zu bringen, da der Fürst Vittoria versprochen hatte, sie zu heiraten, sowie sie keinen Gemahl mehr habe.

Jedenfalls hat man weder damals noch späterhin klar den Urheber von Felix' Tode feststellen können, obwohl alle Welt jedermann in Verdacht hatte. Die meisten aber schoben den Mord dem Fürsten Orsini zu; man war sich allgemein darüber klar, daß er eine leidenschaftliche Neigung für Vittoria hatte, davon hatte er unzweideutige Beweise gegeben; und die Ehe, die nun folgte, stellte es außer Zweifel, denn die Frau stand gesellschaftlich so weit unter ihm, daß nur das Machtgebot leidenschaftlicher Liebe sie bis zur ehelichen Gleichstellung erheben konnte[2]. Und von dieser Auffassung waren die Leute auch nicht durch einen an den Statthalter von Rom gerichteten Brief abzubringen, dessen Inhalt man schon wenige Tage nach der Tat bekannt

1 Die Corte durfte es nicht wagen, in den Palast eines Fürsten einzudringen.

2 Die erste Frau des Fürsten Orsini, von der er einen Sohn namens Virginio hatte, war die Schwester Franz' I., des Großherzogs von Toskana, und des Kardinals Ferdinand de Medici. Er ließ sie im Einverständnis mit ihren Brüdern umbringen, da sie ein geheimes Liebesverhältnis hatte. So wollten es die Gesetze der Ehre, wie sie durch die Spanier nach Italien gebracht wurden. Die ungesetzlichen Liebesverhältnisse einer Frau beleidigten ihre Brüder sowie den Gemahl.

gab. Dieser Brief war von Cesare Palantieri unterzeichnet, einem jungen Menschen von ungestümem Wesen, der aus der Stadt verbannt lebte.

In dem Briefe erklärte Palantieri, es sei nicht nötig, daß Seine Hochherrliche Gnaden sich noch alle Mühe gäbe, den Urheber des Mordes an Felix Peretti ausfindig zu machen, nachdem er selbst diesen umgebracht habe infolge gewisser unter ihnen kürzlich vorgekommener Zwistigkeiten.

Nicht wenige waren der Ansicht, daß dieser Mord nicht ohne Zustimmung des Hauses Accoramboni geschehen sei; man beschuldigte deshalb die Brüder Vittorias, sie hätten sich durch ehrgeizige Erwägungen verleiten lassen, die der Gedanke an die Verbindung mit einem so einflußreichen und begüterten Fürsten mit sich bringen mußte. Vornehmlich beschuldigte man Marcello, und zwar auf Grund von Anzeichen, die der Brief ergab, mit dem der unglückliche Felix zum Verlassen seines Hauses veranlaßt wurde. Auch für Vittoria selbst hatte man üble Nachreden, als man sie bereit sah, so kurz nach dem Tode ihres Gemahls den Palazzo Orsini als künftige Herrin zu beziehen. Man meinte, es sei wenig einleuchtend, daß sich jemand im Hand umdrehen dazu verstehen werde, auf kurze Waffen loszugehen, wenn er sich nicht wenigstens einige Zeit in Waffen geübt hatte, die weiter reichen[1].

Die Nachforschungen nach dem Mörder wurden nach den Weisungen Gregors XIII. von Monsignore Portici, dem Statthalter von Rom, angestellt. Man erfährt daraus nur,

1 Anspielung auf den Brauch, sich auf Degen oder Dolch zu schlagen.

daß jener Dominico mit dem Beinamen Mancino von der Corte festgenommen wurde und ohne erst auf die Folter (tormentato) gespannt werden zu müssen, schon im zweiten Verhör am 24. Februar 1582 gestand: »Daß die Mutter Vittorias an allem schuld war und daß sie unterstützt wurde durch die Kammerfrau aus Bologna, die gleich nach der Mordtat Zuflucht in der Feste Bracciano nahm (wohin die Corte nicht dringen durfte, da sie dem Fürsten Orsini gehörte), und daß die Vollbringer der Tat Machione von Gubbio und Paolo Barca von Bracciano waren, beide lancie spezzate (Soldaten) eines Herren, dessen Namen man aus triftigen Gründen nicht hinzuschrieb.«

Diesen triftigen Gründen gesellten sich, wie ich glaube, die Bitten des Kardinals Montalto zu, der ja mit Beharrlichkeit verlangte, daß die Nachforschungen nicht weiter betrieben würden, und in der Tat fragte man darauf nicht mehr nach dem Prozesse. Mancino wurde frei gelassen mit dem precetto (der Weisung), unverzüglich bei Todesstrafe nach seinem Landaufenthalte zurückzukehren und sich von da nie ohne ausdrückliche Erlaubnis zu entfernen. Die Freilassung dieses Menschen geschah am Tage St. Ludwig des Jahres 1583, und weil dieser Tag auch der Geburtstag des Kardinals Montalto war, bestärkt dieser Umstand mich mehr und mehr in der Annahme, daß auf sein Betreiben hin diese Angelegenheit einen solchen Abschluß fand. Unter einem so schwachen Regimente wie das Gregors XIII. konnte ein derartiger Prozeß sehr unerquickliche und nie wiedergutzumachende Folgen haben.

Die Tätigkeit der Corte wurde also eingestellt, doch wollte Papst Gregor XIII. durchaus nicht einwilligen, daß Fürst

Paolo Orsini, Herzog von Bracciano, die Witwe Accoramboni heiratete. Seine Heiligkeit hatte der letzteren eine Art Gefangenschaft auferlegt und gab dem Fürsten samt der Witwe die Weisung, keinesfalls zusammen die Ehe zu schließen, ohne eine ausdrückliche Erlaubnis seinerseits oder seitens seiner Nachfolger.

Gregor XIII. starb (zu Beginn des Jahres 1585), und die Rechtsgelehrten, die vom Fürsten Paolo Orsini befragt wurden, gaben ihm den Bescheid, ihrer Meinung nach wäre jenes precetto durch den Tod des Herrschers, der es auferlegte, nichtig, und er entschloß sich, Vittoria noch vor der Wahl eines neuen Papstes zu heiraten. Doch die Ehe ließ sich nicht so schnell zustande bringen, als der Fürst es wünschte, einesteils, weil er die Einwilligung der Brüder Vittorias haben wollte, und es sich herausstellte, daß Octavio Accoramboni, der Bischof von Fossombrone, niemals die seinige zu geben gedachte, und andernteils, weil man nicht daran glauben konnte, daß die Wahl des Nachfolgers Gregors XIII. so rasch vor sich gehen würde. Tatsache ist, daß die Ehe erst am gleichen Tage zustande kam, als Kardinal Montalto zum Papst erwählt wurde, der an dieser Angelegenheit so viel Anteil hatte, also am 24. April 1585, sei es nun, daß dieses sich zufällig so traf, sei es, daß der Fürst ganz froh war, zeigen zu können, daß er auch unter dem neuen Papste die Corte nicht mehr fürchtete, als er es unter Gregor XIII. getan hatte.

Die Ehe beleidigte Sixtus Quintus (so lautete der Name, den sich Kardinal Montalto jetzt gewählt hatte) tief in der Seele; er hatte sich schon losgemacht von der Denkweise, wie sie einem Mönche zukommt, und seine Seele zu der

Höhe des Ranges erhoben, zu dem ihn Gott eben erhoben hatte.

Der Papst verriet aber dennoch kein Zeichen des Unwillens; allein Fürst Orsini, der am gleichen Tage mit der ganzen Menge der römischen Signori zum Fußkusse bei ihm war und von heimlichem Verlangen getragen wurde, in den Zügen des Heiligen Vaters zu lesen, was er von dem bisher so wenig bekannten Manne zu erwarten oder zu fürchten hatte, machte die Bemerkung, daß die Zeit nicht mehr zum Scherzen angetan sei. Als der neue Papst den Fürsten in ganz auffallender Weise gemustert hatte und keinen Ton auf die Ehrung sagte, die er ihm erwies, faßte er den Entschluß, auf der Stelle zu ergründen, was Seine Heiligkeit bezüglich seiner Person vorhatte.

Durch Vermittelung Ferdinands, des Kardinals de Medici (eines Bruders seiner ersten Frau) und des katholischen Gesandten von Spanien suchte er beim Papste um eine Kammeraudienz nach und erlangte sie: hier richtete er nun an Seine Heiligkeit eine wohleinstudierte Ansprache und freute sich, ohne des Vergangenen Erwähnung zu tun, mit ihm aus Anlaß seiner neuen Würde und bot ihm als unerschütterlicher Anhänger und Diener seine ganze Habe und alle seine Macht an.

Der Papst[1] hörte ihn mit ungewöhnlichem Ernst an, dann antwortete er, niemand könnte mehr als er wünschen, daß das Leben und Treiben des Paolo Orsini künftig des

1 Sixtus Quintus wurde Papst im Jahre 1585 mit achtundsechzig Jahren und regierte fünf Jahre und vier Monate; er hat verblüffende Züge mit Napoleon gemein.

Blutes der Orsini und eines wahrhaft christlichen Ritters würdig sei; bezüglich dessen, was vor dem gegen den Heiligen Stuhl und die Person des Papstes bestanden hätte, vermöchte er ihm nichts Besseres zu sagen als sein eigenes Gewissen; doch könne er, der Fürst, dessen versichert sein und möchte sich's merken, daß er, so gern er ihm alles vergebe, was er gegen Felix Peretti und gegen Felix, den Kardinal Montalto, zu unternehmen vermochte, niemals ihm das verzeihen würde, was er in Zukunft gegen den Papst Sixtus unternehmen möchte: infolgedessen verlange er von ihm, sofort aus seinem Hause und seinem Lande alle Banditen (Verbannten) und die Übeltäter zu vertreiben, denen er bis zur Stunde Zuflucht gewährt habe.

Sixtus Quintus hatte eine besondere Stärke darin, seine Rede auf jeden beliebigen Ton stimmen zu können; doch sobald er gereizt und bedrohlich wurde, sandten seine Augen sozusagen Blitze aus. Und das eine ist sicher: Fürst Paolo Orsini, der stets gewöhnt war, von den Päpsten gefürchtet zu werden, wurde durch einen Ton in der Unterhaltung des Papstes, wie er ihn annähernd ähnlich während eines Zeitraumes von dreizehn Jahren nicht gehört hatte, veranlaßt, so ernstlich über seine Angelegenheiten zu Rate zu gehen, daß er vom Palaste Seiner Heiligkeit aus ohne Umwege zum Kardinal de Medicis eilte und ihm erzählte, was eben vor sich gegangen war. Dann faßte er auf Anraten des Kardinals den Entschluß, ohne jeden Verzug alle die von der Justiz verfolgten Personen auszuweisen, denen er in seinem Hause und in seinem Machtbereiche Zuflucht gewährte, und war darauf bedacht, aufs schnellste einen anständigen Vorwand zu finden, unter dem er gleich nachher das Land verlassen konnte, das unter der Gewalt eines so entschlossenen Pontifex stand.

Man muß bedenken, daß Fürst Paolo Orsini außerordentlich beleibt geworden war; seine Beine waren dicker als der Leib eines gewöhnlichen Menschen, und eines dieser ungeheuren Beine war von dem Leiden befallen, das man lupa (Lupus) nennt, weil man es immer überreichlich mit rohem Fleische behandeln muß, das man auf die behaftete Stelle legt; sonst würde die um sich fressende Flechte, wo sie kein totes Fleisch zum Zehren fände, auf das umliegende lebende Fleisch übergreifen.

Dieses Übel nahm der Fürst als Vorwand, um die berühmten Bäder von Albano nahe bei Padua, in einem Landstriche aus dem Bereiche der Republik Venedig, aufzusuchen; er reiste mit seiner neuen Gattin um die Mitte des Juni ab. Albano war für ihn ein ganz sicherer Hafen; denn seit einer langen Reihe von Jahren war das Haus Orsini mit der Republik Venedig durch gegenseitige Hilfsdienste verbunden.

Im Lande der Sicherheit angekommen, dachte der Fürst lediglich daran, die Annehmlichkeiten eines häufigen Aufenthaltswechsels zu genießen; und in diesem Sinne mietete er drei prächtige Paläste: einen in Venedig, nämlich den Palazzo Dandolo in der Via de la Zacco; einen zweiten in Padua, nämlich den Palazzo Foscarini auf der prächtigen Piazza, die man die Arena nennt; den dritten wählte er in Salò, am Ufer des reizenden Gardasees: er hatte einst der Familie Sforza Pallavicini gehört.

Die Signori von Venedig (so heißt die Regierung der Republik) erfuhren es mit Freude, daß ein so angesehener

Fürst in ihrem Bereiche eintraf, und boten ihm sogleich eine äußerst vornehme Condotta an (das bedeutet eine ansehnliche, jährlich zu zahlende Summe, die dazu dienen sollte, dem Fürsten eine Mannschaft von zwei- bis dreitausend Leuten zu freier Verfügung aufzubringen). Der Fürst wies das Anerbieten kurzerhand ab; er ließ den Senatoren antworten, er fühle sich durch natürliche und von seiner Familie überkommene Neigungen von Herzen gern zu Diensten für die hochherrliche Republik gedrungen, doch scheine es ihm, da er jetzt dem katholischen Könige verpflichtet sei, nicht angängig, sich anderweitig zu binden. Solch entschiedene Erklärung machte die Stimmung der Senatoren etwas lauer. Da sie erst daran gedacht hatten, ihm bei seiner Ankunft in Venedig im Namen der ganzen Republik einen hochehrenvollen Empfang zu bereiten, beschlossen sie jetzt auf seine Antwort hin, ihn wie einen gewöhnlichen Privatmann ankommen zu lassen.

Fürst Orsini war über alles das unterrichtet und faßte den Entschluß, gar nicht nach Venedig selbst zu gehen. Er war schon in der Nähe von Padua und machte nun einen Umweg um das wunderbare Stück Erde und begab sich mit seinem ganzen Gefolge in das für ihn zu Salò an den Ufern des Gardasees hergerichtete Haus. Hier verbrachte er den ganzen Sommer im herrlichsten und wechselreichsten Zeitvertreib.

Die Tage des Aufenthaltswechsels waren gekommen, der Fürst machte einige kleine Reisen, auf die hin es ihm zur Gewißheit wurde, daß er die Strapazen nicht mehr wie früher auf sich nehmen konnte; er fürchtete für seine Gesundheit; schließlich dachte er aber daran, einige Tage in Venedig zu verbringen, wurde indessen davon durch seine Frau Vittoria abgebracht, die ihn veranlaßte, seinen Aufenthalt in Salò zu verlängern.

Es gab Leute, die waren der Meinung, Vittoria Accoramboni wäre sich der Gefahren bewußt gewesen, denen das Leben ihres Gemahls, des Fürsten, ausgesetzt war, und sie hätte ihn nur mit der Absicht in Salò zu bleiben veranlaßt, um ihn später aus Italien fortzubringen, zum Beispiel in irgendeine freie Stadt der Schweiz. Auf diesem Wege hätte sie für den Todesfall des Fürsten neben ihrer eigenen Person auch ihr Privatvermögen in Sicherheit gebracht.

Mochten solche Vermutungen begründet sein oder nicht, Tatsache ist, daß nichts Derartiges geschah, denn der Fürst wurde abermals von einer Unpäßlichkeit in Salò befallen, nämlich am 10. November, und hatte dabei gleich von vornherein die Ahnung von dem, was kommen sollte.

Er machte sich Sorgen um seine bedauernswerte Frau; er sah sie schon, wo sie noch in der schönsten Blüte ihrer jungen Jahre stand, so allein dastehen und arm an Ansehen und Glücksgütern, gehaßt von allen regierenden Häuptern Italiens, bei den Orsini wenig beliebt, und ohne Aussicht auf eine andre Ehe nach seinem Tode. Als großmütiger Herr von aufrichtiger Treue machte er aus eigenem Antriebe ein Testament, nach dem er das Vermögen der Armen sicherstellen wollte. Er hinterließ ihr an Geld oder Kostbarkeiten die ansehnliche Summe von hunderttausend Piastern[1], dazu die Pferde, Wagen und Ausstattungen, deren er sich auf dieser Reise bediente. Alles übrige von seinem

1 Gegenwärtig (1837) etwa 2 000 000 Franken wert.

Vermögen ward von ihm Virginio Orsini hinterlassen, seinem einzigen Sohne, den er von seiner ersten Frau hatte, jener Schwester Franz' I., des Großherzogs von Toskana (dieselbe, die er wegen Untreue im Einvernehmen mit ihren eigenen Brüdern umbrachte).

Aber wie ganz unzuverlässig sind doch die Vorsehungen des Menschen! Die Anordnungen, zu denen sich Paolo Orsini verbunden fühlte, um der noch jungen bedauernswerten Frau ein völlig ruhiges Leben zu sichern, wurden ihr zum Verderben und führten ihren Untergang herbei.

Als der Fürst sein Testament unterzeichnet hatte, ging es ihm ein wenig besser, das war am 12. November. Schon am Morgen des dreizehnten aber mußte man ihn zu Ader lassen, und die Ärzte hatten nur noch Hoffnung für den Fall einer strengen Diät und ließen ganz bestimmt die Anweisung ergehen, daß er keine Nahrung zu sich nähme.

Doch sie waren kaum aus dem Zimmer, da forderte der Fürst schon, man solle ihm zum Speisen auftragen; niemand wagte dem zu widersprechen, er aß und trank wie gewöhnlich. Kaum aber hatte er die Mahlzeit hinter sich, da verlor er das Bewußtsein, und zwei Stunden vor Sonnenuntergang war er tot.

Auf den so unerwarteten Tod hin begab sich Vittoria Accoramboni in Begleitung ihres Bruders Marcello und des ganzen Hofes des verstorbenen Fürsten nach Padua in den Palazzo Foscarini an der Arena, den ja Fürst Orsini gemietet hatte.

Kurz nach ihrer Übersiedelung wurde sie von ihrem Bruder Flaminio aufgesucht, der beim Kardinal Farnese in hoher Gunst stand. Sie hatte damals gerade notwendig damit zu tun, das Vermächtnis herauszubekommen, das ihr von ihrem Gemahl gemacht worden war; dieses Vermächtnis belief sich auf sechzigtausend Piaster in bar, die ihr im Zeitraum von zwei Jahren gezahlt werden sollten, und zwar unabhängig von ihrer Mitgift und der Gegengabe und allen Juwelen und der Ausstattung, soweit das alles in ihren Händen war. Fürst Orsini hatte in seinem Testament verfügt, man solle ihr in Rom oder in einer von der Fürstin selbst zu wählenden andern solchen Stadt einen Palast im Werte von zehntausend Piastern bauen, dazu eine Vigne (Landhaus) für sechstausend; er hatte außerdem vorgeschrieben, es solle für ihren Tisch und überhaupt für ihre Bequemlichkeit gesorgt werden, wie sich's für eine Frau ihres Standes gehöre. Die Dienerschaft sollte aus vierzig Leuten mit einer entsprechenden Anzahl Pferden bestehen.

Signora Vittoria setzte große Hoffnungen in die Gewogenheit der Fürsten von Ferrara, Florenz und Urbino und in die der Kardinäle Farnese und Medici, die vom seligen Fürsten ihr zu Testamentsvollstreckern beigegeben waren. Es ist zu bemerken, daß das Testament nach Padua gesandt worden war und der Einsicht der hochberühmten Parrizoli und Menochio unterlegen hatte, der ersten Professoren dieser Universität, die auch noch heute als gefeierte Rechtsgelehrte gelten.

Fürst Ludovico Orsini kam nach Padua, um sich dessen zu entledigen, was er in bezug auf den seligen Herzog und auf seine Witwe tun mußte, und sich dann zur Verwaltung der Insel Korfu aufzumachen, wofür er durch die hochherrliche Republik ausersehen war.

Vorher entstanden erst noch Schwierigkeiten zwischen

Signora Vittoria und Fürst Ludovico wegen der Pferde des seligen Herzogs, die der Fürst dem gewöhnlichen Sprachgebrauche nach als eigentlich nicht zu den Gebrauchsgegenständen zu rechnende Dinge erklärte; doch die Herzogin wies nach, daß sie wie eigentliche Gebrauchsstücke anzusehen seien, und man einigte sich dahin, daß sie bis zu einer höheren Entscheidung von ihr in Gebrauch behalten werden sollten; sie stellte als Bürgen den Signore Saordi von Bergamo, Condottiere der Signori von Venedig, einen sehr reichen und zu den Angesehensten seiner Heimatstadt gehörenden Edelmann.

Dazu kamen dann noch andre Schwierigkeiten wegen einer ganzen Menge silbernen Tafelgeschirrs, das der selige Herzog dem Fürsten Ludovico als Zahlung für eine von diesem geliehene Summe hinterlassen hatte. Doch alles wurde durch Rechtsspruch entschieden, denn der Hochherrliche (Herzog) von Ferrara tat alles, um die letzten Verfügungen des seligen Fürsten Orsini bis aufs geringste durchzuführen.

Diese zweite Angelegenheit wurde am 23. Dezember, der auf einen Sonntag fiel, entschieden.

Die folgende Nacht drangen vierzig Männer in das Haus der Accoramboni ein. Sie waren in leinene Gewänder von ungewöhnlichem Zuschnitte gekleidet und so eingehüllt, daß man sie nicht erkennen konnte, außer an ihren Reden; und wenn sie sich gegenseitig riefen, bedienten sie sich eines bestimmten Jargons.

Sie suchten erst nach der Person der Herzogin, und als sie diese gefunden hatten, sagte einer zu ihr: »Jetzt mußt du sterben.«

Und ohne ihr noch eine Minute Zeit zu gewähren, durchbohrte er sie, während sie noch bat, sich ihrem Gotte befehlen zu dürfen, mit einem Dolche gerade unter der linken Brust, drehte den Dolch nach allen Richtungen und mahnte in seiner Roheit die Arme mehrmals, es ihm zu sagen, wenn er ans Herz komme; endlich gab sie den letzten Seufzer von sich. Währenddessen suchten die andern nach den Brüdern der Herzogin, von denen Marcello sich das Leben rettete, weil man ihn im Hause nicht finden konnte. Die übrigen wurden von hunderten Dolchstichen durchbohrt. Die Mörder ließen die Leichen am Boden liegen, und das ganze Haus war voll Weinen und Klagen; als sie sich der Lade bemächtigt hatten, die die Kleinodien und das Geld enthielt, machten sie sich davon.

Die Kunde von dieser neuen Mordtat drang schnell zu den Behörden von Padua; sie ließen die Leichen aufheben und erbaten von Venedig weitere Anweisungen.

Während des ganzen Montags strömte eine Unmenge Menschen vor genanntem Palaste und in der Kirche der Eremiten, wo man die Leichen sehen wollte, zusammen. Die Neugierigen waren von Mitleid überwältigt, besonders als sie die Herzogin in aller ihrer Schönheit zu sehen bekamen: man beklagte ihr Mißgeschick »et dentibus fremebant« (und knirschte mit den Zähnen) aus Unwillen über die Mörder; doch man wußte noch nicht, wer sie waren.

Die Corte hatte auf sichere Anzeichen hin den Verdacht geschöpft, die Tat sei auf Anweisung des Fürsten Ludovico hin verübt, oder wenigstens mit seinem Wissen, und man ließ ihn laden; er wollte darauf beim hochansehnlichen Hauptmann der Corte (im Gerichtsgebäude) mit einem Gefolge von vierzig Bewaffneten erscheinen, man versperrte ihm aber den Eingang und erklärte ihm, er dürfe höchstens mit drei oder vier Leuten eintreten. Doch im Augenblick, als diese eben durchgelassen wurden, stürzten die übrigen ihnen nach, drängten die Torwachen beiseite, und so kamen alle hinein.

Fürst Ludovico stand nun vor dem hochansehnlichen Hauptmann und beschwerte sich über ein derartiges Verhalten, indem er betonte, er habe keine Behandlung erfahren, wie sie einem souveränen Fürsten zukomme. Der hochansehnliche Hauptmann fragte, ob er irgend etwas auf die Ermordung der Signora Vittoria und die Ereignisse vergangener Nacht Bezügliche wüßte, und erklärte, er habe Anweisung gegeben, der Justizbehörde sofort Anzeige zu machen. Man wollte seine Antwort schriftlich festlegen; er erwiderte darauf, daß Leute seines Ranges an solche Formalitäten nicht gebunden wären und daß sie in dieser Art offenbar nicht verhört werden dürften.

Fürst Ludovico ersuchte dann um die Erlaubnis, einen Eilboten mit einem Schreiben nach Florenz zum Fürsten Virginio Orsini abzuschicken, dem er von dem Verfahren und den vorgefallenen Schandtaten Mitteilung machen wolle. Er zeigte an Stelle des wirklichen einen falschen Brief vor, und erreichte, was er wünschte.

Aber der abgehende Bote wurde vor der Stadt draußen angehalten und sorgsam untersucht; man fand den Brief bei ihm, den Fürst Ludovico vorgelegt hatte und dazu einen geheimgehaltenen zweiten Brief in den Schuhen des Eilboten; der hatte folgenden Inhalt:

»An Signore Virginio Orsini

Hochansehnlicher Signore!

Wir haben ausgeführt, was unter uns verabredet war, und auf eine Art, bei der wir den hochansehnlichen Tondini (offenbar der Name des Vorstehers der Corte, der den Fürsten vernahm) zum Narren hatten, und zwar so sehr, daß man mich jetzt für den liebenswürdigsten Menschen der Welt hält. Ich habe persönlich die Sache erledigt, versäumt also nicht, sogleich die Leute zu schicken, von denen Ihr wißt.«

Dieser Brief verblüffte die Behörden, sie beeilten sich, ihn nach Venedig zu schicken; und auf ihre Anweisungen wurden jetzt die Stadttore geschlossen, die Mauern Tag und Nacht mit Soldaten besetzt gehalten. Man gab einen Erlaß bekannt, der dem die schwersten Strafen androhte, der die Mörder kannte, ohne sie der Justizbehörde anzuzeigen. Von übrigen Meuchelmördern sollten die, die einen von den Ihrigen angeben würden, ferner nicht mehr belästigt werden, ja man wollte ihnen eine Summe Gold auszahlen. Und schon um sieben Uhr nachts – es war am Tage vor Weihnachten (am 24. Dezember um Mitternacht) – traf aus Venedig Aloisio Bragadine ein, mit weitgehenden Vollmachten durch den Senat ausgestattet, und ordnete an, den Fürsten Ludovico und alle die Seinigen lebend oder als Leichen aufbringen zu lassen, möchte es kosten, was es wolle.

Der ebengenannte Advokat Signore Bragadine, die obersten Signori und Bürgermeister kamen auf der Festung zusammen.

Man gebot unter Androhung des Galgens (della forca),

das gesamte Militär, Fußtruppen und Reiterei, habe, gut bewaffnet, das Haus des Fürsten Ludovico, das nahe bei der Festung lag und an die Kirche San Agostino auf der Arena stieß, zu umzingeln.

Als es Tag geworden war (es war der Weihnachtstag), wurde in der Stadt ein Edikt angeschlagen, das alle Söhne von San Marco aufforderte, in Waffen nach dem Hause Signore Ludovicos zu eilen; wer keine Waffen habe, würde auf die Festung gefordert, wo man ihnen so viel geben könnte, als sie begehrten; das gleiche Edikt sicherte eine Belohnung von zweitausend Dukaten dem zu, der den Signore Ludovico lebend oder als Leiche bei der Corte einlieferte, und fünfhundert Dukaten für jeden von seinen Leuten. Außerdem war der Befehl ergangen, niemand solle sich ohne Waffen dem Hause des Fürsten nähern, damit man nicht denen im Wege sei, die sich schlagen wollten, wenn er einen Ausfall versuchen möchte.

Zu gleicher Zeit ließ man auf den alten Mauern gegenüber dem Hause, das der Fürst besetzt hielt, Festungsgeschütze, Mörser und schwere Artillerie auffahren; solche brachte man auch auf die neuen Mauern, von wo aus man die Hinterseite des Hauses übersehen konnte. Auf dieser Seite hatte man auch die Reiterei aufgestellt, und zwar so, daß sie sich völlig frei bewegen konnte, wo man ihrer bedurfte. An den Ufern des Brentaflusses hatte man Bänke, Schränke, Wagen und andere Gerätschaften, die geeignet waren, als Brustwehr zu dienen, allenthalben verteilt. Man dachte damit den Unternehmungen der Belagerten begegnen zu können, wenn es ihnen einfallen sollte, in geschlossener Ordnung gegen das Volk zu marschieren. Und die Brustwehren sollten außerdem auch die Artillerie und die Soldaten gegen den Kugelregen der Eingeschlossenen decken.

Schließlich legte man noch Fahrzeuge auf den Fluß, den der Fürst vor sich und zu beiden Seiten hatte; sie waren durch Leute mit Musketen und andern Waffen bemannt, die geeignet waren, den Feind für den Fall, daß er einen Ausfall wagte, zu beunruhigen: zu gleicher Zeit baute man auch in allen Straßen Barrikaden.

Während dieser Vorbereitungen kam ein Schreiben an, das in sehr versöhnlichem Tone gehalten war und in dem der Fürst sich beschwerte, für schuldig gehalten zu werden und sich als Feind, ja sogar als Rebellen behandelt zu sehen, ohne daß man ihn nur über die Sache gehört hätte. Das Schreiben hatte Liveroto abgefaßt.

Am 27. Dezember wurden drei Edelleute aus den Vornehmsten der Stadt von den Behörden zu Signore Ludovico gesandt, der bei sich im Hause vierzig Leute, und zwar lauter alte, unter Gefahren gereifte Soldaten hatte. Man fand sie dabei, wie sie sich mit Brustwehren verschanzten, die sie aus Balken und feuchten Matratzen hergestellt hatten, und ihre Gewehre herrichteten.

Die drei Edelleute erklärten dem Fürsten, die Behörden seien entschlossen, ihn in ihre Gewalt zu bringen; sie ließen ihn auffordern, sich zu ergeben, und man fügte dem hinzu, bevor man dazu gekommen sei, Taten reden zu lassen, könne er auf solchen Schritt hin bei ihnen auf einige Milde rechnen. Worauf Signore Ludovico antwortete, in erster Linie müßten die um sein Haus herum verteilten Truppenabteilungen eingezogen sein, dann wollte er sich in Begleitung von zwei bis drei der Seinigen zu den Behörden begeben, um über die Angelegenheiten zu verhandeln, allerdings unter der ausdrücklichen Voraussetzung, daß es ihm immer freistehe, in sein Haus zurückzukehren.

Die Abgesandten nahmen diese von ihm eigenhändig niedergeschriebenen Vorschläge entgegen und kehrten zu den Behörden zurück, die solche Bedingungen ausschlugen, vornehmlich nach dem Rate des hochherrlichen Pio Enea und anderer anwesender Vornehmer. Die Abordnung kam nun zum Fürsten zurück und eröffnete ihm, man würde jetzt sein Haus durch Artillerie vom Erdboden wegfegen lassen, wenn er sich nicht ohne Umstände einfach ergäbe; worauf er antwortete, er zöge den Tod solchem Akte der Unterwerfung vor.

Da gaben die Behörden das Zeichen zum Angriff, und obwohl man nun das Haus durch eine einzige Salve fast gänzlich hätte zertrümmern können, zog man es vor, erst mit gewissen Drohversuchen zu beginnen, um zu sehen, ob die Belagerten nicht doch noch willens würden, sich zu ergeben.

Dieser Weg hatte Erfolg, und man sparte dabei San Marco viel Geld, das die Wiederherstellung der zerstörten Teile des beschossenen Palastes gekostet hätte; und doch wurde er nicht allgemein gutgeheißen. Wenn die Leute Signore Ludovicos ohne Schwanken das Ihre getan und aus dem Hause heraus einen Vorstoß gemacht hätten, die Entscheidung wäre sehr ungewiß gewesen. Denn das waren alte Soldaten; ihnen fehlte es nicht an Munition, nicht an Waffen, nicht an Mut, sie hatten überhaupt das größte Interesse an einem Siege; galt es vielleicht nicht mehr für sie, wenn sie die Sache aufs Schlimmste setzten, an einer Flintenkugel zu sterben als durch die Hand des Henkers? Außerdem, mit wem hatten sie's zu tun? Mit jämmerlichen, in den Waffen wenig geübten Belagerern. Und in solchem Falle würden die Signori ihre Milde und ihr natürliches Wohlwollen wohl zu bereuen gehabt haben.

Man begann also den Säulenvorbau zu beschießen, der vor dem Hause war; dann zerstörte man, indem man immer etwas höher zielte, die Mauer der Vorderseite, die dahinter steht. Währenddessen schossen die Leute von innen heraus mit starkem Gewehrfeuer, doch ohne jeden andern Erfolg, als einen Mann aus dem Volke an der Schulter zu verwunden.

Signore Ludovico schrie aus allen Leibeskräften: »Kampf! Kampf! Krieg! Krieg!« Er war sehr beschäftigt, Kugeln aus dem Zinn von Schüsseln und aus dem Blei von Fensterkreuzen zu gießen. Er drohte mit einem Ausfalle, doch die Belagerer griffen zu neuen Maßregeln und man ließ Artillerie stärksten Kalibers vorrücken.

Beim ersten Schusse, den sie abgab, stürzte ein großes Stück vom Hause zusammen, und ein gewisser Pandolfo Leupratti von Camerino wurde von den Trümmern erschlagen. Es war ein Mann mit großem Wagemute und ein Bandit von großer Bedeutung. Er war aus dem Staate der heiligen Kirche verbannt, und auf seinen Kopf war durch den hochherrlichen Signore Vitelli ein Preis von vierhundert Piaster ausgesetzt aus Anlaß der Ermordung von Vincenzo Vitelli, der in seinem Wagen überfallen und durch Flintenkugeln und Dolchstiche ermordet wurde, die ihm Fürst Ludovico Orsini durch die Hand des oben genannten

Pandolfo und seiner Kumpane beibrachte. Ganz betäubt von seinem Sturze konnte sich Pandolfo nicht rühren; ein Diener der Signori namens Caidi Lista ging, noch eine Pistole in der Hand, auf ihn zu, und tollkühn schnitt er ihm den Kopf ab, den er schleunigst nach der Festung brachte und den Behörden ablieferte.

Kurz darauf brachte ein andrer Treffer der Artillerie ein Stück des Hauses zu Falle und zugleich den Grafen von Montemellino aus Perusa, der in den Trümmern umkam, da er vom Geschoß ganz zerschmettert war.

Dann sah man aus dem Hause eine Person treten, die man mit Hauptmann Lorenzo anzureden pflegte und die zu den Vornehmen von Camerino zählte, ein steinreicher Mensch, der schon bei mehreren Gelegenheiten Beweise seines Heldenmuts gegeben hatte und vom Fürsten sehr geschätzt wurde. Er war entschlossen, keinesfalls ohne Vergeltung zu sterben; er richtete eben sein Gewehr; doch als er den Hahn abdrücken wollte, geschah es wohl mit dem Willen Gottes, daß sein Pulver nicht Feuer fing, und im selben Augenblicke hatte er eine Kugel durch den Leib. Der Schuß war von einem armen Teufel gezielt, einem Repetitor der Schüler von San Michele. Und als der sich ihm nun nähern wollte, um ihm den Kopf abzuschneiden und die ausgesetzte Belohnung zu verdienen, kamen ihm andre zuvor, die viel flinker und stärker waren als er, und diese nahmen dem Hauptmann die Börse, das Degengehenk, die Flinte, das Geld und die Ringe und schnitten ihm den Kopf ab.

Als der tot war, in den Fürst Ludovico höchstes Vertrauen setzte, war er sehr bestürzt, und man konnte bemerken, wie er nun keine Hand mehr rührte.

Signore Filensi, sein Hausmeister und Privatsekretär, gab jetzt von einem Balkon aus mit einem weißen Taschentuche das Zeichen, daß er sich ergeben wolle. Er kam heraus und wurde, angeblich nach Kriegsbrauche, von Anselmo Suardo, einem Leutnant der Signori (Stadtbehörden) unter dem Arme nach der Zitadelle geführt. Sogleich wurde er verhört und gab an, er habe an den Geschehnissen keine Schuld, da er erst am Tage vor Weihnachten von Venedig gekommen sei, wo er mehrere Tage in Sachen des Fürsten aufgehalten worden sei.

Man fragte ihn, wieviel Leute der Fürst bei sich habe; er antwortete: »Zwanzig bis dreißig Mann.«

Man forderte von ihm ihre Namen, er antwortete, daß acht oder zehn einen Rang hätten und vier am Tische des Fürsten speisten, und daß er diese dem Namen nach kenne, doch mit den andern nicht besonders bekannt sei, denn das wären Leute mit unstetem Leben und erst seit kurzem beim Fürsten.

Er nannte dann dreizehn Personen, darunter den Bruder Liverotos.

Kurz darauf begann die Artillerie zu spielen, die auf den Stadtmauern stand. Die Soldaten setzten sich in den Gebäuden fest, die an das des Fürsten stießen, um dessen Leuten die Flucht unmöglich zu machen. Der Fürst, der übrigens den gleichen Gefahren getrotzt hatte, wie die beiden, von deren Tod berichtet wurde, forderte jetzt seine Umgebung auf, auszuhalten, bis sie ein Schreiben in seiner Hand mitsamt einem bestimmten Zeichen gesehen hätten; wonach er sich jenem Anselmo Suardo auslieferte, der schon oben genannt wurde. Und weil man gegen die gegebene

Vorschrift und wegen des großen Menschengemenges und der in den Straßen errichteten Barrikaden nicht im Wagen fahren konnte, mußte er sich entschließen, zu gehen.

Er ging, umgeben von Leuten des Marcello Accoramboni; zu seinen Seiten hatte er Signori, Condottieri, Leutnant Suardo und andre Obere und Edelleute der Stadt, alle aufs beste bewaffnet. So kam ein ansehnlicher Trupp bewaffneter Männer und Stadtsoldaten daher. Fürst Ludovico ging in Braun gekleidet, seinen Degen an der Seite und den Mantel unter dem Arm mit höchster Eleganz aufgenommen; er meinte mit geringschätzigem Lächeln: »Wenn ich nur gekämpft hätte!« Er wollte damit andeuten, daß er durchgekommen wäre. Vor die Signori geführt, begrüßte er sie zuvorkommend und sagte: »Meine Herren, ich bin Gefangener dieses Edelmannes«, er zeigte dabei auf Anselmo, »und ich bin höchst betrübt über das Geschehene, zumal ich nicht schuld daran bin.«

Als der Kapitän befahl, ihm den Degen zu nehmen, den er an der Seite trug, stützte er sich auf eine Brüstung und begann sich die Nägel mit einer dort liegenden kleinen Schere zu beschneiden.

Man fragte ihn, welche Personen er in seinem Hause hätte; er nannte unter andern den Hauptmann Liveroto und den Grafen Montemelino, von dem oben eben die Rede war, und fügte hinzu, er gäbe zehntausend Piaster darum, wenn er den einen von diesen wieder kaufen könnte und für den andern gäbe er sogar sein Blut. Er stellte das Ersuchen, an einem Orte gehalten zu werden, wie er einem Manne von solcher Stellung zukomme. Als man sich darüber in diesem Sinne geeinigt hatte, schrieb er eigenhändig an seine Leute, gab ihnen die Weisung, sich zu ergeben, und fügte zur Beglaubigung seinen Ring bei. Zu Signore Anselmo meinte er dann, ihm schenke er sein Schwert und seine Flinte, und bat ihn, er möchte sich dieser Waffen, wenn er sie in seinem Hause hätte finden können, ihm zu Gefallen bedienen, denn es seien Waffen eines Edelmannes und nicht eines gewöhnlichen Soldaten.

Die Soldaten drangen in sein Haus, durchsuchten es sorgsam, und zugleich ließ man die Leute des Fürsten zusammenrufen, die noch in einer Stärke von vierunddreißig Mann da waren, und führte sie dann zwei und zwei in das Gefängnis des Palastes. Die Leichen ließ man den Hunden zum Fraße liegen und eilte, von allem Bericht nach Venedig zu geben.

Man mußte sich aber sagen, daß viele von den Soldaten des Fürsten Ludovico, die an der Tat beteiligt waren, nicht aufgebracht werden konnten; man verbot es daher, ihnen Unterkunft zu gewähren, und dem Zuwiderhandelnden sollte das Haus geschleift und das Vermögen eingezogen werden; wer über sie Angaben machte, erhielt fünfzig Piaster. Auf diesem Wege kam man noch mehreren auf die Spur.

Von Venedig aus wurde eine Fregatte nach Candia ausgerüstet, die Signore Latino Orsini den Befehl brachte, sogleich in Angelegenheiten von großer Wichtigkeit zurückzukehren.

Am nächsten Morgen, es war der Tag des heiligen Stephanus, wartete alle Welt darauf, den Fürsten Ludovico sterben sehen zu können oder zu erfahren, daß er im Gefängnis erdrosselt wurde; und man wurde allgemein überrascht, als dem anders war, obwohl man sah, daß er kein Vogel war, der lange im Käfig gehalten werden konnte. Doch die Nacht darauf fand der Prozeß statt, und am Tage St. Johannis, ein wenig vor Sonnenaufgang, wußte man, daß der Fürst erdrosselt worden war, und daß er sehr wohl vorbereitet gestorben sei. Seine Leiche wurde unverzüglich nach der Kathedrale überführt, geleitet vom Klerus dieser Kirche und den Jesuiten-Patres. Den ganzen Tag über blieb sie zur Schaustellung für das Volk und als warnendes Beispiel für Unvorsichtige auf einem Aufbau inmitten der Kirche.

Den Tag darauf wurde die Leiche nach Venedig gebracht, wie der Fürst es in seinem Testamente verfügt hatte, und hier wurde er beerdigt.

Am Sonnabend hängte man zwei seiner Leute; der erste und auch der vornehmste war Furio Savorgnano, der andre ein gewöhnlicher Kerl.

Am Montag, dem vorletzten Tage des genannten Jahres, hängte man noch ihrer dreizehn, unter ihnen mehrere sehr Vornehme; zwei weitere, der eine war Kapitän Splendiano und der andre Graf Paganello, wurden auf den Platz geführt und mit Zangen gezwickt; als sie auf die Richtstatt kamen, wurde ihnen der Schädel eingeschlagen und mit zerbrochenem Schädel wurden sie noch halb lebend gevierteilt. Es waren vornehme Leute und, bevor sie auf Abwege gerieten, sehr reich. Es heißt, Graf Paganello wäre es gewesen, der Signora Accoramboni mit jener Roheit umbrachte, wie sie geschildert wurde. Man hält dem entgegen, daß Fürst Ludovico in dem oben angeführten Briefe zugab, er habe die Tat mit eigner Hand ausgeführt; vielleicht tat er das aus der gleich eitlen Ruhmsucht, wie er sie in Rom bewies, als er

Vitelli ermorden ließ, oder wohl auch, um sich für die Zukunft die Gunst des Fürsten Virginio Orsini zu verdienen.

Graf Paganello wurde, ehe er den tödlichen Stoß erhielt, mit einem Schlachtmesser wiederholt unter der linken Brust durchbohrt, damit man ihm ans Herz kam, wie er's mit der bedauernswerten Dame getan hatte. Dabei floß ihm das Blut wie in Strömen aus der Brust. Doch lebte er so noch länger als eine halbe Stunde, zur größten Verwunderung aller. Er war ein Mann von fünfundvierzig Jahren und zeigte viel Kraft.

Die Galgen zum Hochgericht sind noch vorbereitet für die Hinrichtung der übrigen neunzehn am ersten Tage nach dem Feste. Da der Henker aber erschöpft ist und das Volk durch den Anblick des Gemetzels wie gelähmt, verschiebt man die Vollstreckung um zwei Tage. Man denkt nicht daran, auch nur einem das Leben zu lassen. Vielleicht macht man mit keinem der Leute, die zum Fürsten Ludovico standen, eine Ausnahme, höchstens mit Signore Filenfi, seinem Hausmeister, der sich alle erdenkliche Mühe gegeben hat, darzutun, daß er keinen Anteil an der Tat hat.

Niemand kann sich erinnern, selbst nicht unter den ältesten der Stadt Padua, daß man je durch ein gerechteres Urteil gegen das Leben so vieler Personen auf einmal vorging. Und die Signori (von Venedig) haben sich damit einen guten Namen und Hochachtung bei den gesitteten Völkern erworben.

Beigefügt von andrer Hand:

Francesco Filenfi, der Sekretär und Hausmeister, wurde zu fünfzehn Jahren Gefängnis verurteilt. Der Mundschenk (copiere) Onorio Adami von Fermo mit noch zwei andern zu einem Jahre Gefängnis; sieben andre wurden zur Anschmiedung auf den Galeeren verurteilt und weitere sieben freigelassen.

Andrea Camilleri

Die Abkürzung

Calòrio hieß nicht Calòrio, aber er war in ganz Vigàta unter diesem Namen bekannt. Er war, woher, wusste man nicht, vor ungefähr zwanzig Jahren in die Stadt gekommen, seine Hose, mehr Löcher als Stoff, war mit einer Schnur um die Hüfte gebunden, sein Jackett ganz aus Flicken wie bei einem Harlekin, die Füße waren nackt, aber sehr gepflegt. Er lebte vom Betteln, doch das machte er diskret, er belästigte niemanden und erschreckte keine Frauen und Kinder. An Wein vertrug er einiges, wenn er sich mal eine Flasche kaufen konnte, sodass ihn nie jemand auch nur angeheitert erlebt hatte: Dabei hatte es schon so manches Fest gegeben, bei dem er literweise Wein getrunken hatte.

Vigàta hatte ihn bald adoptiert, Patre Cannata versorgte ihn mit gebrauchter Kleidung und Schuhen, auf dem Markt verweigerte ihm niemand ein wenig Fisch oder Gemüse, ein Arzt behandelte ihn kostenlos und schenkte ihm Medikamente, wenn er welche brauchte. Im Allgemeinen war er bei guter Gesundheit, obwohl er bestimmt schon über siebzig war. Nachts schlief er im Portikus des Rathauses; im Winter schützte er sich vor der Kälte mit zwei alten Decken, die ihm jemand geschenkt hatte. Doch vor fünf Jahren war er umgezogen. Am einsamen westlichen Strand, vis-à-vis dem Strand, an dem die Leute badeten, hatte man das Wrack eines Fischkutters an Land gezogen. Es war in kürzester Zeit ausgeplündert worden, und nur der Rumpf war übrig geblieben. Calòrio hatte ihn in Besitz genommen und sich im ehemaligen Motorraum häuslich eingerichtet. Tagsüber ließ er sich bei schönem Wetter an Deck nieder. Zum Lesen. Und daher kam es, dass ihn die Leute in der Stadt Calòrio nannten, denn Vigàtas Schutzheiliger, den alle, ob gläubig oder nicht, sehr verehrten, war ein schwarzhäutiger Mönch mit einem Buch in der Hand. Die Bücher lieh sich Calòrio in der Stadtbibliothek aus; Signorina Melluso, die Leiterin, versicherte, niemand wisse besser als Calòrio, wie man Bücher zu behandeln habe, und gebe sie so pünktlich zurück wie er. Er liest alles, erklärte Signorina Melluso: Pirandello und Manzoni, Dostojewski und Maupassant ...

Commissario Montalbano, der oft lange Spaziergänge machte, mal auf der Mole, mal am westlichen Strand, welcher den Vorteil hatte, dass er immer menschenleer war, war eines Tages stehen geblieben und hatte ihn angesprochen.

»Was lesen wir denn Schönes?«

Der Mann hob, sichtlich verärgert, den Blick nicht von seinem Buch.

»Den *Urfaust*«, lautete die verblüffende Antwort. Und weil dieser aufdringliche Mensch nicht nur nicht abzog, sondern auch kein Erstaunen zeigte, rang er sich schließlich dazu durch, ihn anzusehen.

»In der Übersetzung von Liliana Scalero«, fügte er höflich

hinzu, »ein bisschen altmodisch, aber in der Bücherei gibt es keine andere. Ich muss mich damit zufriedengeben.«

»Ich habe das Buch in der Übersetzung von Manacorda«, sagte der Commissario. »Wenn Sie möchten, leihe ich es Ihnen.«

»Danke. Wollen Sie sich setzen?«, fragte der Mann und rückte auf dem Sack, auf dem er saß, zur Seite.

»Nein, ich muss noch arbeiten.«

»Wo denn?«

»Ich leite das hiesige Kriminalkommissariat, ich heiße Salvo Montalbano.«

Er reichte ihm die Hand. Der andere stand auf und streckte ihm ebenfalls die Hand hin.

»Ich heiße Livio Zanuttin.«

»So, wie Sie sprechen, klingen Sie wie ein Sizilianer.«

»Ich lebe seit über vierzig Jahren in Sizilien, bin aber in Venedig geboren.«

»Verzeihen Sie eine Frage. Wie kommt es, dass ein gebildeter, kultivierter Mann wie Sie so heruntergekommen ist?«

»Sie sind Polizist und deshalb von Natur aus und von Berufs wegen neugierig. Sagen Sie nicht ›heruntergekommen‹, es handelt sich um eine freie Entscheidung. Ich habe verzichtet. Auf alles verzichtet: Prestige, Ehre, Würde, Tugend, lauter Dinge, von denen die Tiere durch Gottes Gnade in ihrer glückseligen Unschuld nichts wissen. Befreit von ...«

»Das gilt nicht«, unterbrach Montalbano ihn. »Sie antworten mit den Worten, die Pirandello dem Zauberer Cotrone in den Mund legt. Und übrigens lesen Tiere nicht.«

Sie lächelten sich an.

Das war der Anfang einer merkwürdigen Freundschaft.

Montalbano besuchte ihn ab und zu und brachte ihm Geschenke: ein paar Bücher, ein Radio und, da Calòrio nicht nur las, sondern auch schrieb, einen Vorrat an Kugelschreibern und Heften. Wurde er beim Schreiben überrascht, steckte Calòrio das Heft sofort in eine vollgestopfte große Tasche. Als es einmal plötzlich zu regnen begann, lud er Montalbano in seinen Motorraum ein und hängte die Luke mit einem Stück Wachstuch zu. Dort unten war alles ordentlich und sauber. An einer Schnur, die von Wand zu Wand gespannt war, hingen ein paar Bügel mit den armseligen Kleidungsstücken des Bettlers; sogar ein kleines Regal hatte er gezimmert, auf dem Bücher, Kerzen und eine Petroleumlampe standen. Zwei Säcke waren sein Bett. Das einzige Merkmal von Unordnung waren zwei Dutzend leere Weinflaschen, die sich in einem Winkel stapelten.

Und jetzt lag er da, Calòrio, mit dem Gesicht im Sand, direkt neben dem Wrack, mit einer klaffenden Wunde im Nacken, ermordet. Ein Nachtwächter der nahen Zementfabrik hatte ihn gefunden, als er frühmorgens nach Hause ging. Der Nachtwächter hatte mit seinem Handy im Kommissariat angerufen und sich nicht von der Stelle gerührt, bis die Polizei eingetroffen war.

Der Mörder hatte aus dem ehemaligen Motorraum, Calòrios Schlafzimmer, alles mitgenommen, die Kleidung, die große Tasche, die Bücher. Nur die leeren Flaschen lagen noch an ihrem Platz. Aber gab es denn in Vigàta, fragte sich der Commissario, Menschen, die so arme Schlucker waren, dass sie einem anderen armen Schlucker seine elende Habe klauten?

Tödlich verletzt hatte Calòrio es irgendwie noch geschafft, vom Rumpf des Fischkutters herunterzukommen, und als er auf den Boden gefallen war, hatte er versucht, mit dem Zeigefinger der rechten Hand drei beinah unleserliche Buchstaben in den Sand zu schreiben. Glücklicherweise hatte es in der Nacht zuvor genieselt, sodass der Sand fest war: Doch die drei Buchstaben konnte man trotzdem nicht gut entziffern.

Montalbano wandte sich an Jacomuzzi, den Chef der Spurensicherung, der ein fähiger Mann, aber auch ein hoffnungsloser Wichtigtuer war.

»Kannst du mir sagen, was genau der arme Kerl noch schreiben wollte, bevor er starb?«

»Klar.«

Der Gerichtsmediziner Dottor Pasquano, ein schwieriger Mensch, der sich aber ebenfalls auf sein Fach verstand, rief Montalbano gegen fünf Uhr nachmittags an. Er konnte nur bestätigen, was er am Morgen nach der ersten Leichenschau bereits erklärt hatte.

So wie er den Fall rekonstruierte, mussten das Opfer und der Mörder vergangene Nacht gegen Mitternacht heftig aneinandergeraten sein. Calòrio, von einem Faustschlag mitten ins Gesicht getroffen, war nach hinten gestürzt und mit dem Kopf auf der verrosteten Winde aufgeschlagen, mit der früher das Fischernetz eingeholt worden war: Sie war blutverschmiert. Der Angreifer, der den Bettler für tot hielt, hatte alles zusammengerafft, was unter Deck zu finden gewesen war, und war abgehauen. Doch kurz darauf war Calòrio vorübergehend wieder zu sich gekommen und hatte versucht, von dem Fischkutter hinunterzuklettern, war aber, benommen und blutend, in den Sand gefallen. Er hatte noch vier oder fünf Minuten gelebt und sich in dieser Zeit bemüht, die drei Buchstaben zu schreiben. Pasquanos Meinung nach gab es keinen Zweifel: Das war kein vorsätzlicher Mord.

»Ich bin vollkommen sicher, dass ich mich nicht täusche«, behauptete Jacomuzzi kategorisch. »Bevor er starb, hat der arme Kerl noch versucht, eine Abkürzung zu schreiben. Es handelt sich um ein P, ein O und ein E. Eine Abkürzung, todsicher.«

Er machte eine Pause.

»Könnte das nicht *Partito Operaio Europeo*, Europäische Arbeiterpartei, heißen?«

»Und was zum Teufel soll das sein?«

»Was weiß ich, heute reden doch alle von Europa ... Vielleicht eine subversive europäische Partei ...«

»Jacomù, hat dir einer ins Hirn geschissen?«

Jacomuzzi hatte wirklich höchst originelle Ideen! Montalbano legte auf, ohne sich zu bedanken. Eine Abkürzung. Was hatte Calòrio sagen, worauf hatte er hinweisen wollen? Vielleicht auf etwas, das den Hafen betraf? *Punto Ormeggio Est*, Ankerplatz Ost? *Pontone Ormeggiato Esternamente*, außen vertäuter Ponton? Nein, dieses Ratespiel war sinnlos, die drei Buchstaben konnten alles und nichts bedeuten. Doch als er starb, war es für Calòrio das Allerwichtigste gewesen, diese Abkürzung in den Sand zu schreiben.

Gegen zwei Uhr nachts spürte Montalbano im Schlaf eine Art Fausthieb auf den Kopf. Es war schon manchmal passiert, dass er so aufwachte, und er war zu der Überzeugung gekommen, dass, während er schlief, ein Teil seines Gehirns wach blieb und über irgendein Problem nachdachte. Und dann holte es ihn plötzlich in die Wirklichkeit zurück. Er stand auf, lief zum Telefon und wählte Jacomuzzis Nummer.

»Waren da Punkte?«

»Wer ist denn dran?«, fragte Jacomuzzi völlig verwirrt.

»Montalbano. Waren da Punkte?«

»Es wird welche geben.«

»Was heißt das, es wird welche geben?«

»Das heißt, dass ich jetzt gleich zu dir komm und dich verprügel, dann hast du ein Dutzend Punkte am Kopf, von den Stichen, wenn sie dich nähen!«

»Jacomù, glaubst du, ich rufe dich mitten in der Nacht an, um mir deinen Schwachsinn anzuhören? Waren da Punkte, ja oder nein?«

»Was denn nur für Punkte, *santa Madonna*?«

»Zwischen dem P und dem O und dem O und dem E.«

»Ah! Du meinst das, was in den Sand geschrieben war? Nein, da waren keine Punkte.«

»Und warum zum Teufel hast du dann gesagt, dass es eine Abkürzung ist?«

»Was sollte es denn sonst sein? Und glaubst du, dass einer, der im Sterben liegt, seine Zeit mit den Punkten einer Abkürzung verschwendet?«

Fluchend knallte Montalbano den Hörer auf und rannte, in der Hoffnung, das gesuchte Buch an seinem Platz zu finden, ans Bücherregal. Das Buch war da: Edgar Allan Poe, *Erzählungen*. Was Calòrio in den Sand geschrieben hatte, war keine Abkürzung, es war der Name eines Schriftstellers, und die Botschaft war für ihn, Montalbano, bestimmt, den Einzigen, der sie würde verstehen können. Die erste Erzählung des Buches hieß *Das Manuskript in der Flasche*, und mehr brauchte der Commissario nicht.

Im Schein der Taschenlampe flüchteten die Mäuse erschrocken in alle Richtungen. Es wehte ein heftiger kalter Wind, und der Luftzug, der durch die aus den Fugen gegangenen Planken fuhr, verursachte hin und wieder einen Klagelaut, der fast wie eine menschliche Stimme klang. In der fünfzehnten Flasche sah Montalbano, was er suchte, eine in dunkelgrünes Papier eingeschlagene Rolle, der Farbe der Flasche vollkommen angepasst. Calòrio war ein intelligenter Mann gewesen. Der Commissario drehte die Flasche um, aber die Rolle fiel nicht heraus, sie war aufgegangen. Montalbano wollte diesen Ort möglichst schnell wieder verlassen, also kletterte er aus dem Motorraum an Deck und ließ sich in den Sand fallen, wie es auch der arme Calòrio, wenn auch unfreiwillig, gemacht hatte.

Zu Hause in Marinella stellte er die Flasche auf den Tisch und betrachtete sie eine ganze Weile, die Neugier wie ein einsames Laster auskostend. Als er es nicht mehr aushielt, holte er einen Hammer aus der Werkzeugkiste und schlug nur einmal zu, fest und gezielt. Die Flasche zerbrach in zwei Teile, fast ohne zu splittern. Die Rolle war in ein Stück gefaltetes grünes Papier eingewickelt, wie es in Gärtnereien verwendet wird, um Blumentöpfe zu kaschieren.

Wenn diese Zeilen in die richtigen Hände gelangen, ist es gut; wenn nicht, sei's drum. Es wird die letzte meiner zahlreichen Niederlagen sein. Ich heiße Livio Zanuttin, zumindest ist das der Name, den man mir gegeben hat, da ich ein Findelkind bin. Im Standesamt bin ich registriert als in Venedig am 5. Januar 1923 geboren. Bis zu meinem zehnten Lebensjahr war ich in einem Waisenhaus in Mestre. Dann kam ich in ein Internat nach Padua, wo ich zur Schule ging. 1939, da war ich sechzehn, geschah etwas, was mein Leben erschütterte. Im Internat war ein gleichaltriger Junge, Carlo Z., der ganz und gar weiblich war und sich gern dafür hergab, unsere ersten jugendlichen Begierden zu befriedigen. Diese Treffen fanden nachts statt, in einem Souterrain, zu dem man durch eine Falltür im Vorratsraum gelangte. Nur einem Jungen aus unserem Schlafsaal verwehrte Carlo hartnäckig seine Gefälligkeiten: Attilio C. war ihm unsympathisch. Je mehr Carlo sich verweigerte, desto wütender wurde Attilio wegen der ihm unerklärlichen Ablehnung. Eines Nachmittags verabredete ich mich mit Carlo für halb eins in der Nacht im Souterrain (wir gingen um zehn Uhr ins Bett, die Lichter wurden eine Viertelstunde später gelöscht). Als ich hinunterkam, bot sich mir im Schein einer Kerze, die Carlo immer anzündete, ein entsetzlicher Anblick: Der Junge lag, Hose und Unterhose hinuntergezogen, in einer Blutlache auf dem Boden. Er war erstochen worden, nachdem man ihn vergewaltigt hatte. Von dem Grauen völlig verstört, drehte ich mich um, um wegzulaufen, da stand ich Attilio gegenüber, der sein Messer gegen mich erhob. Seine linke Hand blutete, er hatte sich verletzt, als er Carlo tötete.

»Wenn du redest«, sagte er, »wird es dir genauso ergehen.«

Und ich schwieg, aus Feigheit. Und das Traurige ist, dass man von dem armen Carlo nie mehr etwas gehört hat. Sicher hat jemand vom Internat die Leiche verschwinden lassen, nachdem er den Mord entdeckt hatte: möglicherweise irgendein Wächter, der verbotene Beziehungen zu Carlo gehabt hatte und aus Angst vor einem Skandal handelte. Wer weiß warum, aber als ich ein paar Tage später beobachtete, wie Attilio den blutigen Verband in den Müll warf, holte ich ihn heraus. Ein kleines Stück habe ich unten auf die letzte Seite geklebt, vielleicht ist es ja noch zu irgendetwas nutze. 1941 wurde ich eingezogen, ich habe gekämpft, ich wurde 1943 von den Alliierten in Sizilien gefangen genommen. Nach drei Jahren kam ich aus der Gefangenschaft zurück, aber mein Leben war längst gezeichnet, und ich brauche es hier nicht zu erzählen. Eine einzige Verkettung von Fehlern: vielleicht, ich sage vielleicht, die Reue für jene weit zurückliegende Feigheit, die Verachtung gegen mich selbst, weil ich geschwiegen habe. Vor einer Woche habe ich, hier in Vigàta, ganz zufällig Attilio gesehen und sofort wiedererkannt. Es war Sonntag, er ging gerade in die Kirche. Ich habe ihn beobachtet, ich habe mich erkundigt, ich habe alles über ihn erfahren: Attilio C. ist bei seinem Sohn zu Besuch, dem Direktor der Zementfabrik. Er selbst, Attilio, ist im Ruhestand, aber er ist im Vorstand von Saminex, der größten Konservenfabrik Italiens. Vorgestern habe ich ihn wieder gesehen und bin vor ihm stehen geblieben.

»*Ciao*, Attilio«, habe ich gesagt, »kennst du mich noch?«

Er hat mich lange angesehen, dann hat er mich erkannt und einen Satz nach hinten gemacht. In seinen Augen war der gleiche Blick wie damals in der Nacht im Souterrain.

»Was willst du?«

»Dein Gewissen sein.«

Aber das hat er bestimmt nicht geglaubt, er denkt wohl, ich hätte vor, ihn zu erpressen. In den nächsten Tagen oder in einer der nächsten Nächte wird er sicher hier auftauchen.

Es war schon fünf Uhr morgens, ins Bett brauchte Montalbano jetzt nicht mehr zu gehen. Er duschte ausgiebig, rasierte sich, zog sich an, setzte sich auf die Bank in der Veranda und sah aufs Meer hinaus, die Wellen brachen sich träge wie ein ruhiger Atem. Er hatte sich eine *napoletana* für vier Tassen gemacht: Hin und wieder stand er auf, ging in die Küche, schenkte sich nach und setzte sich wieder hinaus. Er freute sich für seinen Freund Calòrio.

Die Adresse hatte er im Telefonbuch nachgesehen. Punkt acht klingelte er an der Sprechanlage bei Dottor Eugenio Comaschi. Eine Männerstimme antwortete.

»Chi è?«

»Zustelldienst.«

»Mein Sohn ist nicht da.«

»Das macht nichts, es muss nur jemand unterschreiben.«

»Dritter Stock.«

Als der Fahrstuhl hielt, erwartete ihn am Treppenabsatz ein gepflegter alter Mann im Pyjama. Als Attilio Comaschi den Commissario sah, wurde er misstrauisch, er wusste sofort, dass dieser Mann nichts mit Zustellung zu tun hatte, zumal er gar nichts in der Hand trug.

»Was wollen Sie?«, fragte der Alte.

»Ihnen das hier geben«, sagte Montalbano und zog das dunkelbraun verfärbte Gazestückchen aus der Tasche.

»Was soll dieser dreckige Fetzen sein?«

»Das ist ein kleines Stück des Verbands, mit dem Sie vor achtundfünfzig Jahren die Wunde versorgten, die Sie sich zufügten, als Sie Carlo töteten.«

Es heißt, dass bestimmte Kugeln, wenn sie einen Menschen treffen, ihn drei, vier Meter nach hinten schleudern. Der Alte schien von einem dieser Geschosse in die Brust getroffen, er knallte buchstäblich gegen die Wand. Dann erholte er sich langsam und ließ den Kopf auf die Brust sinken.

»Livio ... ich wollte ihn nicht töten«, sagte Attilio Comaschi.

Leonardo Sciascia

Western auf Sizilianisch

Ein großer Ort, fast schon eine Stadt, an der Grenze zwischen den Provinzen Palermo und Trapani. In den Jahren des Ersten Weltkriegs. Und als wäre ein Krieg nicht genug, hat der Ort noch einen eigenen im Innern, nicht weniger blutig, bei dem ebenso viele Einwohner ermordet werden wie an der Front fallen. Zwei Mafiaclans liegen seit Langem miteinander in Fehde. Mit einem Schnitt von zwei Toten im Monat. Und jedes Mal weiß der ganze Ort, von welcher Seite geschossen wurde und wer mit der Vergeltung dran ist. Auch die Carabinieri wissen es. Es ist wie ein Spiel mit Spielregeln: Die jungen Mafiosi, die aufsteigen wollen, gegen die alten, die ihre Positionen verteidigen. Ein Mitglied fällt auf der einen, ein Mitglied auf der anderen Seite. Die Bosse sind in Sicherheit. Sie warten, dass man sich einigt. Allenfalls wird einer der beiden, der Boss der Alten oder der der Jungen, nach der Einigung, nach der Versöhnung fallen: im Sog der Freundschaftsschließung.

Doch plötzlich nimmt die blutige Auseinandersetzung an Geschwindigkeit zu und erfasst auch die höheren Stufen der Hierarchie. Gewöhnlich bedeuten Beschleunigung und Ausweitung der Fehde aufseiten dessen, der sie betreibt, den Willen zum Frieden. Dies ist der Augenblick, wo die Patriarchen der Nachbarorte in Aktion treten und Gespräche mit beiden Parteien führen, sie zusammenbringen, den Jungen klarmachen, dass sie nicht alles bekommen, und den Alten, dass sie nicht alles behalten können. Waffenstillstand, Übereinkommen. Und dann nach erfolgter Vereinigung mit stillschweigender und einmütiger Zustimmung der Vereinigten die Eliminierung eines der beiden Bosse: Emigration, Absetzung oder Tod. Doch diesmal ist es anders. Die Patriarchen kommen, die Abgeordneten der beiden Clans treffen sich. Unterdessen aber gehen, wider alle Gepflogenheit und Erwartung, die Hinrichtungen im gleichen Rhythmus weiter: ungestümer sogar und unerbittlicher. Beide Seiten beschuldigen sich gegenüber den Patriarchen gegenseitig der Unredlichkeit. Der Ort versteht nicht mehr, was los ist. Die Carabinieri auch nicht. Zum Glück bewahren die Patriarchen kühlen Kopf und klares Urteil. Sie rufen noch einmal beide Abordnungen zusammen, stellen eine Liste der Opfer des letzten halben Jahres auf, und mit »den haben wir umgebracht«, »den wir«, »den wir nicht«, »wir auch nicht« gelangen sie zu dem bestürzenden Schluss, dass zwei Drittel weder von dem einen noch von dem anderen Clan umgebracht worden sind. Gibt es demnach einen heimlichen, unsichtbaren dritten Clan, der es auf die Ausrottung der beiden nahezu offiziell bestehenden Clans abgesehen hat? Oder gibt es einen einzelnen Rächer, einen einsamen Wolf, einen Verrückten, der sich einen Sport daraus macht, Mafiosi der einen wie der anderen Seite umzubringen? Die Bestürzung ist groß. Auch bei den Carabinieri, die zwar die Gefallenen (jene von der Lupara umgenieteten Verbrecher, die sie mit Beweisen niemals hätten festnageln können) stets mit einer gewissen Genugtuung aufsammeln, zu diesem Zeitpunkt aber wegen all der Scherereien mit den Deserteuren ein Ende der Fehde im Ort erhofft und erwartet hatten.

Nachdem die Patriarchen das Problem angemessen formuliert haben, überantworten sie es den beiden Clans zu einer raschen Lösung und machen sich aus dem Staube, denn nun kann ihre Immunität von keiner der beiden Seiten und auch nicht von beiden zusammen mehr garantiert werden. Die ortsansässigen Mafiosi stellen Nachforschungen an; aber die Angst und das Gefühl, Ziel einer undurchschaubaren Vendetta oder einer tödlichen Willkür zu sein und sich plötzlich in der Situation wiederzufinden, in der die anständigen Leute sich ihnen gegenüber seit eh und je befanden, verwirrt und lähmt sie. Ihnen fällt nichts Besseres ein, als ihre Politiker aufzufordern, sie sollten ihrerseits die Carabinieri auffordern, eine ernsthafte, strenge und effiziente Untersuchung durchzuführen, obwohl sie Zweifel hegen, ob sich nicht vielleicht gerade die Carabinieri, weil es ihnen nicht gelingt, sie mit dem Gesetz auszurotten, auf diese Art der Verfolgung, die finsterer und sicherer ist, verlegt haben. Wenn die Regierung zur Eindämmung der Überbevölkerung von Zeit zu Zeit die Cholera verbreiten ließ, warum sollte man dann nicht annehmen, dass die Carabinieri sich einer heimlichen Beseitigung der Mafiosi verschrieben hatten?

Die gezielten Schüsse des oder der Unbekannten gehen weiter. Selbst der Boss des alten Clans fällt. Im Ort herrscht ein Gefühl von Erleichterung und Bestürzung zugleich. Die Carabinieri wissen nicht mehr ein noch aus. Die Mafiosi sind entsetzt. Doch unmittelbar nach der feierlichen Bestattung des Bosses, an der mit geheuchelter Trauer der ganze Ort teilgenommen hat, verschwinden Bestürzung und Angst aus den Mienen der Mafiosi. Man begreift, dass sie jetzt wissen, von wem die Schüsse kommen, und dass dessen Tage gezählt sind. Ein Boss ist ein Boss, auch im Tod: Der Alte hat es vermocht, wie auch immer, im Sterben ein Zeichen, einen Hinweis zu geben; und seinen Freunden ist es gelungen, die Identität des Mörders aufzudecken. Es handelt sich um eine unverdächtige Person, einen seriösen, geachteten Akademiker mit ein wenig düsterer Wesensart und zurückgezogener Lebensweise. Doch niemand im Ort außer den Mafiosi, die es nun wissen, hätte ihn dieser langwierigen, erbarmungslosen und treffsicheren Verfolgung für fähig gehalten, mit der er bis zu diesem Augenblick so viele von denen, die die Carabinieri nie länger als ein paar Stunden festzuhalten vermochten, ins Leichenschauhaus gebracht hat. Aber die Mafiosi erinnern sich auch, weshalb dieser Mann nach so vielen Jahren seinem Hass auf sie freien Lauf lässt, kalt, mit klarem Kalkül und sicherer Ausführung. Überflüssig zu sagen, dass eine Frau dahintersteckt.

Schon als Student liebte er ein Mädchen aus einer Familie von zweifelhaftem Adel, aber unzweifelhaftem Reichtum. Nach seinem Abschlussexamen hatte er mit der Zuversicht der großen Liebe, die sie miteinander verband, wegen der Heirat bei den Familienangehörigen vorgesprochen. Er wurde abgewiesen. Denn er war arm und seine berufliche Zukunft bei seiner Mittellosigkeit nicht gesichert. Die Korrespondenz mit dem Mädchen ging jedoch weiter, und angesichts der zu überwindenden Schwierigkeiten verstärkten sich beider Gefühle füreinander. Da wandten sich die reichen, adligen Eltern des Mädchens an die Mafia. Der Boss, der gefürchtete alte Boss, ließ den jungen Akademiker zu sich kommen. Mit Sprichwörtern und Beispielen versuchte er, ihn zum Aufgeben zu bewegen; als es ihm so nicht gelang, ging er zu offenen Drohungen über. Der junge Mann kümmerte sich nicht darum; aber auf das Mädchen hatten sie eine verheerende Wirkung. Aus Furcht, die verhängnisvolle Drohung könne wahr gemacht werden, fügte sie sich schließlich der praktischen Einsicht, dass diese Liebe in jedem Fall aussichtslos sei und lief mit einem ihres Standes in den Hafen der Ehe ein. Der junge Mann wurde düster und verschlossen, ließ jedoch keinerlei Verzweiflung oder Wut erkennen. Offensichtlich begann er seine Rache vorzubereiten.

Nun aber hatten ihn die Mafiosi entdeckt. Und sein Urteil war gesprochen. Die Vollstreckung übernahm der Sohn des alten Bosses. Der kürzliche Trauerfall und der Rang seines verstorbenen Vaters berechtigten ihn dazu. Sorgfältig wurden die Gewohnheiten des Verurteilten und die Topografie seiner Wohngegend sowie seines Hauses ermittelt. Nicht bedacht wurde allerdings, dass inzwischen der ganze Ort begriffen hatte, dass die Mafiosi Bescheid wussten. Sie hatten wieder ihre gewohnte Überheblichkeit angenommen und offensichtlich keine Furcht mehr vor der unbekannten Gefahr. Früher noch als jeder andere hatte es der Verurteilte begriffen.

In der Dunkelheit verließ der junge Rächer mit den

letzten Ermahnungen, die seine Mutter ihm mit auf den Weg gab, das Haus. Bis zum Haus des Akademikers war es nicht weit. Er stellte sich auf die Lauer und wartete, dass jener heimkäme, oder er versuchte, ins Haus einzudringen, um ihn im Schlaf zu überraschen, oder er klopfte und rief ihn, damit er sich an einem Fenster oder auf einem Balkon zeigte. Fest steht, dass der, der sein Opfer hätte sein sollen, ihm zuvorkam und ihn überlistete. Die Witwe des Bosses und Mutter des Jungen, der mit der Vendetta beauftragt war, hörte einen Schuss; sie glaubte, die Vendetta sei vollzogen und wartete mit banger Sorge, von Minute zu Minute ängstlicher, auf die Rückkehr ihres Sohnes. Schließlich wurde ihr grausam zur Gewissheit, was tatsächlich geschehen war. Sie ging hin und fand ihren Sohn tot vor dem Haus des Mannes, der in dieser Nacht – so war es geplant und beschlossen – hätte getötet werden sollen. Sie lud sich den toten Jungen auf und trug ihn nach Hause. Dort legte sie ihn aufs Bett und erzählte am nächsten Tag, er sei dort, im Bett, an einer Verletzung gestorben, die ihm irgendwo irgendwer zugefügt habe. Kein Wort zu den Carabinieri darüber, wer ihn getötet haben könnte. Aber die Freunde verstanden, wussten Bescheid und bereiteten die Vendetta mit größerer Umsicht vor.

Am Ende eines Sommertages, als alle in der ersten Abendkühle auf der Piazza vor den Clubs, den Cafés und den Geschäften saßen (vor einer Apotheke auch der Mann, dem es beim ersten Mal gelungen war, der Urteilsvollstreckung zu entgehen), machte sich jemand daran, den Motor eines Autos anzuwerfen. Er drehte die Anlasskurbel: Der Motor reagierte mit heftigem Gerassel und stoßweisem Geknatter, das sich wie ein Maschinengewehr anhörte. Als der Lärm sich legte, hing zusammengesackt auf dem Stuhl vor der Apotheke, das Herz von einer Gewehrkugel durchbohrt, die Leiche des Mannes, der es geschafft hatte, in den Reihen eines der kriegerischsten Mafiaclans in ganz Sizilien Tod und Schrecken zu verbreiten.

Giancarlo De Cataldo

Der dreifache Traum des Staatsanwalts

Die Leichtigkeit, mit der sich die westliche Welt der Kriminalität ergibt, ohne jede Gegenwehr, vermittelt den Eindruck, dass zwischen Mafia und Demokratie eine unauflösliche Verbindung herrscht. Dank der Kapitalströme, die das organisierte Verbrechen Tag um Tag in strategische Sektoren der Wirtschaft einspeist, überstehen unsere Demokratien die aktuellen Krisen unversehrt. Die ursprünglich illegale Anhäufung des Mafia-Kapitals benötigt für ihre Rechtfertigung ein komplexes legislatives und prozessuales System. Einerseits gilt es, die Bevölkerung weiter in dem Trugschluss zu bestärken, die gesellschaftlichen Dynamiken würden von Politik und Gesetzen gesteuert; andererseits besteht das Ziel darin, innerhalb von zwei, höchstens drei Generationen die verschiedenen Mafias komplett zu integrieren. Die Mafiosi sind die Kriegsherren der heutigen Zeit: Sie garantieren die Aufrechterhaltung des Systems und seine unversehrte Reise ins Morgen. Ihre Söhne und Enkel werden eine neue Elite bilden, dazu bestimmt, die westliche Welt zu erben.

THELONIOUS K. LECINSKY,
Democracy and Conspiracy,
Samanthowatan University Press, 2010

PROLOG

Novere, Herbst 1966

»Kinder, passt bitte auf! Heute zeige ich euch ein neues Spiel. Hört gut zu!«

Am 1. Oktober 1966 hatte der neue Lehrer, ein junger Mann mit runder Brille, Pullover und Cordhosen, die Nachfolge des alten Offiziers der Republik von Salò angetreten, der den Schülern der Fratelli-Bandiera-Grundschule von Novere dank seines fleißigen Gebrauchs der Rute in trauriger Erinnerung war, und auch wegen seiner eigentümlichen Schlussformel nach dem morgendlichen Vaterunser, das er stets mit »So ist es« beendete.

»Ihr kleinen Dummköpfe, was soll das überhaupt heißen, *so sei* es? Wollt ihr etwa das Wort des Allmächtigen anzweifeln? *So ist es* muss es heißen, Herrgott noch mal!«

Und los ging es mit schnellen Stockhieben nach den Unfolgsamen, und ebenso schnell erklomm er wieder das Katheder, wo er mit einer Hand das Klassenbuch öffnete und sich mit der anderen über den Schnurrbart strich.

Maestro Vito hingegen erhob nie die Stimme, verteilte keine Kopfnüsse nach rechts und nach links, und abgesehen von seiner eingefleischten Unfähigkeit, die »o« und »e« korrekt auszusprechen – das lag an seiner Herkunft aus Apulien –, war er ein sympathischer, fröhlicher Typ. Vor allem wusste er die Kinder zu begeistern. Er *bezog sie ein*, indem er sie zu allem und jedem nach ihrer Meinung fragte. So erreichte er, dass sie sich wichtig fühlten und, ja, auch fast (aber nur fast) *erwachsen*.

»Also, Kinder, das Spiel geht so. Wir leben alle in einer Demokratie. Wisst ihr, was das ist? Haben eure Eltern euch das erklärt? Wer will antworten? Lass einmal hören, Ottavio.«

»Die Demokratie ist unsere Regierungsform. Das bedeutet, dass wir alle gleich sind und die Pflicht haben, bei den Wahlen wählen zu gehen.«

»Ja, fast. Bravo. Noch jemand? Pierfiliberto!«

»Demokratie bedeutet, dass alle essen wollen und niemand arbeiten mag.«

»Interessant. Ist das auf deinem eigenen Mist gewachsen, Pierfiliberto?«

»Mein Vater sagt das. Er sagt, als es uns schlechter ging, ging es uns besser.«

»Das ist doch sehr eindeutig. Und jetzt erkläre ich euch das Spiel, das wir morgen spielen werden ...«

Der Lehrer holte weit aus. Er begann bei Perikles, dem großen König, der als Erster die Gleichheit aller Bürger verkündet hatte, er sprach über Brutus und Cassius, die Rom vom Tyrannen befreien wollten, über die englischen Barone und ihren Kampf, dem König die Magna Charta abzuringen, über Machiavelli und die Medici, die Herrscher über das freie und blühende Florenz, über die Französische Revolution und die Menschenrechte. Dann hielt er kurz inne, musterte die Schüler der Reihe nach und schilderte den Jungen die Kriege, die ihre Vorfahren gefochten hatten, um aus Italien ein freies, geeintes Land zu machen. Davon und noch von manch anderem mehr berichtete Maestro Vito. Und seine Jungen lauschten ihm, gebannt. Dass sie so ganz alles begriffen, könnte man nicht behaupten, zum Beispiel, als es um die Gebrüder Bandiera ging, nach denen ihre Schule benannt war. Maestro Vito zufolge waren sie zwei junge, edle Helden gewesen. Und das überraschte sie ein wenig, denn für die Schüler waren diese beiden bislang nichts anderes gewesen als zwei hässliche Gipsbüsten, bespien, mit in die leeren Augenhöhlen geklebten Kaugummis und von obszönen Schmierereien bedeckt.

Auch wenn sie nicht alles restlos begriffen, so war den Schülern der Fratelli-Bandiera-Schule eines mit Sicherheit klar: Von jetzt an würden sie ihren Klassensprecher selbst wählen. Das war eine wirkliche und wahrhaftige Revolution: Bislang war der Klassensprecher immer vom Klassenlehrer bestimmt worden. Und diese Wahl war seit dem ersten Schuljahr immer und unweigerlich auf Pierfiliberto Berazzi-Perdicò gefallen. Er war der Größte, der Dickste, der Handgreiflichste und, wie sich versteht, der übelste Verleumder von allen. Mit einem Wort, der Schlimmste, und mithin aus der Sicht des alten Lehrers perfekt für diesen Posten geeignet, bestand seine Aufgabe doch darin, die Ordnung mittels Ohrfeigen aufrechtzuerhalten und die Spalte »Schlechtes Betragen« an der Tafel mit mindestens sechs, sieben Namen pro Tag zu füllen, während ein einziger Name pro Woche die Spalte »Gutes Betragen« zierte – sein eigener, was vollauf genügte.

Innerlich jubelten also die Jungs, als ihnen klar war, dass die Stunde der Revolution geschlagen hatte. Und den wenigen, die hartnäckig darauf bestanden, nichts werde sich ändern, erklärte Ottavio, nein, alles werde sich ändern. Keine willkürlichen Strafen mehr, weder Schikanen noch Tätlichkeiten, keine Stockhiebe mehr für die Gegner, keine gewaltsam abgeknöpften Pfänder. Endlich war die Zeit der Demokratie angebrochen.

»Also stimmen wir alle für dich!«, rief schwungvoll Donato Casati aus, ein kleiner, blonder schmächtiger Mann, Pierfilibertos bevorzugtes Opfer, der ihn gern mit den in wechselnder Reihenfolge, aber immer im Trio daherkommenden Schimpfnamen *Weichei, Bettnässer* und *Brillenschlange* belegte.

»Ich oder ein anderer von uns«, meinte Ottavio zurückhaltend, »Hauptsache, nicht er!«

»Du musst es werden!«

Angesichts der kollektiven, überzeugten Anhängerschaft von vierundzwanzig couragierten Gefährten, die er selbst bereits als *junge Helden* zu sehen bereit war, erlebte Ottavio den ersten wahren Schauer der Eitelkeit seines noch jungen Lebens.

Doch auch Pierfiliberto hatte den Wind der neuen Zeit gewittert. Diese jämmerlichen *Bettnässer, Weicheier* und *Brillenschlangen* wollten sich gegen ihn verschwören. Er würde die Macht verlieren, und keiner hätte mehr Angst vor ihm. Keiner würde ihm mehr die Hausaufgaben erledigen aus Furcht vor Vergeltung, falls er sich weigern sollte. Adieu, Trikot des Mittelstürmers bei den Fußballspielen am Wochenende: Alle würden laut herausschreien, was allgemein bekannt war und doch keiner offen zu sagen wagte, nämlich dass Pierfiliberto ein lausiger Spieler war. Die Katastrophe drohte unmittelbar. Und sein größter Gegner, Ottavio, der Einzige, der nie Angst hatte, sich ihm entgegenzustellen, der die Stockhiebe stoisch einkassierte, mit einem unerträglich höhnischen Lächeln, ausgerechnet Ottavio würde triumphieren.

Das konnte nicht sein. Das durfte nicht sein.

Und es würde nicht sein. Diese *Hosenscheißer* hatten die Rechnung ohne den Wirt gemacht. Pierfiliberto wusste nicht, was er verdammt noch mal genau bedeutete, dieser Ausdruck: Sein Vater hatte ihn zwei-, dreimal bei historischen Gelegenheiten benutzt, am Höhepunkt häuslicher Auseinandersetzungen. Dies war der Satz, der seine Mutter zum Schweigen brachte und die familiäre Harmonie wiederherstellte. Wenn er zu Hause funktionierte, musste er das in der Schule doch auch tun. Pierfiliberto war nicht der Typ, der ohne Gegenwehr klein beigab. Bis zur Wahl waren es noch vierundzwanzig Stunden. Maestro Vito hatte einen schweren Fehler begangen. Er hatte ihm Zeit gegeben, den Gegenschlag vorzubereiten. Hätten sie sofort gewählt, mit dem Gefühlsüberschwang nach den Geschichten über Perikles und diese ganzen alten Idioten, wäre sein Schicksal besiegelt gewesen. Aber Maestro Vito hatte sich getäuscht.

Eine Idee musste her.

Und sie kam ihm in der Nacht.

Am Morgen der Wahl nahm Ottavio sofort eine merkwürdige Stimmung wahr. Donato Casati, gestern sein glühendster Unterstützer, drückte sich gesenkten Blicks an ihm vorbei, um seinen Zettel in die von Maestro Vito bereitgestellte Urne zu stecken. Pierfiliberto hingegen hatte mit demonstrativer Selbstsicherheit gewählt, umringt von drei oder vier derer, die Ottavio gestern noch ewige Treue gelobt hatten. Als der Lehrer das Ergebnis bekannt gab, legte sich schuldbewusstes Schweigen auf die Klasse.

»Berazzi-Perdicò, fünfundzwanzig Stimmen. Mandati, eine Stimme. Ich erkläre Pierfiliberto Berazzi-Perdicò zum Klassensprecher für dieses Schuljahr.«

Ottavio verschwamm alles vor den Augen. Er musste mit aller Kraft, die er im Leib hatte, die Tränen niederkämpfen, die mit Gewalt herauswollten. Nein, nur das nicht. Vor Pierfiliberto weinen, niemals! Vor lauter Anstrengung übersah er die zu schmerzlichem Lächeln verzogenen Münder der Abtrünnigen, die ihm nacheinander einen Klaps auf die Schultern gaben. Auch das unverstellt feindselige Grinsen entging ihm, ebenso wie der etwas verbitterte Tonfall, mit dem der Lehrer das Ergebnis kommentierte.

»Kompliment. Heute habt ihr alle ein schönes Beispiel für demokratisches Verhalten gegeben.«

Auf dem Heimweg nach der Schule enthüllte Donato Casati ihm den Schwindel. Eigentlich wollte Ottavio am liebsten nichts davon hören, doch am Ende siegte die Neugier.

Wie es zugegangen war? Ganz einfach. Pierfiliberto hatte die Stimmen gekauft. Eine nach der anderen. Die Preise: Sammelexemplare von Comics, darunter auch mehrere besonders begehrte. *Tex Avery* als Strip, *Capitan Miki* und *Blek Macigno* und die grellbunten *Intrepido*-Hefte. Dazu Kaugummis, neue Hefte und seltene *Panini*-Figuren, sogar welche, die im Tausch zwei oder drei der normalen wert waren. Auch Maestro Vito hatte das mitbekommen. Nachdem Donato Casati gegangen war, kam der Lehrer zu Ottavio und umarmte ihn wie ein Vater seinen Sohn.

»Das war eine bittere Lektion, aber sie wird dir zu etwas nutze sein. Du bist ein kleiner Löwe, du kommst darüber hinweg.«

Doch die Geschichte war damit noch nicht beendet. Ein paar Tage später kam wiederum Donato Casati während der Pause auf ihn zu, mit betrübtem Gesicht.

»Pierfiliberto hat sich alles wiedergeholt. Die Comichefte, die Figuren, alles. Er hat auch gesagt, ab morgen müssen wir ihm abwechselnd den Pausenimbiss zahlen. Er sagt, jetzt ist er gewählt, also müssen wir ihm seine Sachen zurückgeben.«

»Und ich, was habe ich damit zu tun?«

»Du musst es dem Lehrer erzählen. Dann annulliert er die Wahl, und wir stimmen noch einmal ab.«

»Ah nein. Ihr habt euch für ihn entschieden, jetzt behaltet ihn auch!«

Und während er das sagte, spürte er, wie ihn ein wunderbares Gefühl der Niederlage erfüllte. Er konnte es noch nicht wissen, der kleine Ottavio, aber das war schon genau jenes selbstgefällige Selbstmitleid, das Teresa ihm ein Leben lang vorwerfen sollte. Aber beim Elchgeweih, wie es der bewunderte *Blek Macigno* sagte, er fühlte sich haargenau wie *Cincinnato*, und er war so stolz darauf!

Pierfiliberto blieb das gesamte Schuljahr über Klassensprecher. Trotzdem wurde bald klar, dass es nur noch ein rein formales Amt war, da zwischen Maestro Vito und dem alten Lehrer Welten lagen. Unfähig, sich zu beherrschen, sprang Pierfiliberto beim ersten Mal, als der Lehrer die Klasse wegen einer wichtigen Besprechung mit dem Herrn Direktor allein lassen musste, zur Wandtafel, zog einen säuberlichen senkrechten Kreidestrich, schrieb links GUTES BETRAGEN und rechts SCHLECHTES BETRAGEN hin und begann fleißig, Namen in die rechte Spalte einzutragen. Er war beim fünfzehnten angelangt (Anführer der Liste: Ottavio), als der Lehrer unvermittelt zurückkam.

»Was soll denn das sein, Pierfiliberto?«

»Na, die Guten und die Schlechten, Maestro!«

»Und woher hast du diesen brillanten Einfall?«

»Bei dem alten Lehrer haben wir das immer so gemacht. Und dann hat er den Schlechten ihre Belohnung verpasst.«

»Was für eine Belohnung?«

»Zehn mit dem Stock ...«

»Vielleicht ist dir das noch nicht ganz klar, Junge: Ich bin nicht dein alter Lehrer. Hier gibt es weder Stockhiebe noch andere Strafen dieser Art. Spiel mir den Streich noch einmal, und ich enthebe dich deines Amtes.«

»Das können Sie nicht, Signor Maestro. Meine Klassenkameraden haben mich gewählt. So geht Demokratie eben.«

Maestro Vito betrachtete seine Schüler. Sie lachten angesichts von Pierfilibertos Seitenhieb und bewunderten seine Schlagfertigkeit. Er empfand großen Schmerz, um ihret- und um seinetwillen. Nur Ottavio blieb todernst, sah fast angeekelt aus. Auch um seinetwillen empfand der Lehrer Schmerz. Für einen kurzen Moment streifte ihn der Gedanke, dass die Demokratie eine üble Erfindung sein konnte.

1.

Novere, Italien, heute

Eines Nachts hatte Ottavio Mandati, Staatsanwalt der Republik am Gericht von Novere, einen Traum.

Zwei schwarz gekleidete Männer klopften an seine Tür und präsentierten ihm einen Haftbefehl fürs Untersuchungsgefängnis.

Die beiden waren identisch mit Bardolfo und Pistola, den alten Marescialli, die seit eh und je für ihn arbeiteten.

Wäre es nicht ein Traum gewesen, der Staatsanwalt hätte herzlich gelacht. Bardolfo und Pistola waren zwei Spaßvögel, Toskaner von echtem Schrot und Korn, von der Sorte, die sich lieber ein Auge ausstechen lassen würde, als auf einen Streich zu verzichten. Und einem hohen Beamten einen Haftbefehl mit dessen eigener Unterschrift überreichen, das ist jedenfalls ein schöner Streich. Doch es war ja ein Traum. Und Mandati wusste ihn zu träumen, schon mal das. Übrigens träumte er sehr gern. Also überflog er das Dokument nur rasch, ohne sich allzu lange bei seiner eigenen Unterschrift aufzuhalten.

»Papa! Was ist denn los?«

Lucio, sein Sohn, war ein Einzelkind. Ein introvertierter Junge von zweiundzwanzig Jahren, der widerwillig Jura studierte, Rockmusik liebte, unerreichbaren Mädchen nachstellte, seinerseits von anderen Mädchen verfolgt wurde, die leichter zu haben gehabt wären, die er aber regelmäßig verschmähte. Alles Details, die Ottavio durch einen heimlichen Ausflug auf Facebook erfahren hatte. Als Teresa ihn bei der Spionage ertappte, verteidigte er sich schwach: »Ich tu das doch auch für dich, es ist nicht in Ordnung, dass unser Sohn uns aus seinem Leben ausschließt.« Ihren mitleidsvollen Blick würde er nie vergessen.

»Also, Papa, was ist los?«

Wie an so vielen anderen Morgen kam Lucio gerade erst nach Hause. Von einem Konzert, von einer Liebelei, wer weiß woher. Lucio durfte keinesfalls erfahren, was vorging, auch wenn es nur ein Traum gewesen war. Ratlos befragte der Staatsanwalt seine Schutzengel. Sie nickten.

»Nichts, etwas Unvorhergesehenes. Geh schlafen, du hast ziemliche Augenringe!«

Frohgemut setzte sich der Staatsanwalt, der seinen eigenen Haftbefehl ausgestellt hatte, auf den Rücksitz der alten gepanzerten Alfetta, bibbernd vor Kälte in dem dünnen, mit dem beschneiten Fujiyama bedruckten Kimono, den er in aller Eile über den traditionellen gestreiften Schlafanzug gezogen hatte. Pistola setzte sich ans Steuer, Bardolfo neben ihn. Hustend setzte sich die Alfetta in Bewegung, begleitet von Unheil verkündendem metallischem Scheppern. Seit einem halben Jahr überwies das Ministerium keine Sachmittel mehr, und Mandati zahlte das Benzin aus eigener Tasche. Kimono und Schlafanzug waren Geschenke von Teresa. Der Kimono ein Andenken an eine spätpubertäre Reise ins Land der aufgehenden Sonne, der Schlafanzug an einen prosaischeren Ausflug in ein Outlet am Luganer See. Zwei inzwischen verschlissene und durchaus nicht mehr gesellschaftsfähige Kleidungsstücke, an denen Ottavio Mandati krankhaft hing, erinnerten sie ihn doch an die herbe Zuneigung seiner Gattin und an die vielen zarten gemeinsam erlebten Momente. Und natürlich auch an das genervte Glimmen in ihren tiefschwarzen Augen, das unweigerlich zu ihren nicht enden wollenden Diskussionen gehörte. Außerdem, wer würde sich je in Pyjama und Kimono in der Gesellschaft zeigen, falls man es so nennen konnte, wenn nicht die Hauptfigur eines Traums?

Draußen huschten unterdessen, von einem kuriosen gelblichen Schimmer umgeben – lag der an den schwachen

Straßenlaternen oder an den schmutzigen Scheiben? –, die Silhouetten der Wohnblöcke der Zona Pep vorbei. Das städtebauliche Opus magnum des Herrn Bürgermeister. Sein größter Betrug. Die Mutter allen Amtsmissbrauchs. Dreihundertsiebenundzwanzig in einer einzigen Nacht erteilte Baugenehmigungen, und sämtlich stellten sie Abweichungen vom Flächennutzungsplan dar. Bauherren waren fünfzehn Gesellschaften mit anmutigen Namen wie *Blühende Wiesen*, *Schimmerndes Morgengrauen*, *Zauberhafte Quelle* oder *Blauer Horizont*. Inhaber: ebenso viele Strohmänner des Herrn Bürgermeister.

Eines Morgens hatten die Bagger ein für alle Mal die alte Grundschule plattgemacht, dazu die historische Parkanlage mit den Sitzbänken und dem Ehrenmal für die »in den Kriegen für die Freiheit des Vaterlandes« Gefallenen von Novere. Nicht eine einzige der achtundvierzig großen, Schatten spendenden Platanen blieb verschont. Ottavio, seinerzeit als junger Assistent des Staatsanwalts beschäftigt, stellte sich so seine Fragen und leitete ein Verfahren ein. Oberstaatsanwalt Smilzi-Trionfi bestellte ihn augenblicklich zu sich.

»Die Menschen von Novere brauchen Wohnraum für sich und ihre Kinder, Mandati. Können Sie mir mal erklären, was wir, das Gesetz, dagegen haben sollten? Bitte? Durchsuchungen? Verhaftungen? Kommt gar nicht in Frage!«

Smilzi-Trionfi zog den Fall an sich und beerdigte ihn umgehend und schmerzlos im Archiv. Schwamm drüber.

»Mit was für einem Genuss du deine Misserfolge immer wieder aufwärmst ist krankhaft«, warf Teresa ihm vor.

Das vor sich hin köchelnde Selbstmitleid führte zu nichts als Verbitterung.

Ohne anzuhalten fuhren sie am Gefängnis vorbei. Mandati erkundigte sich bei seinen beiden Schutzengeln nach dem Grund, sie zuckten mit den Schultern. Warum nicht ohne Umwege gleich dorthin? Na ja, auch in diesem Fall musste man wohl erst einmal die Verhaftung zu Protokoll geben. Ein Traum voller Formfehler, vermerkte der Staatsanwalt mit einem Anflug von Ironie.

Vor dem Gerichtsgebäude wartete eine kleine Menschenmenge im morgendlich diffusen Licht. Verfrühte Trupps von Schwalben schossen durch die Luft. Ein sonniger Tag kündigte sich an. Mandati sah die vertrauten Gesichter einiger Mörder, Diebe und Vergewaltiger, deren Verurteilung er beantragt und nicht immer erreicht hatte. Stumm und gemessen warteten sie darauf, dass er aus der Alfetta stieg, dazu andere, ebenso vertraute Gesichter: die Geschädigten, in deren Namen er die Gerechtigkeit beantragt und nicht immer erreicht hatte. Er erkannte die Witwe Schirinzi. Ihr Mann war als junger, einfacher Arbeiter wegen der Missachtung der grundlegendsten Sicherheitsmaßnahmen seitens eines verbrecherischen Arbeitgebers umgekommen. Auch der kleine Teodori war da, in seinen Rollstuhl gekauert. Als er dreizehn war, hatte ihn ein Vertreter der Jeunesse dorée von Novere überfahren, bei einem nächtlichen Wettrennen mit ausgeschalteten Scheinwerfern, das den würdigen Abschluss einer Feier mit Whisky, Titten und Koks bilden sollte. Ein mitleidsvolles Gutachten hatte im Berufungsverfahren die Dinge auf den Kopf gestellt: Was hatte sich der Junge nur dabei gedacht, einfach so über die Straße zu rennen und einem wackeren jungen Mann, der arglos daherfuhr, den Weg abzuschneiden? Wie bitte? Er wollte den letzten Schulbus nicht verpassen? Sein Problem! Sollte er doch früher aufstehen!

Bardolfo und Pistola nahmen den Staatsanwalt in ihre Mitte. Die kleine Ansammlung wartete, dass sie die Treppe erklommen hatten, dann folgte sie ihnen diszipliniert. Mandati drehte sich um. Vergebens suchte er einen Gesichtsausdruck zu erkennen: Ressentiment, Enttäuschung, Rachsucht. Nichts. Diese versteinerten Gesichter drückten nichts aus als eine allgemeine kalte Gleichgültigkeit.

Plötzlich erhob sich von diesen undurchdringlichen Mienen ein Unheil verkündendes Gemurmel. Mandati versuchte, den Sinn dieser Laute zu erfassen. Wie konnten sie sprechen, so mit geschlossenen Mündern? Was zum Teufel wollten sie ihm sagen? La... Lasst ... Ah ja: Lasst, die ihr eintretet, alle Hoffnung fahren ...

Zum ersten Mal seit Beginn seines Traumes verspürte Staatsanwalt Ottavio Mandati Angst.

Und die Angst steigerte sich zu Entsetzen, als er in der Anklagebank Platz genommen hatte und die unverwechselbare Gestalt des Herrn Bürgermeisters, Pierfiliberto Berazzi-Perdicò, auftauchen sah. Er trug den schwarzen Talar und die Goldschnüre des Ermittlers. So wurde der Staatsanwalt, der sich selbst hatte verhaften lassen, zum Angeklagten seines Angeklagten.

2.

Eskortiert von den getreuen Bardolfo und Pistola traf Staatsanwalt Mandati am 18. März pünktlich um neun Uhr morgens vor dem Gerichtsgebäude ein. Es war ein regnerischer Montag mit feuchtkaltem Wind. Ein mieser Tag. Das Klima war in dieser Gegend auch sonst nicht besonders. Pierfiliberto Berazzi-Perdicò hatte zu seiner Verschlechterung beigetragen, indem er dafür sorgte, dass der kleine Lärchenhain abgeholzt wurde, der die winterliche Kälte ebenso milderte wie die schwülheißen Sommer. Aber der hinreißende Wohnkomplex »Goldener Hügel« sollte der Wirtschaft der Gegend einen Schub geben und zudem jenen Qualitätstourismus anziehen, den Novere verdiente – wen scherten da ein paar struppige alte Bäume?

»Na, Dottore Mandati, immer noch nicht müde, unserem Bürgermeister nachzustellen?«

Tafano Tafàni, Chefreporter von *Telenovere*, erwartete ihn am Fuße der Treppe mitsamt seinem tätowierten Assistenten, das Mikro im Anschlag wie eine Eistüte, während fünf, sechs Laufburschen minderen Kalibers in respektvoller Entfernung mit ihren Digitalrekorderchen ausharrten, bereit, jedwede Bemerkung einzufangen.

Im Laufe der Jahre hatte Ottavio sich an die Beachtung gewisser Regeln gewöhnt. Erstens: Nie mit einem feindlich gesinnten Journalisten reden. Zweitens: Nie die Ruhe verlieren. So widmete er dem Reporter, der sich selbst gern die »Stimme des freien Novere« nannte, ein gewinnendes Lächeln und versuchte, ihn mit einem geschickten Slalomschwung zu umgehen. Aber Tafàni heftete sich ihm an die Fersen.

»Wollen Sie nicht mit der freien Presse reden, Herr Staatsanwalt? Wissen Sie, dass Bürgermeister Berazzi-Perdicò der letzten Umfrage zufolge das Vertrauen von fünfundsiebzig Prozent unserer Mitbürger genießt? Ist Ihnen klar, dass …«

Mit gebieterischer Geste bremste Ottavio Bardolfo und Pistola, die nur zu gern ihre in der alten Sporthalle von Rosignano Marittimo erworbenen Boxkünste an Tafàni aufgefrischt hätten, erklomm die vierzehn ausgetretenen Marmorstufen und trat über die Schwelle des Gerichtsgebäudes. Ein beeindruckender Aufzug mit ihm ganz vorne, der sich bemühte, nicht zuzuhören, Tafàni, der sich bemühte, sich Gehör zu verschaffen, den beiden Carabinieri, die sich bemühten, diesen nicht zu verdreschen, und den Laufburschen, die sich bemühten, ihre Arbeit als Laufburschen zu tun. Und in der Tat blieben alle stehen, um sie zu betrachten: Die einen deuteten ein Lächeln an, die anderen einen Gruß, während die jungen Anwälte demonstrativ den Blick abwandten, in der offenkundigen Absicht, möglichst deutlich den Widerwillen auszustellen, den ihnen der Anblick des öffentlichen Anklägers verursachte.

Bevor er den kleinen Saal der Vorverhandlungen erreichte, blieb Ottavio kurz vor einem Spiegel stehen. Der Krawattenknoten wirkte ordentlich, und insgesamt verlieh ihm seine nüchtern-würdige, nie auffällige oder gar exzentrische Kleidung jene etwas pedantisch rechtschaffene Wirkung, die die Leute von einem Staatsdiener erwarteten. Als er das seinem Sohn einmal erklären wollte, hatte dieser sarkastisch entgegnet:

»Aber Papa, du kleidest dich doch nicht so, weil die Leute gern hätten, dass du so *wirkst*. Du *bist* einfach so: rechtschaffen und ziemlich pedantisch.«

Die Vorverhandlungsrichterin, eine rundliche, joviale Kollegin, verspätete sich. Tafano Tafàni nutzte die Gunst der Stunde, um ein paar atmosphärische Aufnahmen zu machen für das Gerichts-Special, das den ganzen Nachmittag als Endlosschleife gezeigt werden sollte.

3.

Nur drei der fünfzehn Verfahren gegen Pierfiliberto waren mit einem regelrechten Freispruch ausgegangen, also mit der Feststellung seiner »Unschuld«.

Bei vier Gelegenheiten wurde Ottavios Antrag auf Eröffnung eines Hauptverfahrens abgelehnt, bei fünf weiteren wurden die von ihm formulierten Anklagen von Gesetzesänderungen während des Verfahrens torpediert.

Die Kollegin ließ immer noch auf sich warten. Auch die üblichen Rechtsverdreher des Vertrauens des illustren Angeklagten waren bisher nicht zu sehen. Ottavio bat Bardolfo und Pistola, ihm Bescheid zu geben, wenn alles bereit wäre, und ging auf eine kleine Terrasse hinaus, um eine toskanische Zigarre zu rauchen. Der Boden war von Kippen und Taubenscheiße bedeckt. Natürlich war der Reinigungsdienst in einer Public-Private-Partnership an den Betrieb eines Pierfiliberto nahestehenden Stadtrates vergeben worden. Noch so ein Wohltäter der Gemeinde. Die ersten Züge raubten ihm den Atem. Oha, offenbar wurde er so langsam älter. Noch etwas, wo Pierfiliberto ihn um etliche Längen schlug. Sie waren gleich alt, aber der Bürgermeister sah aus wie sein jüngerer Bruder. Er rauchte nicht, trank nicht und joggte zwei Stunden täglich. Angeblich kam er mit extrem wenig Schlaf aus. Er war von einer solchen animalischen Energie, dass er wirkte wie die Mischung aus einem Rammbock und einem Außerirdischen. Es war kein Wunder, dass so viele ihn mochten. Wären jene gewissen Details nicht gewesen – er war außerdem ein eingefleischter Verbrecher und ein pathologischer Lügner mit Raubtierinstinkt –, hätte sogar Ottavio ihn sympathisch finden können. Auf der anderen Seite des Innenhofs klopften zwei auf einem Gerüst stehende Arbeiter matt an einem lose sitzenden Blechdach herum. Auch das Gerichtsgebäude hatte seine eigene Geschichte. Wie auch anders, hier in Novere? Mitte der Achtziger war es auf einem Gelände erbaut worden, das Rocco und Saro Pantaleo gehört hatte, zwei Brüdern aus Platí, die in den Folgejahren wegen einer Bleivergiftung von der Bildfläche verschwunden waren. Während der ganzen Sache – Erwerb des Grundstücks, Erteilung der Baugenehmigung, Auftragsvergabeverfahren, Sanierung (an einem bestimmten Punkt hatte es ein Asbest-Problem gegeben) – hatte der Herr Bürgermeister sich mehrfach eine goldene Nase verdient und war aus allen Ermittlungen so rein hervorgegangen wie ein frisch gebadeter Säugling. Jedes Mal, wenn er das Gebäude betrat, musste Ottavio sich beherrschen, um nicht zu kotzen. Er saß im Produkt des Übeltäters. Und in seinem Namen sprach er Recht.

Atemlos kamen Bardolfo und Pistola angehetzt und schreckten ihn jäh aus seinem Grübeln.

»Dottore, kommen Sie schnell, es ist alles ein Mordsdurcheinander!«

4.

Um acht Uhr fünfundvierzig wollte Pierfiliberto Berazzi-Perdicò gerade in seinen schwarzen Lexus RX 450 steigen, auf dem Parkplatz im weitläufigen Garten seiner Familienvilla, da kam ihm Terenzio hinterhergerannt, sein Sohn. Avvocato Appella, der in einem Stau auf der Umgehungsstraße der Provinzhauptstadt festsaß, verlangte ihn dringend zu sprechen. Er hatte auf dem Festnetzapparat angerufen. Als sein Vater fragte: »Warum ruft der mich denn nicht auf dem Handy an?«, präsentierte der Junge ihm das Gerät, das Pierfiliberto achtlos auf dem Schreibtisch seines Arbeitszimmers hatte liegen lassen. Also folgte der Bürgermeister seinem Sohn zurück ins Haus. Und kaum hatte er dort den Hörer ans Ohr geführt, da ertönte draußen eine heftige Explosion. All das schilderten Bardolfo und Pistola haarklein auf dem Weg zur Clinica Villa Maria.

»Der Lexus ist in die Luft geflogen, wahrscheinlich per Fernsteuerung gezündet. Die Glassplitter sind hundert Meter weit geflogen, mehrere Bäume umgestürzt.«

»Und der Fahrer?«

»Der Bürgermeister hat keinen Fahrer. Er fährt seinen todschicken SUV lieber selbst.«

»Typisch. Keine Toten also …«

»Und auch keine Verletzten. Der Bürgermeister hat sich nur vorsorglich ins Krankenhaus einliefern lassen. Wegen des Schocks …«

»Das hat er selbst angezettelt, um den Prozess zu verzögern«, schnaubte Bardolfo halblaut.

Der Staatsanwalt schüttelte den Kopf.

»Glaube ich nicht. Wie viel hat dieser SUV gekostet?«

»Zweihunderttausend.«

»Du willst uns weismachen, Pierfiliberto ist einer, der so eine teure Mühle opfert, um eine Verhandlung zu verzögern, wofür ihm ein Attest seines Arztes genügen würde? Nein, das glaube ich nicht.«

»Vielleicht ist der Wagen geleast. Oder er hat Ärger mit der Versicherung?«

»Möglich. Aber vorerst ...«

Vorerst gab es ein Attentat und ein Opfer. Pierfiliberto. Blieb noch abzuwarten, ob sie dieses eine Mal auf derselben Seite stehen würden.

In der Klinik wurden sie von ein paar aufgeregten Nonnen in ein exklusives Wartezimmer geleitet. Die Villa Maria war eine der vier Vertragskliniken von Novere. Die angesehenste und effektivste. Ja, die Geschichte mit den Kliniken. Noch so eine Schlappe. Er hatte wirklich schon einiges von dem Mann einkassiert. Einst gab es auch in Novere ein Krankenhaus in öffentlicher Hand. Und es lief gut. Aber irgendwann begann es Anzeigen zu hageln, gegen Ärzte, Leitung und Pflegekräfte, Anzeigen wegen Kunstfehlern. Ein unglaublicher Aufzug von weinenden Verwandten, unterstützt von Lokalpolitikern. Ob es nun die neunzigjährige Oma mit Parkinson war oder der Alkoholiker mit seiner vom Schwarzgebrannten zerstörten Leber – jeder liebe Verstorbene landete unfehlbar auf dem Tisch des Staatsanwalts. Und der lehnte die Fälle unweigerlich ab und gab sie ins Archiv, womit er sich einen Ruf als verhasster Verteidiger des Ungesunden erwarb.

Doch was sollte er tun? Die Anzeigen waren ganz offensichtlich an den Haaren herbeigezogen. Was zum Teufel ritt bloß seine Mitbürger? Wollten sie jetzt gegen Mutter Natur vorgehen? Wollten sie sich weigern anzuerkennen, dass jedes menschliche Wesen irgendwann geboren wird und irgendwann auch sterben muss? Das Geheimnis lüftete sich, als drei Monate nach dem Tsunami die Region den neuen Gesundheitsversorgungsplan bekannt gab. Das Krankenhaus von Novere war unter denen, die vom allgemeinen Spital zur Notfallstation herabgestuft wurden. In der Praxis bedeutete das, dass die Novereser für jeden Eingriff, der über einen eingewachsenen Nagel hinausging, entweder ins Krankenhaus von Vaglio di Sotto (achtzig Kilometer) oder gleich in die Regionalhauptstadt (hundertfünfzig Kilometer) reisen mussten. Oder aber sie begaben sich folgsam in eine der vier Vertragskliniken der Stadt. Welche – hinter ein paar Strohmännern – niemand anderes kontrollierte als der Herr Bürgermeister.

Und während in den anderen Gemeinden der Provinz und teilweise auch in der übrigen Region die Ankündigung der Verkleinerung und Schließung von Krankenhäusern Gegenreaktionen bewirkte – hier wurde einem Stadtrat ins Gesicht gespuckt, da gab es eine Straßenblockade, und in Minisola Castromontana drohte ein Student und Globalisierungsgegner, sich anzuzünden wie ein tibetanischer Mönch –, wurde die Maßnahme in Novere, und nur in Novere, von den Bürgern beklatscht. Gesenkten Kopfes stürzte sich Ottavio Mandati in die Untersuchung der Umstände und beschuldigte Pierfiliberto und die gesamte Gemeinderegierung. Der Prozess aber erwies sich als Totgeburt. Alles war formal in Ordnung. Die Strohmänner, zwei weinselige Achtzigjährige, zückten Belege für Gewinne im Lotto, dank derer sie unvermittelt und klugerweise beschlossen hatten, im Gesundheitssektor zu investieren. Seine Haftanträge wurden einer nach dem anderen abgewiesen. *Telenovere* fuhr ganz große Geschütze auf: Staatsanwalt Mandati verteidige das »Krankenhaus der hundert Toten«, da es als einziges in der Gegend Abtreibungsärzte beschäftige, weil er ein Feind des Lebens sei und ein Verfechter des moralischen Niedergangs der Gesellschaft. Die Bischöfe hatten sich eingeschaltet, die Nonnen (denen die Führung der vier Vertragskliniken oblag) und ein paar Untersekretäre. Ottavio wurde vor den oberen Gerichtsausschuss zitiert. Dass dieser kein Disziplinarverfahren gegen ihn eröffnete, kommentierte Pierfiliberto nur lapidar mit dem legendären, vom getreuen Tafano Tafàni übermittelten Satz: »Ja, ja, eine Krähe hackt der anderen kein Auge aus …«

Noch Jahre später fuhren er, Teresa und Lucio, wenn sie zum Beispiel eine Laboruntersuchung benötigten, die achtzig Kilometer, um bloß den Fuß nicht auf Feindesland setzen zu müssen.

Endlich teilte der Chefarzt mit, der illustre Patient sei bereit, sie zu empfangen: »Aber macht ihm keinen Stress, ja? Es hat ihm übel mitgespielt …«

»Was? Dem? Madonna …«

Ottavio brachte Pistola mit einem gebieterischen Blick zum Schweigen, dann betraten sie, vom Chefarzt geleitet, den Berazzi-Perdicò-Pavillon (nur falls jemand vergessen haben sollte, wer in Novere das Sagen hatte).

Pierfiliberto saß tief in einem weichen Sessel versunken, in Jacke und Krawatte, die rosigen Wangen säuberlich rasiert, das nervige Grinsen des ewigen Jugendlichen, das seine Wähler so unwiderstehlich fanden, fest im Gesicht verankert.

»Guten Tag, Herr Bürgermeister.«

»Wie wär's, du entspannst dich mal ein bisschen, Ottá? Diesmal stehen wir auf derselben Seite! Ich bin das Opfer! Und du musst herausfinden, wer die verfluchten Bastarde waren, die mir an den Hals wollten.«

Die kleine Ansprache war die x-te Variante eines Themas, das Pierfiliberto seit Anbeginn ihrer Bekanntschaft keine Ruhe gelassen hatte:

»Aber warum können wir beide nicht einfach Freunde sein, Ottavio?«

5.

Zum ersten Mal hatte Pierfiliberto ihm die Hand ausgerechnet zum Ende des Schuljahres 1966/67 reichen wollen.

»Nichts für ungut, ich hab dir diesen kleinen Streich gespielt mit der Wahl zum Klassensprecher, aber egal, war doch nur ein Scherz. Sollen wir nicht Freunde sein, was meinst du?«

Weitere Angebote hatte es in den folgenden Jahren geregnet, so auch in der Mittelschule, verbunden mit dem Vorschlag, einen schwungvollen Handel mit Gebäckteilchen anzufangen:

»Wir treffen uns um halb acht in Francos Bar und kaufen sämtliche Teilchen zu sechzig Lire auf. Dann nehmen wir sie in die Schule mit und verkaufen sie zu siebzig. Wenn man rechnet, dass in der Mazzini-Mittelschule fünf Abteilungen zu je fünf Klassen sind, und angenommen, jede Klasse hat im Durchschnitt fünfundzwanzig Schüler, dann ergibt das sechshundertfünfundzwanzig Stück. Bei zehn Lire Verdienst pro Teilchen macht das netto sechstausendzweihundertfünfzig. Jetzt ziehst du die Kranken und die anderen, die fehlen, ab, außerdem die mit blöden Eltern, die ihnen zu Hause ihr Pausenbrot schmieren, so, dann sind wir immer noch bei netto fünftausend. Durch zwei macht das zweitausendfünfhundert pro Nase. Wie findest du das? Nicht schlecht, oder? Mach dir mal ein Bild, was du dir für zweitausendfünfhundert pro Tag alles kaufen könntest! Das sind fast fünfzigtausend im Monat. He, das ist kein Pappenstiel, hast du eine Ahnung, was ein Pedell verdient, Ottá, hast du eine Ahnung?«

Es versteht sich von selbst, dass er ihn zum Teufel geschickt hatte. Dieser schwungvolle Handel mit noch ausgetüftelteren Varianten (montags verkaufte die Pasticceria *Torquato* aus dem nahen Örtchen Sant'Anselmo i Tre Pizzi ihre sonntäglichen Reste) wurde dann schließlich mit ebendem Pedell Santissimi aufgezogen, der wegen seiner sprichwörtlichen Raffsucht den Spitznamen Gierschlund trug.

Im humanistischen Pisacane-Gymnasium, dem einzigen der Stadt – für Bürgersöhne wie Pierfiliberto und Ottavio kam nichts anderes in Frage –, unterbreitete er ihm den nächsten derartigen Vorschlag.

»Du weißt doch, Teodorico, der Latein- und Griechisch-Hilfslehrer? Der mit dem langen Bart, der immer nach Fisch riecht und sich für einen Dichter hält? Dichter, muss man sich mal vorstellen! Also, dieser Teodorico ist zwar ein Hungerleider, aber er hat gute Verbindungen zur Schulleitung. Offenbar legt er die Mantegazza flach, weißt schon, die Geschi-Tante mit den Riesenmöpsen ... Egal, für Geld würde Teodorico seine Mutter verkaufen! So, und jetzt pass auf: Er weiß, was für Übersetzungsaufgaben wir am nächsten Morgen kriegen. Am Nachmittag davor schon, verstehst du? Da hab ich mir gedacht: Teodorico macht uns eine Übersetzung. Die kriegen wir für fünf-, höchstens sechstausend, sechstausendfünfhundert, schließlich ist er ein Hungerleider. Dann machen wir Fotokopien und verkaufen sie den anderen. Denen, die hängen zu bleiben drohen, aber es noch schaffen können, wenn sie sich anstrengen, und denen, denen nicht mal Jesus Christus mehr helfen kann, aber die noch hoffen ... Verstehst du? Gut. Zwanzig Stück kriegen wir jedes Mal ohne Weiteres los, selbst wenn wir die Ware knapp halten. Wir verkaufen's den Wackelkandidaten für sieben, von den Aussichtslosen nehmen wir zehn. He, das sind Esel, da müssen sie schon bisschen was investieren, findest du nicht? Also, sagen wir mal, durchschnittlich achttausend, macht jedes Mal hundertundsechzig, abzüglich die fünf bis sechs für den Hungerleider, ach was, sagen wir zehn, der ist *wirklich* ein Hungerleider ... Bleiben noch hundertfünfzig. Fünfundsiebzigtausend Lire pro Nase. Kapierst du, Ottá? Er zehn, und wir jeder fünfundsiebzig. Das ist der gerechte Anteil für den, der das Risiko auf sich nimmt! So, und jetzt: drei Lateinübersetzungen pro Trimester und drei in Griechisch, macht sechs. Hundertfünfzig mal sechs macht neunhundert. Am Ende springt da fast eine halbe Million pro Nase raus. Und he, hör mal, das ist der Knüller: Teodorico arbeitet daran, auch die Aufgaben für die Mathearbeiten zu kriegen. Für unter zwanzigtausend geben wir die nicht raus, oder?«

»Und warum nicht auch die Aufsätze?«, erkühnte Ottavio sich zu fragen, hin und her gerissen zwischen Ekel und der Neugier, wie weit Pierfiliberto wohl gehen mochte, wo seine Grenze war, falls er denn eine hatte.

»Spinnst du? Soll es mir leidtun, dass ich dir das erzählt hab? Die Aufsätze sind doch persönlich. Da steht drin, wie jeder Einzelne die Welt sieht. Die kann man nicht vervielfältigen, da erwischen die uns sofort.«

In genau diesem Moment begriff Ottavio endgültig: Pierfiliberto war nicht nur gierig, hinterlistig und scherte sich fröhlich keinen Deut um Regeln. Der Junge war auch intelligent. Intelligent und, wie sich in den kommenden Jahren zeigen sollte, bisweilen unkalkulierbar und geradezu genial.

»Entschuldige, aber warum machst du das schöne Geschäft nicht allein? Was soll ich dabei?«

»Ach, Ottavio, caro! Ich bringe es im Schnitt gerade mal auf sechs Punkte. Du bist in allen Fächern der Klassenbeste. Angenommen, sie kommen uns auf den Dreh ... Das sollte nicht passieren, aber ... Mal angenommen, sie kommen uns drauf, dann kannst du immer noch behaupten, du würdest es aus humanitären Gründen machen, als Protest gegen das System, was weiß ich ... Du bist doch links, oder? Du erfindest was! So. Protest gegen das System. Dann können sie dir nichts tun, du stehst sogar super da. Komm schon, mach mit!«

Ottavio hatte sich geweigert.

Ein paar Jahre später wären sie aber tatsächlich beinahe Freunde geworden. Beinahe.

Es war ungefähr 1980. Ottavio lernte wie ein Kranker für die Aufnahmeprüfung zum Richteramt. Er und Pierfiliberto hatten sich längst aus den Augen verloren: verschiedene

Universitäten, verschiedene Kreise, verschiedene Ambitionen. Eines schönen Tages kehrte Pierfiliberto nach Novere zurück, große Projekte im Kopf.

»Schau mal, mein Lieber. Du wirst dich ja gefragt haben, warum ich trotz deinem starrsinnigen Sträuben all die Jahre *un-ab-läs-sig* deine Freundschaft gesucht habe. Jetzt erklär ich dir das. Ich habe gelernt, nein, ich habe begriffen, sofort, als ich zu denken angefangen habe, dass es zwei Kategorien von Menschen gibt: die Idioten und die, die herausragen. Die Idioten sind die Masse, und die Masse lässt sich leicht führen. Man muss ihnen nur geben, was sie wollen. Also, was *ich* will. Ich habe da klare Vorstellungen ... Sehr klare ... Aber die Herausragenden ... ›wir‹, die herausragen, wenn du erlaubst, denn ich schätze dich, ich respektiere dich, ich sehe dich als einen von uns, wie mich, schau, in dem Punkt sind wir uns sehr ähnlich ... Mehr als nur Freunde ... Brüder sind wir, Ottavio, Brüder ... Wo war ich?«

»Wir, die herausragen ...«

»Ah ja ... Wir, die herausragen, dürfen uns nicht gegenseitig bekriegen. Wir müssen auf derselben Seite stehen. Das ist ein Naturgesetz. Wir dürfen unsere Energien nicht in einem Bruderzwist vergeuden. Wir müssen zusammenarbeiten, für den Fortschritt der Menschheit ...«

»Entschuldige, aber ist das nicht ein bisschen dick aufgetragen? Für den Fortschritt der Menschheit ...«

»Nur die Idioten setzen sich Grenzen. Wir Herausragenden haben die Pflicht, groß zu denken.«

Tja. Jedes Mal, wenn er an diese Zeit zurückdenkt, verspürt Ottavio eine Mischung aus Verlegenheit, Scham, Wut. Pierfiliberto war ihm nämlich nach all den Jahren verändert vorgekommen. Er hatte die Kantigkeit und Aggressivität des Jugendlichen abgelegt, und es war ihm gelungen, seine natürliche Gier in eine Art messianische Kraft umzuwandeln. Größer und schlanker war er geworden. Er konnte im Mittelpunkt stehen. Und die Leute verehrten ihn. Er präsentierte eine Freundin mit altehrwürdigem Namen, eine halbe Contessa mit großem Grundbesitz, und er erklärte, er sei bereit sich aufzureiben, um dem verschlafenen Novere einen Schub zu verpassen. Unablässig und aufdringlich beschwor er den Wandel, hinter seinen Worten war eine rebellische Kraft zu spüren, mit der man ihm tatsächlich zutraute, alles zu erreichen. Zu der Zeit waren Ottavios Gewissheiten ohnehin ins Wanken geraten. Der politische Glaube, der naive politische Glaube, den er all die Jahre auf der Uni hochgehalten hatte, erlitt angesichts der stumpfsinnigen Bomben der Terroristen Schiffbruch. Und Teresa reagierte derart verstockt auf all seine Annäherungsversuche ... Kurz, er war ihm glatt auf den Leim gegangen, und sie begannen, einander häufiger zu sehen. Pierfiliberto machte seine ersten Schritte im Bereich der Immobilienspekulation und begann ein gewisses Interesse an der Politik zu fassen.

Ein diskretes Hüsteln seitens Bardolfos und Pistolas rief ihn in die Wirklichkeit zurück. Blinzelnd versuchte er, die Szene klar zu sehen. Die beiden Carabinieri, die ihn verwundert anschauten. Pierfiliberto, der ihn tief im Sessel sitzend mit gerunzelter Stirne musterte.

»Leidest du etwa unter Narkolepsie, Ottá? Seit zehn Minuten bist du ganz woanders ... Hör mal, wenn du da ein Problem haben solltest, ich kenne die besten Spezialisten.«

»Bitte schildern Sie mir das Vorgefallene möglichst detailliert«, zischte er und versuchte, sich zusammenzureißen.

Einen neutralen, professionellen Tonfall zu wahren kostete ihn unendliche Mühe.

6.

Drei Tage nach dem Attentat, während Bardolfo, Pistola, sechzehn Carabinieri und vierundzwanzig Polizisten und ein paar Offiziere alle nur möglichen Spuren verfolgten, saß Pierfiliberto Berazzi-Perdicò an seinem Schreibtisch, sah die vielen Solidaritätsadressen durch, die ihn von hochgestellten Persönlichkeiten und einfachen Bürgern erreicht hatten, und verspürte unvermittelt Lust auf ein Cannolo. Seine getreue Sekretärin, eine Frau von sprichwörtlicher Unentbehrlichkeit und amtlich attestierter Hässlichkeit (hübsche Frauen haben es nicht nötig zu arbeiten, und die hässlichen arbeiten uns zu, pflegte der Bürgermeister anzumerken), brauchte bloß zwanzig Minuten, um aus der bekannten Pasticceria *Turiddu* am Corso Vittorio Emanuele III. eine Schachtel mit diesen sizilianischen Gebäckteilchen zu beschaffen. Es war ein sonniger Tag. Die Fenster standen weit offen. Voller Vorfreude auf die dicke, mit Schokoladensplittern durchsetzte Ricottacreme in den Teigröllchen wickelte Pierfiliberto das Paket aus. Eine hungrige Taube, offenbar bereits seit Längerem auf der Lauer, landete im Sturzflug auf dem Schreibtisch und bohrte den Schnabel in ein Cannolo. Völlig überrascht konnte der Bürgermeister eine angewiderte Geste nicht unterdrücken. Dann nahm er einen Briefbeschwerer und warf damit nach dem Vogel, verfehlte das Ziel jedoch. Die Taube riss unbeeindruckt ein beträchtliches Stück Blätterteig ab und begann daran herumzupicken. Pierfiliberto rief um Hilfe. Die Sekretärin eilte hinzu. Die Taube ließ von der Schachtel ab, warf einen blöde-verzweifelten Blick in die Runde, gab ein kurioses Geräusch von sich, halb Schluchzen, halb Rülpser, drehte sich einmal um sich selbst und stürzte zu Boden. Zwei Stunden später hatten die Kollegen von der Gerichtsmedizin das Ergebnis: In diesem Cannolo war Strychnin, und zwar genug, um den gesamten Stadtrat ins Jenseits zu befördern.

Später – er hatte gerade alle Hände voll mit Anrufen zu tun (alle meldeten sich, Minister, nationale und internationale Presse, Kollegen, Bürger) – erschienen auf einmal Teresa und Lucio im Büro von Staatsanwalt Ottavio Mandati, blass und erschüttert.

»Ich bin heute in der Schule tätlich angegriffen worden.«

»Wie denn das? Und warum?«

»Die Leute sagen, du unternimmst nichts, um die Mörder zu finden. Sie denken, du bist erst zufrieden, wenn man Pierfiliberto etwas angetan hat.«

»Was hältst du davon?«, fragte er Lucio.

»Ich hab keine Lust, darüber zu reden.«

»Offenbar hast du nie Lust, über irgendetwas zu reden.«

»Was soll ich denn sagen? Du bist besessen von dem Kerl! Geh zum Psychiater!«

»Schau, diesmal bin ich es ja gar nicht, der ihm nachstellt ...«

»Sei doch wenigstens dieses eine Mal ehrlich! Und wenn du es nur dir selbst gegenüber bist!«

»Ach, scher dich doch zum Teufel, wenigstens dieses eine Mal!«

Am Abend fand er das Haus leer vor. Frau und Sohn waren zu einer Tante in der Nähe von Rom gezogen. Das versetzte ihm einen schmerzlichen Stich. Das Gefühl, verraten und verlassen worden zu sein von denen, die doch an ihn glauben sollten. Dabei hatte gerade Teresa ihn einst aus der Verzauberung geweckt, die Pierfiliberto auf ihn ausgeübt hatte.

Es war ihm nur ein einziges Mal gelungen, sie zu einem Fest seines alten Klassenkameraden mitzuschleifen, und dort geschah es. Nie würde er den halb verwunderten, halb mitleidigen Blick vergessen, den Teresa ihm zugeworfen hatte. Sie befanden sich in einem großen Wohnraum: schöne Damen und Dämchen, nicht gerade dezent bekleidet, Geschäftsleute, eine Handvoll Lokalpolitiker, ein paar Geistliche. Pierfiliberto sang und begleitete sich selbst mit der Gitarre. Er hatte eine schöne Stimme. Alle wetteiferten darum, in seiner Nähe zu stehen. Bei einer augenzwinkernden Version von *Pazza idea* sah Teresa Ottavio auf einmal merkwürdig an. Als wollte sie sagen: Was um Himmels willen tust du hier? Was hast du mit diesen Leuten gemeinsam? Er nahm sie beiseite.

»Was ist? Amüsierst du dich nicht?«

»In was für einer Welt lebst du, Ottavio? Merkst du denn gar nichts?«

»Was denn? Wir tun doch nichts Böses, würde ich meinen …«

»Entschuldige, aber wo sind eigentlich die Partnerinnen dieser Männer? Siehst du nicht, dass wir hier das einzige

Paar sind? Das sind Nutten. Du bist ja blind wie Mister Magoo!«

»Teresa, also wirklich ...«

»Nutten!« Pierfiliberto breitete die Arme aus. »Was für ein unschönes Wort! Begleiterinnen viel eher. Und was ist schlecht daran, wenn ein Mann sich von Zeit zu Zeit ein bisschen entspannt ... Pass du lieber auf, deine Teresa da kommt mir vor wie eine halbe Nonne ... Du wirst doch keine Feministin heiraten, oder?«

»Jetzt mach mal halblang!«

»Oh, Ottavio, diese Leute sind mir nützlich. Und zwar für mein Projekt. *Uns* sind sie nützlich, müsste ich sagen. Schau, das hier ist ein erstarrtes, überaltertes, zurückgebliebenes Nest. Ideen zu haben genügt nicht. Es braucht auch Beine, auf denen sie gehen können. Es ist ja nicht meine Schuld, wenn das die Beine von diesen Idioten sein müssen. Du weißt, wie gern ich ohne sie auskommen würde. Aber das geht nicht. Es geht eben nicht. Diese Herrschaften, die sich so piekfein geben, das sind für uns Arschlöcher auf Beinen. Und wir zwei, du und ich, die Herausragenden, wir nehmen die Beine und werfen die Arschlöcher ins Meer. Mein lieber Freund, das hier ist der Moment der Entscheidung: entweder herausragend hier, heute, mit mir ... oder Trantüte für immer!«

In genau dem Augenblick damals fiel sein Entschluss, für immer zu den Trantüten zu gehören. Und das hatte er nie bereut. Auch der Verdruss, dass Teresa und Lucio ihn verlassen hatten, legte sich bald. Sie hatten ihre Gründe. Er selbst sah es auch manchmal so, dass er sie gegen ihren

Willen in einen sinnlosen Kampf hineingezogen hatte. Die Leute liebten Pierfiliberto. Sie hatten ihn als ihren Vertreter gewählt und verteidigten ihn mit gezücktem Schwert. Er dachte an den armen Maestro Vito zurück: War das nicht, im Guten wie im Schlechten, der eigentliche Sinn der Demokratie? Wäre es nicht »demokratischer«, alles aufzugeben?

Um Mitternacht, er versuchte gerade, sich auf den alten italienischen Film *In nome del popolo italiano* zu konzentrieren, kreuzten Bardolfo und Pistola auf.

»Wir haben ein Bekennerschreiben.«

»Via Internet.«

»Sie nennen sich Brigate Novere libera.«

»Und sie haben eine IP-Adresse hinterlassen.«

»Diesmal haben wir sie im Sack. Sämtliche Informatiker sind alarmiert, die Terrorabwehr ebenso. Es wird ein bisschen dauern, aber diesmal haben wir sie im Sack!«

7.

Während man noch darauf wartete, dass die Informatik-Ermittlungen Früchte trugen, die Terrorabwehr ihre Arbeit tat und die Informanten informierten, entging Pierfiliberto Berazzi-Perdicò einem dritten Anschlag auf sein Leben. Es geschah am vierten Tag nach dem missglückten Vergiftungsversuch. Der Bürgermeister hatte sich in die Nähe des Stausees Bella Novere begeben, an den Rand des Waldes von San Lampediano, um dort offiziell die Jagdsaison zu eröffnen: Die Jäger mit Zwillingsbüchse, zahlreich in der Gegend ansässig, machten einen beträchtlichen Teil seiner

Wählerschaft aus. Der Vorsitzende des örtlichen Jagdvereins, bekannt dafür, dass er eine gelehrte Schrift unter dem Titel *Ursprünge der noveresischen Drückjagd* hatte drucken lassen, hatte ihm ein besonders für die Wildschweinjagd geeignetes Hochpräzisionsgewehr der Marke Browning Bar Stalk Synthetic, Kaliber 30-06, geschenkt. Genau in dem Augenblick, als Pierfiliberto sich bückte, um das Teleskopzielfernrohr der Waffe zu untersuchen, zischten zwei Geschosse Kaliber 7.65 haarscharf an seiner linken Schläfe vorbei.

Sofort war die Menschenjagd eröffnet, und der Wald von San Lampediano wurde von einer wütenden Menge durchstreift. Hinter jeder einzelnen Lärche, jeder einzelnen Zeder meinte man einen Schatten zu erspähen, im Bachgrund, im dichten Laubwerk, in den Hochsitzen, entlang der talwärts oder gen Novere verlaufenden Pfade. Der Spurensicherung, innerhalb von fünfundzwanzig Minuten vor Ort, bot sich ein beeindruckendes Schauspiel. Die wackeren Jäger von Novere hatten nicht weniger als fünfhundert Schüsse von jedem Kaliber, Typ und Format abgefeuert. Jede einzelne nur denkbare Spur war vom Gelände getilgt, zertrampelt von hunderten ziellos herumirrenden Füßen. Ein dicklicher Typ, der Buchhalter Parascalchi-Parata aus Villerbosa, hielt sich blökend das blutende Knie und verfluchte rückhaltlos (und das als praktizierender Katholik) einen groß gewachsenen, dürren Kerl, der neben ihm stand und verlegen seine Beretta-Doppelflinte in den Händen drehte. Cavalier Finuoli-Finamore aus Salaperta di Mezzo hatte seinen alten Jagdkameraden für den Attentäter gehalten und dementsprechend gehandelt. Die einzige verlässliche Spur bestand in der Beobachtung einer alten Bäuerin, die, während sie draußen ihre Gänse fütterte, fast von einem auberginenfarbenen Mini Minor über den Haufen gefahren worden wäre. Am Steuer, so berichtete die Alte, saß ein junger Mann mit langen Haaren und wirrem Bart. Die brave Frau erinnerte sich sogar an die ersten Stellen des Nummernschildes: NO 36 …

Die Presse feuerte los. Einziges Ziel: Staatsanwalt Ottavio Mandati. Teresa und Lucio boten an, nach Novere zurückzukommen, was Ottavio ritterlich ausschlug (oh, Cincinnato, oh, das selbstgefällige Selbstmitleid!). Seine Frau informierte ihn, dass Lucio ein Stipendium für ein Studienjahr in Edinburgh erhalten hatte. In der ersten Reihe seiner Angreifer kämpfte neben dem allzu vorhersehbaren Tafano Tafàni eine Tageszeitung namens *Der Blitz von Pietrasanta*.

Hier fand sich in einem Artikel aus der Feder eines gewissen Marco Sgambazzi die lautstarke Forderung, man möge unverzüglich Staatsanwalt Ottavio Mandati festnehmen, der beschuldigt wurde, der heimliche Auftraggeber der Anschläge zu sein. Mein Gott, was hatte er diesem Sgambazzi nur angetan? Dann stieg ganz langsam tief aus seinem Gedächtnis eine Erinnerung empor: Versilia-Sgambazzi. Natürlich! Nach dem dritten oder vierten geplatzten Prozess, er wusste es nicht mehr genau, hatte dieser Sgambazzi, seinerzeit Reporter beim *Eco di Novere*, den Mut zu einem ironischen Kommentar besessen: Entweder ist Commendatore Berazzi-Perdicò der größte Pechvogel der Welt, denn die schlimmsten Halsabschneider wählen ihn unfehlbar als politisches und geschäftliches Vorbild, oder er ist ein armer Kerl, der es nicht versteht, seine Berater richtig zu wählen.

Sgambazzis Karriere war dann unvermittelt abgebrochen. Eine Zeitlang später hatte der junge Mann ihm eine kleinlaute Nachricht geschickt; er war jetzt Verkäufer in einer Frittenbude in Versilia. Ottavio hatte ihm als Antwort einen aufmunternden Brief geschickt und ein wenig Geld dazugesteckt. Jetzt war Sgambazzi wieder auf der Bildfläche erschienen, aber diesmal auf der richtigen Seite. Zu allem bereit, um für seine Jugendsünde zu büßen. Kurz gesagt, es sah nicht gerade gut für Ottavio aus. Da tauchten genau sieben Tage nach dem letzten Mordversuch Bardolfo und Pistola in Mandatis Büro auf, beladen mit Fotos, Filmen, Notizen und technischen Diagrammen.

»Es gibt keine Brigate Novere libera.«

»Oder besser: Sie besteht aus einer einzigen Person.«

»Dem Jungen in dem Mini Minor.«

»Nummernschild und Beschreibung treffen zu.«

»Auch die Computerdiagramme und die Tabellen führen zu ihm.«

»Der Mann agiert allein, Dottore Mandati.«

»Der Sohn. Terenzio Berazzi-Perdicò. Er hat alles allein eingefädelt.«

»Was sollen wir tun? Einen Haftbefehl beantragen?«

8.

Nein. Bei Gott: nein!

Diesmal lässt er sich nicht kleinhalten. Weder durch Gefühle noch durch den Respekt. Teufel noch mal! Alles hat seine Grenzen! Wie hatte Präsident Pertini einst gesagt? Auf einen Gauner anderthalb.

Er ließ sich den gesamten Papierkram bringen und wies Bardolfo an, den Bürgermeister anzurufen.

»Sag ihm, ich komme jetzt zu ihm. Er soll sich bereithalten.«

Terenzio. Zum zweiten Male kreuzten sich ihre Wege. Er stieg in den Wagen und hing seinen Erinnerungen nach.

Flashback.

Sommer 2000. Eine Ermittlung zum Drogenhandel in den besseren Schichten des Provinzhauptortes unter dem Tarnnamen *Weißer Schnee*. Es stellt sich heraus, dass ein paar Jungs aus der Jeunesse dorée von Novere an ihre Altersgenossen desselben Kreises dealen. Beschattungen, Abhöraktionen.

Irgendwann gerät Terenzio Berazzi-Perdicò ins Visier. Der Junge konsumiert fortwährend große Mengen Heroin, ein regelrechter Junkie. Der Vater weiß von nichts. Terenezio wird mit 20 Gramm hochreinem Heroin geschnappt, einer Menge an der Grenze zwischen persönlichem Bedarf und Dealerei.

Terenzio wird in Untersuchungshaft genommen und bekommt schwere Entzugserscheinungen. Er bricht vor Ottavio in Tränen aus und schlägt einen Handel vor: Sie sollen ihn freilassen und nach Hause schicken oder in eine Wohngemeinschaft, wohin sie wollen, nur nicht ins Gefängnis. Wenn sie es nicht tun, schneidet er sich die Pulsadern auf. Im Gegenzug bietet er Informationen über seinen Vater an. Kontonummern im Ausland. Adressen von Führungsfiguren des organisierten Verbrechens, mit denen sein Vater Geschäfte macht. Er hasst ihn, sagt er, diesen raumgreifenden Vater, der ihn behandelt wie einen Idioten und ihm gegenüber nie das kleinste bisschen Zuneigung an den Tag legt. Bardolfo und Pistola sind völlig aus dem Häuschen und werfen dem Staatsanwalt auffordernd-hoffnungsvolle Blicke zu. Das ist die große Gelegenheit, Chef. Schlagen wir ihm die Krallen ins Fleisch. Zeigen wir dem Bastard, wo der Hammer hängt. Wann, wenn nicht jetzt?

Auf einmal großer Lärm. Der Vater hat von der Verhaftung seines Sohnes Wind bekommen. Doch der Pierfiliberto, der bei ihnen aufkreuzt, ist ein besiegter, geknickter, zerstörter Mann. Seine Wahrheit widerspricht der des Sohnes. Pierfiliberto spricht von Liebe, von Zuneigung, von Hingabe, von seinen Anstrengungen, den Sohn vor dem Einfluss der schlechten Gesellschaft zu bewahren, er behauptet, ihm um jeden Preis helfen zu wollen. Er präsentiert Krankenhausakten. Berichtet von Selbstmordversuchen. Terenzio sei ein labiler Junge. Und er selbst ein armer, verzweifelter Vater.

»Ich bin zu allem bereit, um ihn zu retten. Auch zum Rücktritt.«

Bardolfo und Pistola jubeln. Der Wolf liefert sich dem Jäger aus, gefesselt und geknebelt. Triff eine Absprache mit ihm, Staatsanwalt, und zwar sogleich. Du hast ihn in der Hand. Seit Monaten schon predigt er im Fernsehen das Ende der Toleranz, die Notwendigkeit harter Maßnahmen gegen asoziales Verhalten, seit Monaten organisiert er Umzüge mit den Betschwestern von Novere, um »das Gewissen der Leute wachzurütteln«. Was für ein Donnerschlag: Der Moralprediger hat einen Junkie zum Sohn. Mach ihn fertig! Ruf die freie Presse hinzu. Ruf das Fernsehen. Stell ihn bloß. Hol dir Novere zurück, und vor allem: Gib es uns wieder!

Doch Ottavio zaudert. Sein Gewissen rebelliert. Er geht wieder zu Terenzio in die Zelle. Der Junge zittert, erbricht sich, zappelt, schlägt den Kopf an die Wand. Gegen alle Regeln erlaubt Ottavio dem Vater einen Besuch. Er bleibt vor der Sicherheitszelle. Er weiß nicht, was die beiden besprechen, er will es nicht wissen. Er ahnt den fast heiligen Charakter dieser Unterredung und will sich nicht einmischen. Nach rund zehn Minuten kommt Pierfiliberto heraus, erschüttert.

»Mein Angebot steht immer noch.«

Vor ihm ein erledigter Mann. Er wird das nicht ausnutzen. In Pierfilibertos verzweifelten Augen sieht er sich selbst als Vater. Jedem, auch dem schlimmsten Verbrecher, kann Kummer mit seinem Kind zustoßen. Und wenn es morgen Lucio sein sollte? Wäre ich dann nicht auch mitschuldig und würde um Milde betteln? Und würde denjenigen hassen, der sie mir verweigert und mich mit meiner Verzweiflung allein lässt?

»Ich bin nicht wie du«, sagt er schließlich zu Pierfiliberto. *Nunc et semper Cincinnatus.*

Er bestellt Kaffee für alle.

»Pierfiliberto, kennst du eine gute betreute Wohngemeinschaft zur Drogentherapie?«

»Natürlich.«

»Bring deinen Jungen dorthin.«

»Wann?«

»Sofort.«

»Ich … danke … Ich weiß nicht, wie …«

Am selben Abend bittet er den Voruntersuchungsrichter, Terenzios Namen aus der Hauptermittlung zu streichen. Nach ein paar Wochen werden die Unterlagen zur persönlichen Verfügung archiviert.

Ein Jahr später erreicht ihn eine Postkarte aus Rotterdam, wo Terenzio jetzt Seerecht studiert. Er ist clean und will Ottavio sagen, dass er weiß, wie viel er ihm zu verdanken hat.

Und jetzt das. Und als Dreingabe Teresas Skepsis (der hat dich schon einmal hintergangen, du bist zu sanftmütig für diese Welt, Liebling) und die enttäuscht-erbosten Blicke von Bardolfo und Pistola.

Und jetzt das. Er hatte sein damaliges Verhalten nie bereut. Und jetzt das.

»Diesmal nicht, Pierfiliberto. Heute gelten andere Regeln. Wir spielen nach meinen Vorgaben.«

Der Bürgermeister warf einen zerstreuten Blick in die Akte, lauschte ohne die geringste Regung dem Bericht der Carabinieri, zuckte seufzend mit den Schultern.

»Bist du fertig, Ottá?«

»Dein Sohn interessiert mich nicht, der ist nur ein armer Verrückter. Lass ihn behandeln. Mich interessierst du.«

»Weißt du was? Das hab ich mir gedacht.«

»Du bist das Krebsgeschwür dieser Stadt, Pierfiliberto. Solange du hier das Kommando hast, gibt es für die Menschen von Novere keine Zukunft.«

»Zukunft? Und du denkst, die Zukunft schert die Leute einen Scheiß? Denkst du, wenn die Leute imstande wären zu denken, einfach nur an die Zukunft zu denken, dass sie mich dann gewählt hätten? Ach komm, Ottavio!«

»Schluss mit dem Gerede. Ich bin hier, um dir einen Pakt vorzuschlagen.«

»Einen Pakt! Hast du nicht selbst gesagt, Richter schließen keine Pakte mit Verbrechern?«

»Ich habe meine Meinung geändert, in Ordnung?«

»Das wäre das erste Mal im Leben, dass du ein Minimum an Vernunft zeigst.«

»Willst du, dass dein Sohn den Rest seiner Tage in der Gefängnispsychiatrie zubringt?«

»Ich höre.«

»Lassen wir Terenzio aus dieser Sache heraus.«

»Und die Bombe? Das Gift? Die Schüsse?«

»Einstellung des Verfahrens, da Urheber unbekannt.«

»Hm ... Und was verlangst du dafür?«

»Terenzio, der Ärmste, geht in die Psychiatrie. Und du ...«

»Und ich?«

»Du trittst von allen Ämtern zurück, verkaufst deinen Besitz, das heißt, nein, du stiftest ihn der Gemeinde, dem Ministerium, einer Nichtregierungsorganisation deiner Wahl ... und verschwindest für immer.«

»Weißt du was, Ottavio?«, lachte Pierfiliberto. »Du hast noch nie auch nur das kleinste bisschen kapiert. Kein Wunder, dass du Beamter geworden bist. Schau mal, damals, das war die Chance deines Lebens, und du hast sie vorüberziehen lassen. Damals wäre ich tatsächlich zu allem bereit gewesen, um den Jungen zu retten: Aber das waren andere Zeiten. Ich war noch nicht ... wie soll ich sagen? So selbstsicher? Du warst jedenfalls immer zu blöd, um zu begreifen, wie die Dinge stehen. Mit anderen Worten, diesmal bist du geliefert, mein Lieber!«

Pierfiliberto klatschte in die Hände, mit jenem theatralisch-verführerischen Schwung, den Ottavio nur zu gut kannte. Eine Tür ging auf. Terenzio kam herein. Perfekt rasiert, lächelnd, elegant in graues Tuch gekleidet.

»Hast du mitgehört, mein Junge?«

»Alles, Vater.«

»Und ihr auch?«

Bardolfo und Pistola nickten.

»Gut«, lächelte Pierfiliberto. »Und jetzt die Papiere.«

Bardolfo und Pistola ließen synchron die Schlösser ihrer Aktenkoffer aufschnappen (Seltsam, dachte Ottavio, ich hab gar nicht mitbekommen, dass sie die dabeihatten …) und reichten dem Staatsanwalt zwei rosa Aktendeckel.

»Nun, Ottavio, schau mal, was ich dir für einen hübschen kleinen Streich gespielt habe. Wie damals in der Schule, weißt du noch? Auch da warst du so siegesgewiss …«

Aus den Aktendeckeln rutschten Polaroidfotos heraus. Mit zitternder Hand fing Ottavio sie auf. Klick. Der Staatsanwalt platziert eine Bombe unter Pierfilibertos Lexus. Klick. Der Staatsanwalt injiziert mit einer Spritze Gift in ein Cannolo. Klick. Der Staatsanwalt setzt eine Perücke auf und klebt sich einen falschen Bart an, sodass er aussieht wie ein Globalisierungsgegner. Klick. Der Staatsanwalt in einem auberginenfarbenen Mini Minor. Klick. Der Staatsanwalt schießt mit einem Gewehr auf den Bürgermeister.

»Na, was sagst du?«

Ottavio drehte sich verwirrt um. Bardolfo zuckte mit den Schultern.

»Dottore, ich muss halt diesen Kredit abzahlen, und …«

»Sag doch alles, verflucht noch mal!«, unterbrach ihn Pistola mit blutunterlaufenen Augen, den Zeigefinger zum Staatsanwalt ausgestreckt. »Du bist ein Loser, Ottavio Mandati! Und ich hab's gründlich satt, immer zu den Losern zu gehören! Ich will auch mal gewinnen, wenigstens ein Mal! Klar?«

Ottavios Blick begegnete dem von Terenzio, der lächelnd die Arme ausbreitete …

»Wie der Vater …«

Aus der Tiefe seiner Eingeweide entrang sich ihm der Schrei eines verletzten Tieres. Er warf sich auf die Akte, die echte, und wedelte krankhaft besessen mit ihr herum.

»Oh nein! Mich machst du nicht fertig! Ihr macht mich nicht fertig! Niemand macht mich fertig! Hier drin sind die Beweise! Die Wahrheit!«

»Nun ja«, kicherte Pierfiliberto, »Wahrheiten gibt es mindestens zwei. Deine und unsere.«

»Du weißt ja nicht mal, was das ist, die Wahrheit!«

»Zugegeben. Aber was meinst du, wem werden die Leute glauben? Dir, der du mich ein Leben lang hasst und der du immer verloren hast, oder mir, den die Leute mögen und der immer gewinnt?«

Und dann stimmten der Bürgermeister, sein Sohn und die Carabinieri wie auf ein unmerkliches Zeichen einen Gesang im Hip-Hop-Rhythmus an:

Lasst alle Hoffnung fahren
Oh, yeah
lasst alle lasst alle
lasst alle Hoffnung fahren

oh, yeah
Ihr, die ihr eintretet
lasst alle
lasst alle
lasst alle Hoffnung fahren

Ottavio schwankte. Vergebens suchte er eine Stütze, einen Hebel, irgendetwas, das ihm aus dem Dunkel helfen würde, das er in sich aufsteigen spürte. Doch er fand es nirgends.

9.

Bardolfo und Pistola waren am 18. März pünktlich um neun Uhr zur Stelle. Der Staatsanwalt, immer noch unter dem Einfluss des zweiten Traums, empfing sie mit einem unbestimmten Lächeln.

Der Weg zum Gericht. Der Eingang. Die kleine Menge der Unterstützer von Berazzi-Perdicò, Tafano Tafàni auf der Lauer ... Es war ganz wie in jenem Film, in dem der arme Bill Murray ein und denselben Tag immer wieder und wieder erleben muss. Wie hieß der noch mal, verflixt? Na egal. Anders als sonst jedoch die kleine Ehrengarde, die vor dem Saal der Ermittlungsrichterin wartete, kommandiert von einem jungen Capitano in Galauniform, der mit gerecktem Säbel in Habtachtstellung verharrte.

Das war doch aber übertrieben!

»Rührt euch. Erfreut, Sie kennenzulernen, Capitano, ich bin Staatsanwalt Mandati«, und er ging mit ausgestreckter Hand auf ihn zu.

Der andere jedoch ignorierte ihn, umrundete ihn mit

einem graziösen Menuettschritt, steckte den Säbel in die Scheide und eilte dienernd auf Berazzi-Perdicò zu, der just in diesem Augenblick auftauchte, gefolgt von einem Kometenschweif aus kampflustigen, aufgeblasenen Winkeladvokaten. Danke, mir geht es gut, murmelte der Staatsanwalt für sich und fuhr fort: Na egal, wen schert's, gesegnet sei der Traum, der Albtraum, der mir klargemacht hat, wie allein ich bin. Aber besser allein, als in schlechter Gesellschaft.

»Nanu, Dottore, reden Sie heute in Sprichworten?«

Pistola wirkte tatsächlich befremdet. Trotz der merkwürdigen Gelassenheit, die er verspürte, verlor Ottavio doch in gefährlichem Maße den Kontakt zur Realität. Er schwor sich, gleich nach der Sitzung einen Neurologen aufzusuchen.

Höchst herrschaftlich trat Pierfiliberto auf ihn zu und drückte ihm die Hand, eine sogleich von Blitzlichtern verewigte Geste. Ottavio lächelte ihn an. Pierfiliberto verbeugte sich. Ottavio zog den Kopf zwischen die Schultern.

Die Richterin, ebenjene rundlich-joviale Kollegin aus dem Traum, betrat den Raum. Alle sprangen auf, und ebenso rasch machten sie es sich wieder bequem.

»Also«, sagte die Kollegin, »heute verhandeln wir ...«

»Frau Vorsitzende, wenn Sie erlauben« – und Gianmaria Allegro Appella, Nummer eins des Verteidigergremiums, sprang auf die Füße –, »wir hätten da vor Verhandlungsbeginn noch einen Einspruch geltend zu machen.«

Ottavio bemühte sich, Selbstsicherheit an den Tag zu legen, obgleich da, wie der Stich einer kleinen Nadel ...

»Worum genau handelt es sich?«

»Unserer Meinung nach sind die Mitschnitte der Telefonate nicht gerichtstauglich.«

Ottavio entschlüpfte ein Auflachen. Der hatte sich ja viel vorgenommen, der Herr Anwalt! Allerdings konnte man ihn verstehen: Der gesamte Prozess beruhte auf den abgehörten Telefonaten. Ohne sie war das Verfahren gestorben. Die Anwälte versuchten das immer, auch die im Parlament, viele von denen, die mächtig genug waren und, mit dem Volksmund gesprochen, genug Eier in der Hose hatten. Die Mitschnitte waren ihnen seit eh und je ein Dorn im Auge. Wenn sie gut gemacht sind, können diese Mitschnitte viel enthüllen, manchmal alles. In diesem Fall ein schwindelerregendes System aus Schmiergeldzahlungen im Zusammenhang mit den öffentlichen Aufträgen zur Müllentsorgung in der gesamten Provinz. Der Löwenanteil ging an Berazzi-Perdicò. Ein neapolitanischer Unternehmer sagte in einem vertraulichen Moment zu seinem Genossen: Verdammte Scheiße, wie viel will der noch einsacken? Ein anderer hatte sich durch Dutzende von Vertragshändlern in ganz Nordostitalien durchtelefonieren müssen, um einen Lexus von dem Typ, dem Modell und der Farbe aufzutreiben, die dem Herrn Bürgermeister genehm waren. Ja, der Lexus, dachte Ottavio lächelnd, der in seinem Traum in die Luft geflogen war ... Der Appetit des Bürgermeisters war sogar bei seinen Komplizen legendär.

Mit anderen Worten: Ohne Mitschnitte keine Gerechtigkeit. Darum waren sie den Anwälten so verhasst. Und darum setzte Ottavio die Verfügungen immer derart sorgfältig auf, sämtliche Regeln beachtend, ohne der Verteidigung einen Schlupfwinkel zu lassen. Der Schlüssel zum Ganzen lag in der Begründung. Es galt, genau zu erläutern, warum XY abgehört werden musste, und auch, welches Gerät man dazu verwendete statt eines anderen. Details, freilich. Aber sie machten den Unterschied aus. Ottavio fühlte sich seiner Sache bombensicher.

»Unserer Ansicht nach fehlt auf dem Formblatt zur Genehmigung die Begründung im Sinne von Artikel 268 der Prozessordnung …«

Avvocato Appella trat zum Richterstuhl und händigte der Vorsitzenden ein DIN-A4-Blatt aus. Die Richterin studierte es. Ottavio schloss die Augen. Nur ein paar Sekunden, das war eine Entscheidung, die man, wie man so sagt, im Handumdrehen trifft, und die Kollegin würde den Einspruch zurückweisen.

»Herr Staatsanwalt, würden Sie bitte einmal kurz schauen …«

Sie macht ein bisschen Theater, versuchte Ottavio sich einzureden, während er neben Appella trat, der stocksteif vor dem Richterstuhl stand.

»Was ist das hier für ein Wisch, Ottavio?«

»Na … die Anordnung für … das Abhören …?«

»Aber hast du das hier geschrieben?«

Eine böse Vorahnung beschlich ihn. Ottavio überflog das Formular. Ein Vordruck ohne jeglichen Wert. »… wird die Abhörung folgender Nummern angeordnet …«

Darauf sofort die Liste. Keinerlei Begründung. Das war absolut nicht sein Stil.

»Das ist nicht von mir«, erklärte er und gab das Blatt seiner Kollegin zurück.

»Irgendein Vertreter also?«

»Nein, ich hatte mich persönlich darum gekümmert.«

»In der Tat, Frau Vorsitzende«, flötete Appella, »wie Sie sehen können, trägt das Formular die Unterschrift von Staatsanwalt Mandati.«

»Aber so, wie es jetzt gefasst ist, enthält dieses Dokument nicht mal den Schatten einer Begründung«, seufzte die Richterin, aufrichtiges Bedauern in der Stimme. Dann, noch leiser: »Angesichts dessen sind die Mitschnitte in keiner Weise gerichtstauglich.«

Kalter Schweiß lief ihm den Rücken hinunter. Er hatte dieses verfluchte Formular nicht ausgefüllt. Das war ein Trick. Eine Fälschung. Eine grobe Fälschung.

»Ich weiß nicht, woher der Herr Anwalt dieses Dokument haben will«, zischte er wutentbrannt, »und ich erlaube mir, jetzt schon Zweifel an der Echtheit anzumelden ...«

»Frau Vorsitzende!«, begehrte Appella auf. »Ich verwehre mich entschieden ...«

»Sei doch still!«, fuhr Ottavio ihm über den Mund, unter dem verblüfften Blick seiner Kollegin. »Ich werd sie dir geben, meine Anordnung!«

Er ging zu seiner Bank. Das Original. Er musste das Original finden. Er wusste genau, wo er es hingesteckt hatte ... Er blätterte in den Papieren, fand das gesuchte Blatt, da war es, und ... Das war doch nicht möglich! Das hier war der eigentliche Albtraum! Auch das Original, das er immer bei sich gehabt hatte, in seinem Büro verwahrt, in einem Schrank, zu dem nur er allein den Schlüssel hatte, auch dieses war ein wertloses Stück Papier ... Ein Stück Papier ohne jeden Sinn ...

»Nun, Herr Staatsanwalt?«

Er sah sich um und begegnete Pierfilibertos höhnischem Blick. Da begriff er, dass er verloren hatte. Wieder einmal. Und vielleicht auf immer. Ebenso war ihm klar, wie sie es angestellt hatten. Aber er würde es nie beweisen können. Sie hatten jemanden bestochen. Jemanden, der ihm den Schlüssel zu dem Schrank gestohlen und das Original der Verfügung gegen diesen Wisch hier ausgetauscht hatte. Doch wen? Bardolfo und Pistola berieten sich, offenbar ebenso überrascht und ratlos wie er. Wer war es? Eine Sekretärin? Ein junger Kollege? Wer? Wem konnte er noch vertrauen? Offensichtlich niemandem ... »Besser allein ...«

»Das ist nicht der Augenblick für Sprüche, Dottore. Wir beantragen Vertagung. So billig lassen wir diesen Hurensohn nicht davonkommen.«

Bardolfo starrte ihn aggressiv an. Die Richterin starrte ihn perplex an. Appella starrte ihn herausfordernd an. Alle starrten ihn an.

Plötzlich erschien auf seinen Lippen ein leichtes Lächeln. Nein – ein Zucken. Sosehr er sich auch bemühte, es zurückzudrängen, es gelang ihm nicht. Er ergab sich. Es war nichts mehr zu machen. Er stand auf, wie in Trance, und begab sich zum Ausgang. Hinter ihm wurden Rufe laut, man forderte ihn auf zurückzukommen. Doch in seinen Ohren klang nur das höhnische Echo eines Hip-Hop-Songs. Eines Songs mit den Worten: »Lasst alle Hoffnung fahren ... Oh, yeah ... Lasst alle lasst alle ...«

EPILOG

»Papa! Papa! Wach auf! Was ist denn los?«

»Ottavio, so wach doch auf! Ottavio …«

Schwaches rosa Licht drang durchs Fenster. Ottavio sah die Gestalten an seinem Bett nur verschwommen.

»Es ist schon acht. Gleich kommen Bardolfo und Pistola. Hast du vergessen, was für ein Tag heute ist?«

Also war all das tatsächlich – zu dem Schluss kam er, als er an dem Espresso nippte, den Lucio ihm gemacht hatte – ein Traum gewesen. Ein dreifacher sogar. Jetzt erst war der 18. März. Und wie es in der fetten Überschrift im *Eco di Novere* hieß: »Bürgermeister Pierfiliberto Berazzi-Perdicò wehrte sich gegen die x-te Provokation von Staatsanwalt Mandati.«

Träume, aber lehrreiche. Denn nicht einmal im Traum darf man vom Gesetz abweichen. »Auf einen Gauner eineinhalb«, das ist Mist. Es gibt keine Abkürzungen. Lügen haben kurze Beine. Und jede Ablenkung, jedes Ungefähr fordert einen Preis.

Lucio hatte die Zeitung gegriffen.

»Sie schreiben ›Die Verteidigung hat einen strategischen Schachzug vorbereitet, um gegen diese abermalige juristische Machenschaft anzugehen‹.«

»Lass sie reden. Das ist ihr Job.«

»Du wirkst trotzdem irgendwie komisch.«

»Ich liebe euch. Ich glaube, ihr wisst gar nicht, wie sehr ich euch liebe!«

»Papa, versprich mir eins.«

»Was denn, Junge?«

»Du versuchst es jetzt noch ein Mal, diesen Scheißkerl einzulochen. Und falls es dir nicht gelingen sollte …«

»Diesmal gibt es für ihn keinen Ausweg, Lucio, glaube mir.«

»Falls im letzten Moment irgendwas passiert …«

»Wie in dem Traum …«

»Schon wieder diese Träume!«

»Entschuldige. Sprich weiter.«

»Versprich mir, dass es dann das letzte Mal war. Wenn du verlierst, gib zu, dass er stärker ist. Beantrage deine Versetzung. Wir gehen alle zusammen nach Rom. Und da leben wir normal weiter.«

»Ich verspreche es dir.«

Zum ersten Mal nach so vielen Jahren ließ Lucio sich umarmen. Ottavio hatte schon fast vergessen, wie wunderbar es war, seinen Sohn so zu spüren. Vor lauter Behagen und Rührung bekam er eine Gänsehaut. »Das ist kein leeres Versprechen, mein Junge. Aber erst mal warten wir jetzt das Finale ab, ja?«

Bevor er zu Bardolfo und Pistola hinausging, die ungeduldig von einem Fuß auf den anderen tretend in ihren zerknitterten Anzügen aus dem Supermarkt warteten, ging der Staatsanwalt in sein Büro und nahm einen hässlichen Druck von Hoppers *Nighthawks* von der Wand. Darunter erschien der kleine Tresor, dessen Kombination er als Einziger kannte. Er strich mit den Fingern über die Klarsichthülle. Sie enthielt die zehn Seiten mit dem Antrag auf Abhören und Mitschnitte. Als er irgendwann begriffen hatte, wie weitreichend diese Ermittlung war, hatte er beschlossen, das Original bei sich zu behalten. Selbst wenn

Pierfiliberto oder seine Leute sein Büro durchsucht und die halbe Welt bestochen haben sollten, selbst wenn sie zu den kühnsten Verfahrenstricks gegriffen oder die schamloseste Fälschung unternommen hätten, selbst dann hätten sie diese Klarsichthülle keinesfalls in die Finger gekriegt.

W. Somerset Maugham

Ehre

Ein Italiener kam von Hunger getrieben nach New York und fand bald darauf eine Beschäftigung als Straßenarbeiter. Er hing leidenschaftlich an seiner Frau, die er in Italien zurückgelassen hatte. Es drangen Gerüchte zu ihm, dass sein Neffe mit ihr schlafen würde. Er wurde von Wut gepackt. Da ihm die Mittel zur Rückkehr nach Italien fehlten, schrieb er seinem Neffen, ob er nicht auch nach New York kommen wolle, wo man guten Verdienst finde. Der Neffe kam, und am Abend seiner Ankunft brachte ihn der Ehemann um. Er wurde verhaftet. Man ließ seine Frau zum Verhör nach New York kommen; um ihn zu entlasten, gestand sie die Unwahrheit, dass der Neffe ihr Geliebter gewesen sei. Der Mann wurde zu einer Gefängnisstrafe verurteilt und nach ziemlich kurzer Zeit auf Bewährung entlassen. Seine Frau erwartete ihn. Er wusste, dass sie ihm nicht untreu gewesen war, aber ihre Aussage bedeutete eine ebenso schwere Kränkung seiner Ehre, als ob sie wahr gewesen wäre. Es nagte an ihm. Es erbitterte ihn. Er machte ihr heftige Szenen; schließlich, da sie keinen anderen Ausweg sah und da sie ihn liebte, forderte sie ihn verzweifelt auf, sie zu töten. Er stieß ihr sein Messer in die Brust. Sein Ehrgefühl war befriedigt.

Valeria Parrella

Die Signora, die ich werden wollte

Hinkebein hatte mir schon immer gefallen. Er nannte mich Schmetterling, weil ich mich zierte und ihn abblitzen ließ. Als ich dann entschied, seine Geliebte zu werden, ließ ich ihn noch eine Weile am ausgestreckten Arm verhungern – er sollte sich nicht einbilden, ich sei leicht zu haben.

Seine Frau akzeptierte mich und ich sie. Im Endeffekt interessierte sie nur, dass er sein Eisenbahnergehalt bei ihr ablieferte und nachts nach Hause kam.

Das war alles, mehr verlangte sie nicht. Hinkebein aß bei mir, und ich wusch ihm die Hemden für die Arbeit. War sein Gehalt erst einmal bei Frau und Kindern, gab er den Rest mit mir aus.

Wir hatten mächtig Spaß, denn Hinkebein machte manchmal fünftausend pro Tag, wenn eine wichtige Ladung kam, oder es sprang eine Rolex oder eine Anlage für mich heraus – er kam nie mit leeren Händen. Oft fuhren wir nach Pozzuoli und schlugen uns den Bauch mit Fisch voll.

Hinkebein und Schmetterling.

»*Essa è cchiù bellella* – die ist viel zu schön für den« ... aber Hinkebein gefiel mir wirklich.

Ich weiß noch, wie ich morgens auf dem Weg zur Schule bei Mama vorbeiging, die mit den anderen Frauen an den Feuern auf der Straße stand und Schwarzmarktware verkaufte, und mich dort so lange aufwärmte, bis ich ihn aus der Gasse auftauchen sah. Er zog das rechte Bein nach.

Damals machte ich eine Ausbildung als Säuglingsschwester, drittes Lehrjahr. Danach war die Schule für mich vorbei. Mit meinen sechzehn Jahren hatte ich eine Figur, nach der sich jeder umdrehte.

Ein paar Lehrer versuchten es bei mir, aber Männer interessierten mich nicht – mich interessierten die Frauen. In unserem Gebäude waren noch andere Schulen untergebracht, und ich beobachtete die Gymnasiastinnen. Sie waren still und mager, hatten kaum Busen und trugen auf dem Mofa einen Helm. Im Bus lösten sie Fahrkarten.

Wenn Elternsprechtag war, ging die Tante einer Klassenkameradin aus dem Viertel für uns alle hin. Die Lehrerin hielt sich zurück – jede Einzelne von uns wog mindestens zwanzig Kilo mehr als sie.

Währenddessen beobachtete ich die Mütter der anderen Mädchen. Sie wurden von ihren Ehemännern begleitet, trugen flache Schuhe und kaum Make-up. Die Lehrer und der Direktor überschlugen sich vor Komplimenten.

»Die da hat Kohle«, war der Kommentar der Tante.

Ganz bestimmt hatte sie das, aber wir auch. Obwohl bei uns im Viertel viel Geld gemacht wurde, hätte uns nie jemand mit diesem sorgfältig ausgesprochenen »Signora« angesäuselt.

Nach drei Jahren gingen wir mit unserem Schein von der Schule ab, denn das Viertel war gnadenlos. Vor allem veränderte sich alles rasend schnell – das Geld schien auf der Straße zu liegen. Die ersten Satellitenantennen tauchten auf den mittelalterlichen Balkons auf, und unter den Bögen der Via Lopez, an denen seit ihrer Erbauung durch die Spanier kein Handschlag mehr getan worden war, eröffnete ein Solarium. Die gelbe Hölle.

Ich ging nie auf die Sonnenbank. Die Signora, die ich werden wollte, hatte einen goldenen Teint und rieb sich am Strand mit Sonnenschutzcreme ein – während wir uns erst zufriedengaben, wenn wir nicht mal mehr den BH auf der krebsroten Haut ertrugen.

Als ich siebzehn war, entband eine Freundin von mir in der Ruesh-Klinik. Dort bekam man seine Kinder und empfing nur dann Besuch aus dem Viertel, wenn das Zimmer mindestens sechshundert pro Nacht kostete. Das Baby kam mit vier Kilo zur Welt und hatte ihr bei der Geburt alles aufgerissen. Meine Freundin hatte eine Fünfzehn-Stich-Naht und stillte, die Kleine hing an ihrer Brust und biss, dass ihrer Mutter die Tränen kamen.

»Die ist böse.«

»Nein«, sagte der Arzt, »sie ist nicht böse, das ist einfach nur der Überlebenstrieb.«

Als ich an diesem Abend nach Hause ging, tat ich mich mit Hinkebein zusammen.

Er gefiel mir wirklich, aber ich nahm mehr, als ich gab. Das ist der Preis, wenn man mit fünfunddreißig eine Siebzehnjährige haben will. Ich hatte keinen Vater, und im Viertel mischte man sich nicht ein. Hinkebeins Frau wohnte hoch über der Straße und ließ sich nie blicken, während mich das ganze Viertel kannte. Alle nannten mich Schmetterling, so wie er.

Wenn ich die Tochter gewesen wäre, die ich hätte sein wollen, von der Signora, die ich werden wollte, hätte meine Mutter Hinkebein angezeigt und mich in ein ausländisches Internat gesteckt. Stattdessen sagte sie: »Schau zu, dass ’ne Wohnung dabei rausspringt.«

Daran hatte ich auch schon gedacht, und zum achtzehnten Geburtstag schenkte mir Hinkebein eine Wohnung.

»Da setzen wir Schwarze rein, das bringt jeden Monat eine hübsche Summe.«

Alle setzten Schwarze in ihre Wohnungen.

»Nein, ich will Studentinnen, die sind ordentlicher und zahlen mehr.«

Auf achtzig Quadratmeter passten eine Menge Auswärtige.

Im Sommer gab mir Hinkebein einen Hunderter pro Tag, und ich fuhr mit meinen Schwestern an den Strand. Wenn er bei der Eisenbahn gestempelt hatte, kam er nach.

Eines Tages sahen wir einen Jungen aus dem Viertel auf seinem Mofa ankommen.

»Hinkebein lässt ausrichten, sie haben ihn in der Brust erwischt.«

Die Kugel war kurz vor der Lunge stecken geblieben.

Ein Dealer aus dem Viertel, der Principe, hatte ihn zu einem Arzt seines Vertrauens gebracht, der unterhalb der alten Klinik einen kleinen Raum mit ein paar Instrumenten und Medikamenten hatte, wo man ungestört blieb.

»Er ist außer Gefahr, aber die Kugel kann ich nicht rausholen – ohne Operationssaal. Die müssen wir drinlassen.«

Hinkebein war hart im Nehmen, und der Principe wollte keinen Ärger: »*M'o teng ccà.* Die bleibt drin.«

Er behielt die Kugel in der Brust. Ich gab ihm einen Kuss und schickte den Jungen zu seiner Frau.

Als ich mich beim Principe bedankte, drehte er sich zu mir um: »Principessa, das hab ich nur für dich getan.«

Ich schaute ihm fest in die Augen und ging.

Vor dem Krankenhaus entdeckte ich den Mann der Signora, die ich werden wollte. Er begleitete einen Arzt, den er mit »Professor« ansprach, und erkundigte sich nach der Entbindung.

Also entband die Signora, die ich werden wollte, nicht in einer Privatklinik, sondern im Krankenhaus.

Irgendwo gab es da offensichtlich ein Missverständnis übers Geldausgeben, aber ich verstand nicht genau, wo.

Hinkebein ließ sich zu Hause von seiner Frau pflegen. Als das Viertel von der Kugel in seiner Brust Wind bekam, taufte man ihn in Highlander um. Ich besuchte ihn jeden Tag und schenkte ihm einen Gameboy, weil er nicht untätig im Bett herumliegen konnte.

Im Winter fing er wieder an zu arbeiten und schenkte mir einen Roberto-Cavalli-Mantel. Das war der richtige Designer für uns: Teure Klamotten, für die in den Zeitschriften viel geworben wurde, und dieser Leopardenlook war genau das, was man im Viertel elegant fand.

Aber ich fühlte mich damit weder geheimnisvoll noch aufreizend, sondern nuttig. Die Signora, die ich werden wollte, trug cremefarbene Kleider von Marella.

Es war an der Zeit, mit Highlander Schluss zu machen, und das tat ich, als er im Gefängnis landete.

»Ich verlasse deinen Mann, gib mir deinen Ausweis, damit ich zu ihm kann, um es ihm zu sagen.«

Während der Ausweis gefälscht wurde, schickte ich dem Principe von der Bar aus einen Kaffee.

Der Principe. Der war ein Dealer wie jeder andere, bis er das erste Abendmode-Geschäft aufgemacht hatte, dann noch eins in der Nähe des Museo Nazionale und schließlich eins gegenüber vom Dom.

»In der ganzen Stadt hat nur Barbaro so ein Geschäft wie ich.«

Ich hatte ihn nie für einen dicken Fisch gehalten, aber als Außenseiter hatte er sich hochgearbeitet, eine Menge Geld gemacht, und man respektierte ihn.

Sein Lieblingsgeschäft war das gegenüber vom Dom. Als ich dorthin ging, um mich für die Rosen zu bedanken, stand er auf der Schwelle und unterhielt sich mit dem Bischof.

»Principessa«, sagte er, »wie wär's mit einem Aperitif?«

Dann sah ich ihn in den Laden stürzen.

»Ich zieh mir nur noch das Jackett an.«

»Ach was, Principe, *nun facimm' cose complicate*, das braucht's doch nicht.«

Im Jackett sah er richtig gut aus. Mit ihm zusammen durch die Stadt zu gehen gefiel mir sofort. Ich war fast so groß wie er, und wenn ich mich zu ihm umdrehte, sah ich, wie sich sein rotblonder Bart hinter dem weißen Hemdkragen verbarg.

Der Principe war vierzig Jahre alt und hatte eine Tochter in meinem Alter. Inzwischen hatte er seine Finger überall im Spiel und genoss das Leben. Das konnte ich auch, wenn ich jetzt nichts falsch machte.

Er war wirklich aufgeregt, als er mir sein Schmuckstück zeigte, einen gelben BMW Z3. Der war wunderschön, aber wenn er geglaubt hatte, mich mit einem Auto beeindrucken zu können, hatte er sich getäuscht: »Hübsche Farbe«, sagte ich. Er legte sich mächtig ins Zeug und machte mir Komplimente – erst auf Italienisch und dann, als er sich verhaspelte, in Dialekt.

Ich hatte ihn fest im Griff. Das merkten alle, auch seine Frau. Die war daran gewöhnt, dass er sie betrog, aber niemand war je seine Principessa gewesen, nicht einmal sie.

Eines Tages hielt ihr Auto neben mir – ein schönes Auto.

»Hör mal, willst du mich fertigmachen? Ich könnte deine Mutter sein.«

»So was macht dich schon fertig? Der reicht doch für uns beide.«

»Aber ich hänge an ihm.«

»Offensichtlich kannst du ihn aber nicht halten, oder glaubst du, ich bin die Erste?«

»Verlassen wollte er mich noch nie.«

Ich schaute ihr fest in die Augen. Es brachte mir nichts, wenn er seine Frau verließ, ich hatte kein Interesse daran, sein Leben zu verändern, jedenfalls nicht für immer.

Aber er hatte eine Vierzimmerwohnung in Posillipo für uns gekauft, und ich hatte vor, dort einige Jahre lang für ihn zu kochen.

Als ich ihr gerade zu etwas Geduld raten wollte, wurde

ich abgelenkt, denn in dem Moment stieg hinter ihr eine Signora aus dem Taxi und ging zu Marella.

»Ist mir doch scheißegal«, sagte ich und sah sie nie wieder.

Mit dem Principe bewegte ich mich schon auf einem ganz anderen Niveau. Die Nachbarn waren ruhig und zuvorkommend. Ein paar waren so wie wir, was man an den Goldkettchen sah und daran, wie sie mit offenem Mund Kaugummi kauten oder aber die Lippen krampfhaft zusammenpressten – in Posillipo mussten sich solche wie wir zu sehr zusammennehmen.

Dann gab es dort Leute wie den Notar, der uns die Wohnung verkauft hatte: Radiologen, Apotheker, Steuerberater, und deren Geld war mehr wert als unseres, obwohl wir doppelt so viel hatten. Außer ihrem vielsagenden Lächeln waren da noch die Privatclubs, die leider gerade niemanden mehr aufnahmen.

Als wir eines Abends eine Fernsehserie sahen, fiel mir auf, dass die Frauen dort genau wie die Signora waren, die ich werden wollte. Mir war nicht klar, ob die Frauen im richtigen Leben das Fernsehen nachmachten oder umgekehrt, aber jedenfalls ähnelten die Signoras in unserem Haus den Schauspielerinnen. Deshalb achtete ich nicht mehr auf die Handlung, sondern beobachtete sie.

»Sag mal, was hat die, was ich nicht habe?«

»Du bist hübscher, Principessa.«

»*E jamm'* – komm schon. Ihr Look, was ist anders als bei mir?«

»Das Handy – morgen hol ich dir auch eins.« Von dem

Moment an war ich in einem anderen Film, und das blieb für den Rest unserer Beziehung so. Wenn die Hauptdarstellerin in ein Zimmer ging, wo mit Drogen gehandelt wurde, wurde der Principe nervös.

»Also, 'nem Typen mit so 'ner Fresse – *ccu' cchesta faccia* – würd ich nicht mal 'n Gramm geben – der fliegt doch sofort auf.«

Plötzlich war mir klar: Sie sprachen Italienisch. Alle sprachen den ganzen Film hindurch nur Italienisch. Ohne zu fluchen und so natürlich und ungezwungen, dass ich sie mühelos verstand. Wurde ein Witz in Dialekt gerissen, kam der von einem Kellner oder Automechaniker, um die Signori zum Lachen zu bringen.

Tags darauf ging ich zu den Studentinnen, meinen Untermieterinnen. Obwohl ich kaum älter war als sie, kam ich mir vor wie ihre Mutter. Ich sprach mit der, die am längsten bei mir wohnte und immer noch zweihundertfünfzig zahlte, eine Art Festpreis.

Wir kamen überein, dass ich an einer Privatschule in zwei Jahren das Abitur nachmachen würde, sie keine Miete mehr zahlte und mir dafür Unterricht gab. Mit dreiundzwanzig war meine Sprache noch zu retten.

Die Mädchen rieten mir, viel zu lesen. Eine Studentin lieh mir ein paar Bestseller, und der erste war der von Susanna Tamaro.

Ich fand das Buch absurd. Wenn ich dorthin gegangen wäre, wohin mein Herz mich trägt, hätte ich mich mit dreizehn im Lieferwagen von Totonno dem Lumpensammler schwängern lassen.

»Principessa, *si je capess' addò vvuò arrivà, je t'aiutass'*.«

»Sag das noch mal auf Italienisch.«

»Wenn ich verstanden hätte, was du willst, helfe ich dir ...«

»Das erste Verb musst du in die *eine* Zeit setzen, das zweite in die andere, das sind die schwierigsten Sätze.«

»Ich sag's dir, du bist die geborene Principessa, sobald du den Wisch von der Schule hast, mach ich dir ein Geschäft auf. Willst du ein Geschäft?«

»Aber bitte alles legal.«

»Wir nennen es ›La Principessa di Napoli‹.«

»Ich will ein Marella-Franchising und alles allein regeln – Lieferanten, Abrechnungen und so weiter.«

»Aber bei einem Franchising kannst du deinen Namen nicht drübersetzen.«

Ich eröffnete das Geschäft an einem strategisch günstigen Punkt auf der anderen Seite des Viertels. Um die Ecke begann die offizielle Einkaufsstraße. Ich hatte zwei Schaufenster zur Straße und ein Fenster auf der ersten Etage. Hinter diesem Fenster war ich.

Einrichtung und Ware wurden aus Mailand geliefert. Ich empfing alle mit einem aufgesetzten Lächeln, und ich ließ sie die Verkäuferinnen aussuchen. Nur eine Bedingung stellte ich: Sie durften nicht aus meinem Viertel kommen.

Die Verkäuferinnen gefälschte Arbeitsverträge unterschreiben zu lassen erwies sich als unnötiges Risiko: In Mailand wurde Schwarzarbeit »Ausbildung« genannt. Ich konnte alles legal laufen lassen.

Wir führten nur Größe 32 bis 40, und wenn eine Signora mit üppigeren Maßen den Laden betrat, dann bloß, um zu schauen, was aus mir geworden war. Im Viertel drehten sie die Frage mit dem Namen einfach um und nannten mich Marella. Ich ließ mich nie blicken, weder auf der Straße noch im Geschäft, ich hatte zwei kleine Videokameras und beobachtete das ganze Geschehen am Monitor.

Wenn der Principe ins Geschäft kam, war mir das unbehaglich, und ich holte ihn schnell zu mir herauf, um das Ambiente nicht zu stören.

In dieser Zeit traf ich mich oft mit den Frauen aus meinem Fitnessstudio. Während ich mich abmühte, mit Aerobic meine aufreizenden Kurven loszuwerden, standen sie auf Hata Yoga und Massagen. Wenn wir nachmittags Tee trinken gingen, brachten sie manchmal die singhalesischen Babysitter und ihre wohlerzogenen Rotznasen mit, die mich siezten.

»Nicht doch, Schätzchen, Marella ist eine Freundin von Mama, die kannst du ruhig duzen.«

Instinktiv griff ich bei dem Wort »Freundin« nach dem Taschenmesser in meiner Handtasche, das mir Hinkebein geschenkt hatte.

Meine Besuche bei ihnen zu Hause beschränkte ich auf ein Minimum, denn jenseits des Wohnzimmers spielten sich unerwartete Dramen ab.

»Mama, du verdammte Nutte«, schrien die lieben Kleinen in vollendetem Italienisch.

Die älteren Rotznasen verbarrikadierten sich in ihrem Zimmer, mit dem Telefon als Geisel.

Eines Tages fragte mich ein Mädchen, das sich seit Wochen nur von Crackern ernährte, ob ich Papas neue Freundin sei. Meine Ohrfeige warf sie aufs Parkett. Aber von da an war ich ihre Vertraute, und die Kommunikation mit ihrer Mutter lief monatelang nur über mich.

Ich beschloss jedoch, dass mich das alles nichts anging. Die Signora, die ich werden wollte, stand mit einem Glas Prosecco im »Gambrinus«.

Eines Morgens kam die Frau des Senators zu mir ins Geschäft. Sie wollte einen Mantel kaufen.

Diese Frau kannte ich von ihren Wahlkampfauftritten in unserem Viertel. Sie hieß Anna wie meine Mutter. Solange ich denken konnte, schickte ihr meine Mutter jedes Jahr zum Namenstag ein Päckchen Kaffee.

»Du hast dich verändert«, sagte sie.

Ich lächelte sie an. »Möchten Sie einen Kaffee?«

Aber sie wollte mich reden hören.

»Bist du noch mit dem Principe zusammen?«

Die Frage war seltsam, denn von der Frau des Senators über den Senator und den kleinsten Sekretär des Senators bis hin zum letzten Straßenkehrer des Viertels wussten alle, dass wir nicht mehr zusammen waren.

»Nein, aber er schickt mir jede Woche Rosen.«

Das wussten ebenfalls alle.

Sie suchte einen Mantel aus, ließ ihn sich nach Hause schicken und tätschelte dann meine Wange.

»Grüß deine Mutter von mir.«

Vier Tage lang hasste ich die Frau des Senators. Dann tauchte der Senator persönlich auf.

Er kam gegen Ladenschluss, mit einem Schönling, der jünger war als er.

Ich ging die Treppe hinunter, schickte die Mädchen fort

und blieb dann auf der dritten Stufe stehen, um das richtige Machtverhältnis zu etablieren.

»Guten Abend«, sagte er und beugte sich über meine Hand.

Ich zog sie weg. »Man küsst nur Priestern und Mafiosi die Hand, zu welcher Kategorie zählen Sie mich?«

»Auch einer Signora küsst man die Hand.«

»Ich bin nicht verheiratet.«

Nicht zu wissen, worum es ging, passte mir nicht.

Außerdem hatte ich keine Waffen mehr: Den Principe und seine Jungs hatte ich weggeschickt, und Hinkebeins Taschenmesser benutzte ich als Schlüsselanhänger. Die Zeit von Lack und Leder und ausgefahrenen Krallen war vorbei. Auch die, in der ich ihm meinen Dialekt ins Gesicht gespuckt hätte.

»Ich würde Ihnen gern einen guten Freund vorstellen, einen Rechtsanwalt.«

Ich gab ihm die Hand und schaute ihm dabei fest in die Augen. Mehr war mir nicht geblieben.

»Ich wage nur, Ihnen die Hand zu schütteln, auch wenn Sie weitaus mehr verdient hätten.«

»Setzen Sie sich doch.«

»Der Senator und ich sind hier, um Sie um Rat und, wenn möglich, um Hilfe zu bitten.«

Sie wollten, dass ich ihnen einen Gefallen täte, aber da ich keinen Schimmer von Politik hatte, hatte ich immer brav die gewählt, die Amnestien und Straferlass gewährten.

»Im April sind Wahlen.«

»Die haben Sie doch bisher immer gewonnen, Herr Senator.«

»Ja, aber diesmal ist die Lage anders. Es geht gar nicht so sehr um die Politik, sondern um die Verwaltung – die reinste Katastrophe: Die Opposition ist dort schon seit acht Jahren an der Macht.«

Ich brauchte eine halbe Stunde meines Lebens, um die Studentinnen höchstpersönlich rauszuschmeißen.

»Ohne Vorankündigung?«

»Hättest du ein Telegramm gewollt?«

»Kannst du uns nicht wenigstens bis nach Weihnachten Zeit lassen?«

Ich dachte darüber nach: Den Raum für den Wahlausschuss brauchte ich zwar sofort, aber vor Januar würden sie mir sowieso nicht den Boden neu fliesen.

Ich wollte schon frohe Weihnachten wünschen und mich verabschieden, als die blöde Kuh zu weit ging: »Ich hab dir doch immer meine Bücher geliehen …«

Da sah ich mich plötzlich wieder eingeschüchtert mit einem Stapel gebundener Bücher in der Hand.

»RAUS!«, schrie ich und warf eine Schublade voller Unterhosen auf den Boden. »Ksch, ksch!!«

Der Rechtsanwalt stand im Stadtrat zur Wiederwahl und war der Kronprinz des Senators. Ihm war es wichtig, sauber zu bleiben. Wenn er einen Mafiaboss verteidigte, dann nur im Auftrag seiner Kanzlei. Gemeinsam richteten wir ein kleines Rauchzimmer ein, in das sich die Männer zur Besprechung heikler Fragen zurückziehen konnten. Hier verteilte der Principe grammweise seinen Beitrag zum guten Zweck.

Eigentlich hätte ich nun jeden Abend feiern können. Ich

war die Primadonna und sie meine Gäste – sie waren alle meine vermeintlichen Liebhaber.

Stattdessen holte ich zum entscheidenden Schlag aus.

Ich lud den Rechtsanwalt zum Mittagessen ein und überreichte ihm die Wohnungsschlüssel: »Ich glaube, bei dir sind sie besser aufgehoben als bei jedem anderen.«

»So gefügig kenne ich dich gar nicht.«

»Du kennst mich überhaupt nicht. Aber das lässt sich ändern.«

»Heute Abend?«

»Wenn es dir die Parteiarbeit erlaubt. Ich kann warten.«

Im Wahlausschuss ließ ich mich selten blicken und fuhr spätestens um elf Uhr abends mit dem Taxi nach Hause. Ich trug nur gedeckte Farben, den ganzen Januar lang meine Haare zum Chignon gesteckt und schminkte mich so lange, bis ich aussah, als ließe ich nur Wasser und Seife an meine Haut. Der Senator beobachtete mich. Als ich einmal seinem Blick begegnete, war es der Blick von jemandem, der verstanden hat und gutheißt. Auf seine Art trug auch er einen Chignon.

Der Rechtsanwalt versuchte dreimal, mich ins Bett zu kriegen. Weil es sinnlos war, die Heilige zu spielen, tat ich so, als sei es mit ihm für mich etwas ganz Besonderes.

»Diesmal ist es anders«, sagte ich, »verzeih mir.«

Beim vierten Mal gab ich nach einem Abendessen in meiner Wohnung nach. Seit Ewigkeiten hatte ich niemandem mehr so einen geblasen.

Wir beschlossen, nach der Wahl zu heiraten. Dann wollte ich einen Geschäftsführer für den Laden finden, die

Wohnungen vermieten und mich ganz meinen Pflichten als Ehefrau widmen. Seine Karriere würde viele Reisen erfordern und häufige Aufenthalte in Rom, und dafür musste ich mir die Zeit freihalten.

Im Wahlausschuss wurde ein kleines Fest gegeben und so lange angestoßen, bis wir betrunken waren.

Aber vielleicht hatte ich mich verrechnet. Ich war an Blitzaktionen gewöhnt und hatte gedacht, dass es reicht, wenn sich ein Mann und eine Frau zur Heirat entschließen; ich hatte nicht daran gedacht, dass ich erst einmal seine Freunde, seinen Namen und seine Mutter würde heiraten müssen. Seine Familie wollte mich nicht kennenlernen. Sie hatten Informationen eingeholt, und meine Vergangenheit – mein einziger Antrieb – war zum einzigen Hindernis geworden. Da er richtig verliebt war, war ihm das peinlich, und wir sprachen nicht darüber. Wenn ich darauf anspielte, sagte er: »Das ist doch egal.«

Konnte ich einem fünfunddreißigjährigen Kokainjunkie trauen, der noch bei Mama wohnte?

In der Zwischenzeit rückte die Wahl immer näher. Wenn alles glatt lief, würde er neuen Auftrieb und Schwung bekommen – und starke Männer glauben, auf alles verzichten zu können.

Wäre ich noch die von einst gewesen, hätte ich die Gefahr wie ein Tier gewittert, die Muskeln angespannt und mich in einen blinden Aktionismus gestürzt, der entweder zu Sieg oder Niederlage führt.

Jetzt aber gingen mir verschiedene Möglichkeiten durch den Kopf, und mich interessierte der Lösungsweg. Ich spürte, dass hier etwas Neues, Grundlegendes für die Frau entschieden wurde, die ich sein wollte.

Ich hätte natürlich Bonbons statt der Pille schlucken können.

Stattdessen setzte ich mich hin und wartete ab.

Zweiundsiebzig Stunden vor Ende des Wahlkampfs zog ich eine Lederhose an, setzte eine dunkle Sonnenbrille auf, rief den Senator auf dem Handy an und verabredete mich mit ihm in meinem Viertel.

»Steig ein«, sagte ich und öffnete ihm von innen die Autotür, »lass uns ein wenig reden.«

Ich bog in das Stadtviertel Stella ein, fuhr durch die Via Santa Maria Antesaecula hoch zur Sternwarte von Capodimonte. Dort hielt ich an. Erkannte weder die Straßen noch die Leute.

»Steig aus, Senator.«

Wir gingen fünfzig Meter durch das Gestrüpp voller Plastiktüten, Flaschen und Spritzen. Unter uns lag die Stadt – die ganze Stadt bis hinab zum Meer. Ich dachte an Totonno den Lumpensammler.

»Senator, es ist doch so: Du kaufst dir für einen Hunderter Stimmen. Deine Leute stehen sogar noch an den Urnen und sagen, wer gewählt werden muss. Die Wahlscheine werden von deinen Wahlhelfern abgestempelt. Das ist alles, was ich von Politik verstehe – das, was du mir dreißig Jahre lang beigebracht hast, nicht wahr? Aber vielleicht haben wir das in diesem Fall gar nicht nötig, nicht wahr? Und warum nicht?«

Er schaute nach Capri hinüber.

»Nicht weil wir anders geworden sind, Senator, sondern

weil ich glaube, dass wir zu einem wirklichen Konsens gekommen sind.«

Am Tag vor der Wahl schickte der Senator einen Wagen, um meine Mutter abzuholen.

»Du gehst in Schwarz«, hatte ich ihr gesagt, »denn du bist Witwe. Und rede nicht zu viel.«

Mit ihren sechzig Jahren fühlte sich meine Mutter weder alt noch als Witwe, aber sie war intelligent genug, um zu wissen, wie sie aufzutreten hatte. Als alte Witwe konnte sie sich den Kommentar nicht verkneifen: »Die stecken wir locker in die Tasche.«

Ich schaute sie schief an. Sie in die Tasche zu stecken klang wie der Name einer Aktion, die ich gar nicht benennen wollte.

Wir kamen nacheinander bei meinen zukünftigen Schwiegereltern an: erst der Senator und meine Mutter, dann ich mit der Frau des Senators und zum Schluss die Torte von »Scaturchio«. Mein Verlobter war überglücklich, und nachdem meine Mutter ihn mit einem Kreuzzeichen gesegnet hatte, »mein Sohn«, hielt die Frau des Senators den ganzen Nachmittag über ihre Hände.

Der Senator redete die gesamte Zeit, die meine Schwiegermutter brauchte, um mich in Augenschein zu nehmen. Dann hob er das Glas und sprach einen schönen Toast.

Er wollte sich persönlich um alles kümmern: Das Jawort konnten wir uns zwischen dem ersten Wahlgang und der Stichwahl geben – mit ihm als meinem Trauzeugen. Jetzt musste bloß noch der Rechtsanwalt einen Zeugen finden.

Als er mich später nach Hause brachte, trieben wir es im Auto miteinander. Der nächste Tag wurde ein Triumph: Der Senator schaffte es nach Rom und mein Verlobter beim ersten Wahlgang in den Stadtrat. Als wir zum Rathaus fuhren, um uns das Jawort zu geben, verbeugte sich ein Verkehrspolizist beinahe vor uns. Später musste ein Fest vorbereitet werden, denn der Ministerpräsident sollte in die Stadt kommen, um den Bürgermeisterkandidaten seiner Partei bei der Stichwahl zu unterstützen. Aber uns kümmerte das inzwischen wenig. Als ich aus dem Rathaus trat, sah ich vor mir die Pinien, zwischen den Pinien den Hafen und dahinter den Vesuv.

In diesem Augenblick reichte mir mein Schwiegervater den Arm und säuselte: »Signora.«

Donna Leon

Iss nur, das tut dir gut!

Luisa Scarpa stellte die Teller auf den Tisch, nahm gegenüber ihrem Mann Platz und lächelte in seine tiefliegenden Augen. Zwischen ihnen stand in seiner ganzen Reichhaltigkeit der erste Gang ihrer Mahlzeit: zwei Teller *spaghetti alla carbonara*, der eine vollgehäuft, der andere eher bescheiden. Die Eiernudeln, die sie am Nachmittag so umsichtig selbst gemacht hatte, glänzten buttergelb, und eine dicke Haube aus frisch geriebenem Parmesan krönte seine Portion. Carlo stopfte sich die Serviette in den Kragen und klemmte sie mit seinem schweren Doppelkinn fest. Er nahm die Gabel, ein Kinderspielzeug in seiner riesigen Hand, und grub sie in die Pasta. Langsam wickelte er die fettigen Stränge auf, bis die Gabel nichts mehr fasste, dann spießte er noch zwei Scheiben *pancetta* auf die Zinken. Er schob die Gabel mit dem Bauchspeck in den Mund, zog sie wieder heraus, kaute einmal, zweimal und schluckte. Diese Prozedur wiederholte er, bis sein Teller fast leer war, worauf er die Gabel beiseite legte und ein Glas Rotwein trank. Er stellte das leere Glas ab, griff wieder zur Gabel und aß die Pasta mit drei weiteren Bissen auf. Dann nahm er sich ein Stück Brot, brach es entzwei und wischte seinen Teller sauber. Sie füllte sein Glas nach. Luisa saß zurückgelehnt und sah ihm zu, nur hin und wieder führte sie ein paar Spaghetti zum Mund. Als sie sah, dass Carlo fertig war, stand sie rasch auf. »Möchtest du noch etwas, *caro*?«, fragte sie und hatte seinen Teller schon in der Hand.

Mit einem Grunzen griff er nach dem verbliebenen Stück Brot und lehnte sich zurück, um es zu essen. Sein Bauch hielt ihn auf Abstand von der Tischkante.

Luisa trug seinen Teller zum Herd; wochentags aßen sie immer in der Küche, das Esszimmer benutzten sie nur sonntags, wenn seine Kinder zum Abendessen kamen. Es war noch eine gute Portion Pasta in der Keramikschale, die sie im Ofen warm gestellt hatte. Carlo hasste kalte Pasta. Das hatte er ihr gleich in der ersten Woche ihrer Ehe klargemacht, nachdem er sie in sein Heim, ihrer beider Heim, geholt hatte. Sie hatte vieles über Carlos Essvorlieben lernen müssen, alles, was seine erste Frau für ihn gemacht hatte: wie man die Krabben in Eierteig tauchte, damit sie gebraten schön zart waren; wie man die Strandschnecken gründlich säuberte, um den Sand herauszubekommen; wie man Aale bei lebendigem Leib häutete, indem man sie mit Kopf und Schwanz auf das große Schneidbrett links neben der Spüle heftete. Sie hatte das alles gelernt, nur um ihrem Mann zu gefallen.

Sie kam mit einer zweiten Portion zurück, so groß wie die erste. »Meinst du, dass du das noch schaffst, Carlo?« Sie wusste, wie er es hasste, Essen wegzuwerfen, ein Überbleibsel aus seinen Hungerjahren im Krieg. Er warf einen Blick zu ihrem Teller hinüber, der noch halb voll war. »Nein, mir genügt das«, sagte sie und blieb mit dem Teller in der Hand stehen. »Iss du nur den Rest. Es wäre eine Sünde, ihn wegzutun.«

Er nickte und klopfte mit der Gabel auf den leeren Platz vor ihm. Sie stellte ihm den Teller hin und holte das Schälchen Parmesan. Sie streute einen großen Löffel voll über seine Nudeln und, als er nickte, noch einen. Mit einer Seitwärtsbewegung seiner Gabel winkte er ihre Hand fort und begann zu essen.

Luisa ging an ihren Platz zurück und machte sich wieder an ihre Spaghetti, die inzwischen kalt waren, aber sie überwand sich, alles aufzuessen. Dabei richtete sie es so ein, dass sie zugleich mit Carlo fertig war. Wieder wischte er seinen Teller sorgfältig sauber und ließ sich nach hinten sinken, um das Brot zu essen.

Sie schenkte ihm Wein nach, brachte die Teller zur Spüle und stellte sie so leise wie möglich ab. Carlo konnte Tellerklappern nicht leiden und hatte ihr gesagt, dass seine erste Frau in der Küche immer sehr leise gearbeitet habe.

»Ich habe *cotechino* gemacht«, sagte Luisa und hob den Deckel von einer großen Kasserolle. Er hatte sich zwar gegrillten Fisch oder Hähnchenbrust gewünscht, aber sie wusste, wie sehr er ihre Schlackwurst liebte. Der Duft der siedenden Wurst entstieg der fetten Brühe und erfüllte die Küche. »Mit *purè di patate*«, fügte sie hinzu. »Ich weiß doch, wie gern du Kartoffelpüree magst.« Sie warf einen Blick zu ihm hinüber, und er nickte. »Dazu Linsen mit Speck«, sagte sie noch, denn sie wusste, dass dies eines seiner Lieblingsgerichte war, besonders wenn sie diesen ganz besonders fetten *pancetta* hineintat, den sie drüben in Castello bekam.

Er trank seinen Wein und goss sich das Glas wieder voll; ihres stand noch unberührt neben ihrem Teller. Er beachtete das nicht. Luisa nahm eine vorgewärmte Platte aus dem Backofen und legte die dampfende Wurst darauf. Von der Butter auf einem Teller neben dem Herd schnitt sie ein dickes Stück ab und ließ es in den Topf mit dem Kartoffelpüree gleiten, rührte mit einem großen Löffel darin herum, bis es sich aufgelöst hatte, und umlegte die Wurst auf der Platte liebevoll mit dem Püree. Sie stellte die Platte links neben seinen Platz, ging zum Herd zurück und schüttete die Linsen in eine Keramikschüssel. Carlo fand, es gehöre sich nicht, Essen gleich aus dem Topf zu servieren, das täten nur Bauern, seine Frau jedenfalls nicht. Er meinte natürlich seine erste Frau, aber Luisa hatte gelernt, es ebenfalls nicht zu tun.

Schnell kam sie wieder an den Tisch, bevor die Wurst abkühlen konnte, und schnitt drei Scheiben davon ab, dicker als das Brot. Sie legte sie auf Carlos Teller, häufte Kartoffelpüree rechts daneben und ging wieder zum Herd, um die Butter zu holen. Als er nickte, tat sie ihm ein Stück davon auf die Kartoffeln. Es war noch Platz auf dem Teller, und den füllte sie mit ein Paar Löffeln von den Linsen und natürlich auch dem Speck, den sie darin mitgekocht hatte, damit er ihnen diesen rauchigen Geschmack gab, den er so liebte.

Während sie sich auch etwas auf ihren Teller tat, begann Carlo, ohne noch an den gegrillten Fisch zu denken, bereits zu essen, teilte mit der Gabel die zarten Wurststücke, spießte eines nach dem anderen auf und zog sie so lange durch den Kartoffelbrei, bis sie ganz damit umhüllt waren. Luisa holte die zweite Flasche Wein, die schon geöffnet hinter ihr auf dem Tresen stand, und tauschte sie gegen die leere auf dem Tisch.

Sie nahm ihren Platz wieder ein und stach ihre Gabel in die Wurst. Ja, sie war zart, wahrscheinlich weil sie die fetteste Sorte verlangt hatte, die aus dem Friaul, sagte der Fleischer, wo sie angeblich die besten Schweine haben. Als sie zu Carlo hinübersah, war er mit der Wurst und dem Kartoffelbrei schon fertig, schob sich gerade die letzten Linsen in den Mund und spülte mit einem Glas Wein nach. Sie stand auf und schnitt ihm noch zwei dicke Scheiben *cotechino* ab, neben die sie wieder Kartoffelpüree häufte. Nachdem sie Butter dazugetan hatte, griff sie nach der Schüssel mit den Linsen, aber er schüttelte den Kopf, also ließ sie die Schüssel stehen und aß weiter.

Wieder richtete sie es so ein, dass sie zusammen mit ihm fertig war, und stellte die Teller geräuschlos in die Spüle. Sie sah Carlo zur Uhr schauen und dann nach der Fernbedienung greifen. Er drückte mit dem Zeigefinger darauf, und ihm gegenüber erwachte Lili Gruber zum Leben und präsentierte ihnen die Abendnachrichten.

»Ich habe diese Cremetorte gebacken, die du so gern isst, Carlo«, sagte Luisa. »Möchtest du ein Stück?« Im ersten Moment dachte sie schon, er wolle ablehnen. »Ausnahmsweise«, nötigte sie ihn, »*mangia, mangia, che ti fa bene.* Iss nur zu, das tut dir gut.«

Er sah leicht verwundert zu ihr auf, dann zu Lili, wie um sie zu fragen, ob er ein Stück essen dürfe. Lili nickte ganz kurz; Carlo ebenso. Luisa nahm die Torte aus dem Kühlschrank, stellte sie leise auf den Tresen und schnitt ein

Stück ab. Sie begutachtete die Größe, nahm einen zweiten Teller und schnitt ein größeres Stück ab, um es Carlo zu bringen; das kleinere behielt sie für sich.

Den Blick auf Lili und die Bombardierung einer bosnischen Kleinstadt gerichtet, verdrückte Carlo seine Torte. Sie wagte nicht zu fragen, ob er ein zweites Stück wolle. Als sie ihres gegessen hatte, ging sie an den Herd und zündete das Gas unter der Espressokanne an. Dabei blieb sie mit dem Rücken zu den beiden stehen. Lili redete weiter, jetzt über Afrika; welches Land, hatte Luisa nicht mitbekommen.

Als der Kaffee aufkochte, goss Luisa ihn in zwei kleine Tässchen und brachte sie zum Tisch. Der Zucker stand schon da, und Carlo tat sich zwei Löffel in seine Tasse. Luisa hatte auch die Grappaflasche mitgebracht und dabei gesehen, dass es Zeit war, eine neue zu besorgen. Sie schob sie Carlo hin und setzte sich. Er goss einen Schuss Grappa in seinen Kaffee und trank die Tasse in einem Zug leer.

Er zog die Serviette aus dem Kragen und warf sie über einen Sahneklecks, der von der Torte übrig geblieben war. Sie war schon aufgestanden, als er, ohne den Blick vom Fernseher zu wenden, »meine Pillen« sagte.

Sie nahm die Arzneifläschchen von dem runden Silbertablett auf dem Kühlschrank, wo sie immer standen. Sie stellte sie vor ihn hin und sah zu, wie er zuerst das eine öffnete, dann die anderen. Er schüttete sich die Pillen auf die Hand, zwei rote, eine weiße und drei blaue. Bevor er danach verlangen konnte, hatte sie ihm schon ein Glas Mineralwasser eingegossen, ohne Kohlensäure und zimmerwarm, wie er es liebte, und stellte es ihm hin. Er steckte sich die

Pillen in den Mund, spülte sie mit dem Wasser hinunter und stellte das Glas vor sich auf dem Tisch ab.

Carlo schob sich vom Tisch weg, erhob sich und ging, ohne den Fernseher auszuschalten, ins Wohnzimmer, wo er sich in seinem Sessel niederließ und mit der Fernbedienung den anderen Apparat einschaltete. Lili verlas immer noch schlechte Nachrichten.

Luisa steckte den Stöpsel in den Ausguss und ließ heißes Wasser einlaufen. Morgen gibt es *penne* mit Sahne und *parmigiano*, dachte sie, und danach den Aal. Und *tiramisù*, Carlo liebte *tiramisù*. Irgendwann in nächster Zeit, nach dem Mittag- oder Abendessen, würde auch sie mit Bestimmtheit etwas zu vermelden haben, aber für Lili Grubers Nachrichten würde es kein Thema sein.

Nachweis

Andrea Camilleri
Ein paradiesisches Fleckchen Erde und *Die Abkürzung*. Aus: Andrea Camilleri, *Das Paradies der kleinen Sünder*. Copyright © 2002 by Bastei Lübbe GmbH & Co. KG, Köln.

Giancarlo De Cataldo
Der dreifache Traum des Staatsanwalts. Aus: Andrea Camilleri, Carlo Lucarelli, Giancarlo De Cataldo, *Richter*. Aus dem Italienischen von Hinrich Schmidt-Henkel. Copyright © 2011 by Giancarlo De Cataldo. Klett-Cotta, Stuttgart 2013.

Claretta Cerio
Favoloso! Aus: *Schwarze Beute*. Thriller-Magazin 1. Herausgegeben von Klugmann/Mathews. Copyright © 1986 by Rowohlt Taschenbuch Verlag GmbH, Reinbek bei Hamburg.

Donna Leon
Iss nur, das tut Dir gut! Aus dem Amerikanischen von Monika Elwenspoek. Aus: Daniel Kampa (Hrsg.), *Schieß los!* Copyright © 2009 by Diogenes Verlag AG, Zürich.

Andrej Longo
Du sollst nicht begehren deines Nächsten Hab und Gut. Aus: Andrej Longo: *Zehn*. Erzählungen. Aus dem Italienischen von Constanze Neumann. Copyright der deutschsprachigen Ausgabe © 2010 by Eichborn AG, Frankfurt am Main.

Carlo Lucarelli
Ist nicht persönlich gemeint. Aus dem Italienischen von Rita Seuß. Aus: Giancarlo De Cataldo (Hrsg.): *Denn dein ist das Böse*. Copyright © der deutschsprachigen Ausgabe 2009 by Bastei Lübbe GmbH & Co. KG, Köln.

W. Somerset Maugham

Ehre (Titel vom Herausgeber). Aus dem Englischen von Irene Muehlon und Simone Stölzel. Aus: W. Somerset Maugham, *Notizbuch eines Schriftstellers.* Copyright © by The Royal Literary Fund. Copyright © für die deutsche Übersetzung 2004 by Diogenes Verlag AG, Zürich.

Valeria Parrella

Die Signora, die ich werden wollte. Aus: Valeria Parrella: *Die Signora, die ich werden wollte.* Erzählungen. Aus dem Italienischen von Constanze Neumann. Copyright © 2003 by Valeria Parrella. Copyright der deutschsprachigen Ausgabe © 2005 by SchirmerGraf Verlag, München.

Leonardo Sciascia

Western auf Sizilianisch. Aus: Leonardo Sciascia, *Das weinfarbene Meer.* Aus dem Italienischen von Sigrid Vagt. Copyright © 1997 by Verlag Klaus Wagenbach, Berlin.

Mario Soldati

Die schönen Zähne des Signor Dino. Aus: Mario Soldati, *Die Fälle des Maresciallo.* Aus dem Italienischen von Catherine Rückert. Copyright © 2006 by Verlag Klaus Wagenbach, Berlin.

Stendhal

Vittoria Accoramboni. Aus: *Klassische Kriminalnovellen.* Diogenes Verlag AG, Zürich 1987.

Mörderische Zeiten

Die spannendsten Krimi-Autoren aus Berlin, London, Paris, New York und Skandinavien

Berliner Untergrund
Ein Krimilesebuch
Herausgegeben von Philipp Werner
288 Seiten, Taschenbuch-Originalausgabe
ISBN 978-3-455-65043-3

Blutiger Norden
Ein Krimilesebuch
Herausgegeben von Sarah Houtermans
288 Seiten, Taschenbuch-Originalausgabe
ISBN 978-3-455-65034-1

New York Crime
Ein Krimilesebuch
Herausgegeben von Cornelia Künne
288 Seiten, Taschenbuch-Originalausgabe
ISBN 978-3-455-65035-8

London Killing
Ein Krimilesebuch
Herausgegeben von Meike Stegkemper
288 Seiten, Taschenbuch-Originalausgabe
ISBN 978-3-455-65033-4

Paris Noir
Ein Krimilesebuch
Herausgegeben von Sarah Houtermans
288 Seiten, Taschenbuch
ISBN 978-3-455-65036-5